儿童诗性逻辑与中国儿童文化建设

◎ 沈琪芳 应玲素 著

浙江大学出版社
ZHEJIANG UNIVERSITY PRESS

序

　　儿童是一个人一生的基石,也是民族、国家乃至人类大厦的基石。中国有句俗语,叫作"三岁看到老",此话似乎有点夸张和绝对,其实还是包含真理性的,说的是儿童的心智、品格对其一生都具有深远的影响。所以,古今中外,无论是对子女负责的父母,还是对国民负责的国家,莫不重视对儿童的教育。但是,林林总总的对儿童的教育,如果离开了儿童自身的本性和成长规律,其结果必定是事与愿违,常常表现出拔苗助长的可笑。

　　如何尊重儿童成长规律,如何定位并确认教育活动中儿童的主体性? 20 世纪 80 年代以来,伴随着"人的解放"这一口号深入人心,"人的觉醒"、"人的丰富性"等理念越来越细化深化,尊重儿童主体性、回归生活、建构学习等儿童发展观,不仅在宏观的理论价值导向上,而且在微观的实践操作上,都得到广泛而深入的拓展。

　　然而,当代中国儿童教育的弊端并未得到根本改观,简单的认知教育与升学驱动非常顽固地把社会、学校和家长团结在一起扭曲着儿童教育,以传授知识为重的教育,公然地僭越人格培养的教育,不断蚕食着儿童的学习兴趣、创造天赋和善良本性。与此同时,某些浮躁而功利的国外幼教理论的引进,严重地消解了本土化儿童教育理论的建构与批判,进而在一定程度上耽搁并误导了中国儿童教育的改革与推进。对此,无论是理论界,还是教育界的有识之士都深感忧虑,都在苦苦探索并力图作出科学的回答。

　　沈琪芳、应玲素的《儿童诗性逻辑与中国儿童文化建设》正是这样一部从深入开掘儿童主体性入手探讨儿童文化建设的新著,它最突出的亮点在于强化性地重提"诗性逻辑"这一概念,并以之为核心工具分析解读了儿童的本性——儿童是诗意者、探索者、自由者、启迪者。如若仅仅强调儿童主体性的"诗性逻辑",则本书不仅未有深入掘进反而惹有蹈袭学术陈词之嫌,这部专著的深刻之

1

处在于挖掘出儿童主体性的"诗性逻辑",在当下背景中被异化甚至消解后重新强调的现实必要性与急迫性。因为在现实的儿童教育中,一方面是儿童作为诗意主体的生态环境不断地被毁坏,教育的荒废甚至伤害成为不争的事实,另一方面后现代理论的引入导致了人们对当下中国儿童教育的屡屡误判,"现代性迷思"的补课诉求又不断响起。正是在这种背景下,在整个学界几乎都放弃了上个世纪 80 年代思考基点之际,沈琪芳、应玲素等将研究的逻辑起点移回了传统的人学支点上,通过对儿童文化系统全面的梳理,鞭辟入里地对儿童的本性进行了现实解读和理性分析,从而独具匠心地提出了中国儿童文化建设方略。我们有理由为这样一部极具创新意义的著作的诞生而欢呼。

众所周知,"诗性逻辑"主导下的儿童在教育活动中的主体性体现在两个方面:接受主体与体验主体。前者是接受主体的求真活动,指向逻辑认知层面,旨在生成人的知识性、技术性和实用性;后者是体验主体的趋善活动,指向情感态度层面,以生成人的道德人格为价值归宿。对二者任何一个维度的片面强化,都意味着对儿童主体性的遮蔽与异化。时下儿童教育的功利主义、技术泛滥,正是长期以来对儿童主体接受性的单向度以偏概全式强调的逻辑结果。"诗性逻辑"正是抓住了儿童主体体验性这一关节点,通过对西方现当代哲学、教育学、文化学、心理学的深入梳理,析出了儿童文化视域内的儿童体验主体的自由创造性、自主选择性、情感融通性、形象直观性和操作实践性等特征,并指出了尊重这些特征在当代中国儿童教育中的极端重要性与必要性。在我看来,这一强调尽管并非独一无二,却因适时而震聋发聩,极具警策意义。

《儿童诗性逻辑与中国儿童文化建设》还有一个耀眼夺目的地方,就是它系统地整理并确立了"儿童文化"这一概念的内涵所在、历史轨迹和现实意义。儿童文化是合乎儿童生活实况,体现儿童身心特点,为儿童共认、共有、共享,且与成人文化相对应的文化。观乎人文,化成天下,长期以来中国儿童教育出现了偏重知识传授而忽视人格培养的失误,其重要因素之一便是文化的迷失。无论是前现代的理学灌输教学观,还是现代的人文主义教学内容,抑或是五花八门的后现代教学观,从单方面看都不乏存在之理,然而它们都因为缺乏文化的整合力量而导致了儿童教育理念与发展现实的割裂。专著敏锐地抓住这一点,以生态文化理论为根基,深刻解析了当下成人文化对儿童文化在教育、媒体、语言文字、制度、商业等层面的侵袭与伤害,从而提出了基于儿童诗性逻辑的儿童文化建设纲要,进而在这一路径下生发出重建儿童教育文化的思考。如果说这些观点还值得讨论的话,那么至少它所提出的思考基点是非常新鲜的,是足以引发人们深入探究的。

　　综观全书,我以为这样的亮点还很多,反映了著者勇于探索的创新精神和求实严谨的学术态度。《儿童诗性逻辑与中国儿童文化建设》,是我在省社联任职期间立项的一个课题,记得立项时专家们为该课题以跨学科的视角来透视儿童教育的创意颇为赞叹,也深信只要认真探究深入挖掘,必能收获厚重的成果。现在,课题组不负众望,终于拿出观点新颖、体系严密、学术规范、资料丰富、论证扎实的成果。我怀着先睹为快的心情阅读了付梓前的书稿,一时感触良多,觉得很有必要向读者推荐。

　　教育的指归在于人的全面发展。中国儿童教育的终极指归当然在于儿童的全面发展,让他们成为身心与智力齐一、感性与理性合一、审美意识与个人责任统一,人格健全、心智丰富、表达多元、个性充分的社会主人,而当下中国儿童教育距离理想状态尚须付出艰苦而持久的努力。2004年8月在世界心理学大会上,美国心理学家琳达·卡姆拉斯的发言令人震憾,她发现3岁的美国孩子的微笑比中国孩子的多,她以此说明美国的孩子比中国的孩子活得更快乐、更自由、更本真,也就是说活得更符合儿童的"诗性逻辑"。我们不怕她这样说,只担心她说准了。如果本书能够为扭转中国儿童教育"诗性逻辑"的缺失起到一点点作用,那么我们也应该为之欢欣快慰!

　　是为序。

陈永昊

2009.6.20

目　录

导论　儿童需要怎样的文化滋养

　　"文化"一词在当下的使用频率很高,可"文化"的具体内涵到底是什么? 这是很难回答的问题。余英时先生认为:"文化"是什么? ……最普通的说法,即是一个民族的生活方式,主要是精神生活方面的事,如思想、学术、宗教、艺术之类,而关键尤其在"方式"两个字上。如果用结构功能派社会学的名词,即相当于"文化系统"(Culture System),大致以规范与价值为主。[①] 余先生对文化概念的诠释,提醒着我们文化是与某一社会群体的信仰和价值相关的一套意义系统和象征系统。既然"文化"含有信仰系统和价值系统两层含义,那么文化的含义应与中国古代'文化'一词的含义相近,"'文化'在中国古代是'文治与教化'和'人文以化成'的意思。按这种含义,仅就创造性的成果而言,还只是'文';而只有考虑到这些成果同时意味着对人自身的创化,这才是'文化'"。[②]

　　文化既然是某一社会群体的精神价值的体现,而且又具有'人文以化成'的功能,那么,当文化与儿童相遇的时候,它必然有自己独特而普遍的语码,从而体现出儿童诗意的、幻想的、游戏的天性以及儿童群体共有的精神生活的总和特性,才有可能为儿童所追寻与认可。那么,儿童到底需要怎样的文化滋养呢?

一、儿童需要爱的文化

　　泰戈尔在《新月集》中这样描述儿童对爱的祈求:

　　　　孩子有成堆的黄金与珠子,但他到这个世界上来,却像一个乞丐。

　　　　他所以这样假装了来,并不是没有缘故。

---

　　① 余英时:《文史传统与文化重建》,第 493 页,生活·读书·新知三联书店,2004。
　　② 潘立勇:《中国传统精神文化的美育精神》,《学术论坛》,第 5 期,1992。

这个可爱的小小的裸着身体的乞丐，所以假装着完全无助的样子，便是想要乞求妈妈的爱的财富。

孩子在纤小的新月的世界里，是一切束缚都没有的。

他所以放弃了他的自由，并不是没有缘故。

他知道有无穷的快乐藏在妈妈的心的小小一隅里，被妈妈亲爱的手臂所拥抱，其甜美远胜过自由。

孩子永不知道如何哭泣。他所住的是完全的乐土。

他所以要流泪，并不是没有缘故。

虽然他用了可爱的脸儿上的微笑，引逗得他妈妈的热切的心向着他，然而他的因为细故而发的小小的哭声，却编成了怜与爱的双重约束的带子。①

泰戈尔的描述让我们感受到：当孩子孤独地来到这个世界，唯有爱才能使儿童恐惧、无助的心理得以克服，他们希望做一个爱的乞求者。而父母对于孩子的爱犹如王了一《儿女》中所言——父母对于儿女的心情，简直是一种宗教：儿子就是一个如来佛，女儿就是一个观世音。其实这又何妨？国家需要的是壮丁，并不需要老朽，珍重地爱护20年后的国家战士，正是未可厚非，假使有人提出"将慈作孝"的口号来，我是要举双手赞同的。② 况且，世间的一切皆因爱的存在而放射出光华，呈现出意趣。儿童不是孤立的存在，他是社会的一分子，从出生到成长，他的一举一动一言一笑一呼一吸都无法脱离与他人的种种关联。他是父母的孩子，他会结交知音，他生长在某个地方，会对那里一草一木生出亲切的感情……这一切，便是构成爱的基础。除了人之爱外，还有对自然的爱，对非人类生命的爱。爱是儿童维系心灵健全的纽带，爱人类，爱自然，爱自己，爱生活，健全的儿童人格理应如此。

既然在儿童的生活中，处处关乎爱。而"文化"一词，在我国古代最初并连使用始见于《周易·贲卦·象传》，其文曰"观乎人文，以化成天下"，孔颖达在《周易正义》中又说"观乎人文以化成天下者，言圣人观察人文，则诗书礼乐之谓，当此法教而化成天下也"。从中可以窥测其基本含义是"以文教化"，指以人伦礼仪、道德秩序去规范和化易人类于"野蛮"，使之开化和文明化的活动。那

① 慧洁编：《生命中的第一个宁馨儿孩子》，第259页，花城出版社，1998。

② 同上，第46页。

么,作为带有教化功能的儿童文化,它理应是爱的文化,以爱为描写中心,以爱为表现主题,以爱的传播滋养着儿童人格的健全发展和担负起培育良知、教化儿童的重任。于是,《妈妈的爱》、《爱的教育》、《快乐王子》、《寄小读者》等以饱满的热情、浓重的笔墨抒写出的亘古不变的母爱、坚毅顽强的赤子之爱、无私无畏的同情与献身,等等,向儿童们展示了爱的崇高、爱的伟大、爱的力量,使儿童的灵魂在爱的洗礼中得到净化、升华。

人伦五情中,父母子女之爱无疑要列在首位。这种源于血脉相通的爱,最炽热,最深挚,最持久,最无私。从呱呱坠地到咿呀学语再到长大成人,儿童一直沐浴在父母温馨如满月般爱的光辉中,爱给了儿童生命,爱又使儿童的生命之芽蓬勃成一棵大树。谢华良的《下雪了,天晴了》,一个平常的故事,三个平常的人物,却让作品有了一种强烈的震撼力!最让人为之震撼的是爹和娘:"为了供我读书……爹连一双新袜子都舍不得穿;娘带着一身病,连一片'镇痛片'都舍不得买……他们的背驼了,他们的头发白了……"爹为"我"付出了多少爱?却连十双袜子的回报也不愿意接受;自己强忍着晚年丧妻的巨大悲痛,却一再嘱咐"我"要"挺住"。娘为"我"倾注了多少爱?却连"我"给她买的100片"镇痛片"都没有看到,就撒手人间。这悠悠舐犊情,这绵绵不绝的父爱和母爱,怎不叫人荡气回肠,怎不叫人潸然泪下!正是这种"爱",使爹和娘这两个人物有了如此的震撼力!而儿童从出生那天开始,就对父母的爱给予独特的回报,郁达夫《一个人在途上》如此描述:"想起来,龙儿(指儿子)实在是一个填债的儿子,是当饥离困厄的这几年中间,特来安慰我和他娘的愁闷的使者。自从他在安庆生落地以来,我自己没有一天脱离过苦闷,没有一处安住到五个月以上。我的女人,也和我分担着十字架的重负,只是东西南北地奔波漂泊。然当日夜难安,悲苦得不了的时候,只教他的笑脸一开,女人和我,就可以把一切穷愁,丢在脑后。"[1]正是这种一代代延续不已的爱,支撑起了整个人类。不论是父母的爱心的倾吐,还是儿女的爱意的表白,无不情真意切,读来令人动容。

从亲情世界走出,朋友之爱也是一个永恒的主题。刘备、关羽、张飞桃园英雄三结义,俞伯牙、钟子期高山流水有知音,这些传说代代流传,颂扬的是相知的可贵,朋友之爱的高尚。在儿童文化领域中,除了天然的亲子之情,朋友之爱也是一个永恒的主题。《木偶奇遇记》中科洛迪没有疏忽皮诺乔与朋友之间的爱——这人类情感琴盘上不可或缺的一键。皮诺乔为了救花衣小丑不惜牺牲

---

[1]　慧洁编:《生命中的第一个宁馨儿孩子》,第126页,花城出版社,1998。

自己的行为,会激起儿童心中闪烁的爱的火花;海滨大战中,别人用他的书砸破同学的头,他冤而被捉,而在极端委屈中,他还时刻惦念别人的命运。这是一种极致的纯真,呼唤着朋友间的真爱。而鲍姆的《绿野仙踪》,讲述的是农家女多萝茜误入迷幻仙境,为了寻找归家的路,她是在稻草人(想要一个头脑)、伐木洋铁人(想要一个心脏)和怯懦的狮子(想要勇气)的陪伴下,战胜种种艰难险阻,终于回到了简陋但却温暖的家里。童话故事宣扬的是朋友之间互相爱护、互相帮助、共同战胜困难的主题……这些儿童影视,是朋友之爱的记录,更是儿童心声的写照,它们汇合在一起,便奏出了一阕赞颂真挚的朋友之爱的交响乐,在儿童心灵的回音壁上激起宏大悠远的回响,余音袅袅,如缕不绝。这种蕴含着细腻而丰富的朋友之爱,具有令人无法抗拒的吸引力和浸透力,水晶般纯净透明而又光彩四射,不露痕迹地发挥着巨大的感染作用。

除了父母子女、朋友之爱外,还有自然之爱。虽然,我们在整个自然界所见到的爱,以人的爱居最高级。但是,当我们数点这些人间的美好情愫时,不能忘记,还有一种悠远率真的爱深藏在儿童的心底,这就是自然之爱。儿童天生就是一个自然人,承载着更多的原始大自然的信息,因而天性喜爱大自然,与大自然有着一种与生俱来的亲和力;同时,大自然也是他们成长中的一个重要课堂,在大自然里,儿童不仅可以"发现自己",而且还从大自然中汲取知识、情感等丰富营养,使情与智得到均匀的发展,成为一个心灵健全的人。儿童年龄越小越接近大自然,越能与大自然保持一种纯朴天然的联系。他们好奇,对一切事物抱有热情,他们没有成人因某种功利而被限制的眼界,在审美选择上几乎是无限宽泛的,在对自然的审美中,会形成一种奇异的超脱感,使人意识到自己在大自然中的地位,醒悟到自己应当正确处理人与自然的关系。从这个意义上说,儿童文化是最贴近自然母题的文学,站在儿童文化的立场来提亲近自然母题,是再自然不过了,是在将过去忽视了的本属于儿童精神世界的东西还给了儿童。所以,儿童文化经常体现大自然的生命意识、尊重意识、平等意识、关怀意识,反映大自然的生存状态、肯定大自然自身存在的价值、倡导人与自然和谐发展、共存共荣。

李其美的《鸟树》是一篇生活气息浓郁的幼儿生活故事。幼儿园的冬冬和扬扬捉住了一只小鸟。他们喂小鸟东西吃,帮小鸟找妈妈,解开绳子放小鸟飞走,可是小鸟已经死了。他们很难过,想不通为什么对小鸟那么好,小鸟还会死掉。一连串的细节把两个孩子与小鸟之间的纯真感情真切自然地表现出来。后来,冬冬和扬扬埋葬了小鸟,折了一根葡萄藤插在土堆上。春天,藤上长出了绿芽,他俩认为那就是鸟树,鸟树长大后会开出很多鸟花,鸟花会结出很多鸟果,鸟果裂开会跳出很多小鸟。李其美的《鸟树》在描绘冬冬和扬扬的纯真、幼稚的举动之际,让我们感受最深的就是儿童与自然的那份亲近之感。同样的事例还有彭学军的《红背带》。福生婆是小说的主要人物,在她与小狗灰灰的交往中处处闪耀着人与自然的和谐之情。六岁的时候,福生婆为了救不慎掉到枯井里的小狗灰灰,把自己当成沙袋一样滚进了井壁很高很陡的枯井里,这里流露出水莲(福生婆)帮助弱小者的纯真美好天性;82岁那年,福生婆从桥拱下带回了一个弃婴(其实是小狗灰灰化身)并精心地照顾他,这里刻画了福生婆以慈爱之心抚养弃婴,愿意为弃婴的幸福付出全部的爱。灰灰的身上也饱含着浓浓的情。善解人意的小狗灰灰,为了报答水莲的救命之恩,在它两个月的时候,就尽职尽力地扮好它的角色,给水莲当小崽子;随福生出走三年后,为了把福生的不幸遭遇告诉水莲,它惨不忍睹地回家了,可见到水莲,它温柔而沙哑地叫了两声就倒在水莲的脚下;几十年之后,为了满足福生婆用红背带背自己孩子的愿望,它又化成弃婴来弥补福生婆一生的遗憾。总之,《红背带》借水莲与灰灰这种高尚、出人意料的关系来净化人的灵魂,使人殚精理道,解粘去缚,返还性命的本真。这使人想起华兹华斯的歌唱:在这恬静的心绪中,/那高尚的情感引导着我们,/使我们仿佛暂时停止了呼吸,/甚至连血液也不再流动,/我们的肉体已陷入酣睡,好像变成了一种纯粹的精神……[1]在这类儿童文化中,孩子们可以回味自己在大自然中的地位和作用,感叹大自然的神秘和伟大,激发探索大自然的激情。自然母题的儿童文化在审美过程中,让儿童感受自然的悠远和率真。

　　别林斯基也曾说过:任何人的爱,应当是意识极强,思维聪智的感情,应当是高尚精神的爱。但是这种爱又是什么呢?——即是生活,即是精神,即是光辉:如果没有爱,则万物自身的生活是死气沉沉,如果没有爱,则万物自身的生长是七拼八凑,如果没有爱,则所见的是一片漆黑。[2]安徒生也曾说过:爱和同情——这是每个人心理应该具有的最重要的感情。惟其重要,所以,儿童文化需要表现爱的内容,只有这样才会让爱的教育从幼年开始,并伴随着儿童成长。

---

① ［英］华兹华斯:《英国湖畔派三诗人选集》,湖南人民出版社,1986。
② 张焕庭主编:《西方资产阶级教育论著选》,第400页,人民教育出版社,1964。

二、儿童需要美的文化

罗曼·罗兰说:"人类有一种爱美的本性。"我们的时代追求着美,我们的生活充满着美。假如把一个人的综合素质比作一座金字塔,那么审美素质便是塔基。19世纪俄国伟大的女学者科瓦列夫卡娅曾形象地解释过审美素质对一个人的作用:"不能在心灵上作为一个诗人,就不能成为一个数学家。"卢梭也曾说:"有了审美能力,一个人的心灵就能在不知不觉中接受各种美的观念,并且最终接受同美的观念相联系的道德观念。"由此可以推测,审美创造能力在儿童成长过程中,具有十分重要的作用。应该说,如同艺术的其他形式一样,儿童文化也是伴随着人的诞生而诞生,人的发展而发展的。因为儿童文化本身就是人的心灵形式,是人的本质力量的对象化表现。儿童文化以审美的方式与人生发生全方位的联系,以审美的方式全面反映或表现人生,抒发人生的审美情怀,以最感性的方式,让儿童能够充分地认识自我,认识大千世界,认识人的本质和人生的本质特征。儿童文化提供的是按照美的规律创造美的生活和美的世界,其美的丰富内容,是实施美育的依据和桥梁。儿童在接受这些文化时会形成对美的敏锐洞察力,迅速的思维力,丰富的想象力,灵活的创造力,从而达到一种"其情也泄泄,其乐也融融"的审美境界。所以儿童文化是美的文化,它能充分满足儿童的审美需求,引导儿童创造美好。儿童文化以美的情感、美的故事、美的意境等一切美的表现培养了儿童对美的感受能力。这样的事例很多,如冰波的童话《小青虫的梦》就是一篇充满诗情画意、飘动着神秘波影、闪耀着绚丽光质的佳作。其美体现在:

美的环境。古诗云:月上柳梢头,人约黄昏后。有月亮的晚上,能在月华如水的夜晚,走出家门,来到一片空旷的地带,或者登上高岗,遍览朦胧月色下的四野,该是何等的惬意。而月亮也不是一个冷漠的旁观者,太白曾邀她举杯共酌,东坡也把酒问天,张若虚带着千古的难题,问人们:江畔何人初见月,江月何年初照人? 可见,片片月光都是诗,而在童话中,月光下草丛中,流淌着蟋蟀弹奏的优美的琴声;月光下,蝴蝶和着音乐翩翩起舞。这一优美的意境带给我们的是如梦如幻的感觉。

美的形象。这里指的是小青虫的形象美。小青虫原本长得难看,但却十分喜爱蟋蟀弹奏的"仿佛会流淌的音乐"。尽管蟋蟀粗暴地驱赶它,却无法改变它对美的追求。终于,它在美妙音乐的感染下,变成了一只美丽得"连自己也吃惊"的蝴蝶。作者把小青虫那种对美的向往和执著,放在美的境界中去表现,从而突出了小青虫的形象美。

童话的主题既突出美的创造过程的艰难,又让读者觉得:童话中的小青虫是作为人类社会具有内在美的人的象征,小青虫变成蝴蝶的过程象征了美的创造过程,从而向读者揭示:美在追求中产生,美在创造中形成;在追求、创造美的同时,也营造了美的环境,使美得到了升华。

儿童读者在这些美的儿童文化的感染下,经过想象和联想,便可在头脑中唤起一系列相应的具体可感的形象,构成一个动人心弦的艺术世界,如同卢卡契在《艺术与客观真实》曾指出:"每一种伟大艺术,它的目标都是要提供一幅现实的画像。在这里,现象与本质、个别与规律、直接性与概念等的对立消除了,以致两者在艺术作品的直接印象中融合成一个自发的统一体,对接受者来说是一个不可分割的整体。"①这里所说的"现实的画像"即儿童文化中经过儿童的想象而产生的艺术形象。儿童文化的艺术形象有两层含义:其一是指儿童文化创造者的情感和生活形象(物象)的结合而创造的艺术形象,如在《寄小读者》里,冰心饱含着她个人的或思念、或向往、或欣赏、或同情的各种情愫,而描绘的仪态万千的自然风光、金发碧眼的异国少年;其二是文本中的艺术形象并非直接由实体形象所构成,而是由接受主体的心理机制在一系列语言符号的刺激下幻化、再造而成。如解读"丑小鸭"时,读者通过再造想象,实实在在感受到:《丑小鸭》绝不仅仅限于反映当时欧洲社会的某些现实,也绝对不仅限于作为作者安徒生人生道路的单一象征。它最大限度地写出了整个世界、全体人类生活的某些普遍性,写出了所有曾经有过自卑而摆脱了自卑,达到理想境界的一种艰难的心路历程。由于儿童文化是按照美的规律创造的文化,所以,儿童文化的艺术形象为儿童提供了一种审美的依据,儿童在儿童文化的接受过程中,可以在获得审美愉悦的同时间接地认识社会、认识历史、认识人生,接受教育,受到美的熏陶。但要领略艺术形象的独特魅力,从而在情绪情感上打动儿童、感染儿童,需要儿童在接受的过程中,运用艺术思维,借助创造性的想象和联想,对儿童文化中的情和理有所感受和领悟。所以接受儿童文化时,通过再现艺术形象,发挥儿童的想象,可提高儿童的审美鉴赏能力。具体地说,表现在以下三个方面:

首先,提高儿童的审美感受力。审美感受力是指审美主体对审美对象所传递的信息作出的反应能力。在这里,既有单纯的生理感觉因素,又有积淀理性

---

① [匈牙利]卢卡契:《马克思主义文艺理论研究》,第2卷,第429页,文化艺术出版社,1985。

内容的感觉因素。① 从生理感觉因素上说,指的是审美主体的感觉能力,表现为主体对事物的感性特征怀有浓厚的兴趣,能够在审美实践中保持高度的敏感。例如,儿童听到节奏韵律鲜明的儿歌、看到富有儿童色彩的语言,就可能引起他们情绪上的舒适感,从而会更有兴趣地投到接受儿童文化中。而从积淀理性内容的感觉因素上来说,是指审美主体在获得生理愉悦的同时,不知不觉地调动起各种心理机能,并参照以往的审美心理积淀和感觉经验而作出的审美反应。例如,当儿童接受了一定数量的儿童文化时,由于审美感觉中积淀的经验,使儿童对接触到的艺术形象产生特定的审美感受,这样,儿童会从审美对象的外在特征、象征符号中迅速领会它所对应的内涵,所以看到狐狸、大灰狼、小白兔、老牛、猴子,他们会产生狡猾、凶狠、活泼、善良、聪明等相应的审美反应。

其次,培养儿童的审美判断力。审美判断是对审美对象的美的特性进行分析、综合之后所得出的审美评判和审美断定,而审美判断力则是指在这种审美评判和审美断定中所显示出来的审美水平与能力。② 如果结合儿童的审美心理特点,我们可以这样理解:在儿童接受儿童文化的过程中,他们会调动主体的审美经验展开丰富的自由联想,将儿童文化中的审美特性与儿童主体的知、情、意对应起来,从而产生丰富的审美想象和营造意蕴深厚的审美境界。古罗马教育家普鲁塔克说过,儿童的心灵"不是一个需要填满的罐子,而是一颗需要点燃的火种",于是我们需要通过儿童文化去点燃儿童心灵的火种,让儿童对儿童文化制作者所创造的审美意象进行不断的审美判断练习,这将有效地培养儿童的审美判断能力。例如德国当代儿童文学作家甘特·斯本的短篇童话《向日葵大街的房子》:老房子与主人伯姆泼利先生一家世代相居,因此感情深厚,几次从危难中解救和保护了主人一家,对主人始终忠心耿耿。然而伯姆泼利先生却嫌老房子旧了,要卖掉它,买幢新房子。老房子不愿离开主人,想尽一切办法来阻止主人出售它。它的种种鬼把戏吓走了一个又一个的买主,然而引起了一对喜爱新奇的新婚夫妇的极大兴趣,非要买下老房子不可。老房子在万般无奈之下,只得选择出走。最后,伯姆泼利先生千辛万苦才找回了老房子,并把老房子装饰一新,决心永远与忠诚的老房子为伴。如果儿童经常接触这类作品,他们就会在对老房子这个别出心裁的形象进行再现、体验与感悟的基础上,判断出作品的蕴含:作者借助童话这一文体,突出老房子忠心不二的精神品质,意在赞扬

---

① 黄健:《文学与人生》,第 232 页,浙江大学出版社,2004。
② 同上,第 233 页。

一种朋友间的忠诚守信,哪怕遇到任何意外变故也不变心的为人的高尚品质。

再次,提升儿童的审美理解力。审美理解是在审美判断的基础上,对事物审美特性作进一步认识、分析和把握的一个审美过程。[①] 审美理解也是对事物审美特性进行深入和强化的认识与把握过程,是审美由感性认识飞跃到理性认识,由个别性把握经由特殊性把握,再到普遍性把握的飞跃过程。从这一层面进行思索,可以发觉儿童在接受儿童文化时,往往是从各种事物外部联系的理解入手,然后对各种事物的现象与本质、内容与形式、偶然与必然、可能与现实的相互关系,以及事物内部的联系作深刻理解和认识,从而积累某类事物所具有的审美属性,不断提高审美理解力。例如,儿童在欣赏王尔德的《快乐王子》时,他们发现这个童话描写的是"快乐王子"为了关心帮助穷人而献出了自己所有最珍贵的东西,最后又由于同情曾帮助过他的小燕子,悲痛得铅心爆裂而最后被毁,而其内涵却是"快乐王子"为爱而献身的崇高的精神境界。由这个文本作为范例,然后引导儿童接受更多的相类似的儿童文化,儿童会领悟到儿童文化中的生动形象与离奇情节的背后,常能引发人们思考更深刻的社会内容,如人与人的相处、人与自然的关系、美与丑的辨别、正义与邪恶的根源等隐藏着的蕴涵。

席勒曾经指出:"审美的教养使一切事物服从美的法则,并且在它给予外部生命的形式中显现内在的生命。"[②] 审美是引导儿童进入追求精神性生活、追求生命的尊严、追求心灵的自由等高尚的精神性生活的"Noah sark"(诺亚方舟),儿童文化就是以审美的方式使儿童领悟人生的价值和意义。在儿童文化的世界里,构筑人生的审美意境,将会使儿童能够真正地精神性地生活着,能够真正地审美性地生活着,享受着由文化审美而带来的那种心灵的无边无垠的自由,那种精神性的人生宇宙漫游,那种由审美创造而带来的人生快慰,儿童会在艺术形象的审美感受中渗透自己的审美体验,从而直接进入儿童文化的哲理性认识和本质性把握层面。

三、儿童需要游戏的文化

吉尔滋(Clifford Geertz)认为研究文化尤应把握每一文化系统的独特之

---

① 黄健:《文学与人生》,第 233 页,浙江大学出版社,2004。
② [德]席勒:《美育书简》,第 127 页,中国文联出版公司,1984。

处……我们的注意力应该从一般文化的通性转向每一具体文化的个性。^① 儿童文化与其他文化的本质区别在于儿童文化的接受对象的主体为儿童,那么,它既具有一般文化的品性,又应具有其独特性。儿童文化的焦点是儿童的成长发展与能力获取,"它所要传递的对象是下一代,它的对话者是孩子,因而,它将更为关注的不是自己的发泄、自己的表达,而应是一种精神上的影响力,提取着自己最深沉的成人感受力来投射到对下一代的精神走向上的关注,达到儿童读者效应上的追求"。^② 从这一角度而言,儿童文化需要给孩子提供一个精神状态的游戏空间。于是,儿童文化运用游戏的方式组织艺术结构及表现形式,在情节安排、形象塑造、形式选择和语言运用等方面总是倾向于制造欢快愉悦的感觉,并且常常使用夸张、比喻、对比、反语、拈连、颠倒、反复、误会法、矛盾法、自嘲法等手段,由语言、情节的不协调构成喜剧性的矛盾冲突,造成趣味性和幽默效果,构成一种轻松、清新、隽永的欢愉美。从而富于游戏精神,最大限度地张扬儿童的天性,使儿童徜徉其间,产生愉悦与共鸣。

在这种标榜快乐原则的游戏精神的倡导下,林格伦把让天性备受压抑的儿童在快乐中获得解放作为她的创作目的;郑渊洁也让被沉重的学习负担压得喘不过气来的孩子们在书中玩个痛快作为他的创作原则;杨红樱把儿童从学习中寻求温暖和欢乐作为她的创作基点……于是,儿童文化中处处存在着张扬天性的儿童形象和崇尚自由的游戏精神。《长袜子皮皮》中,九岁的小姑娘皮皮独自住在一幢破旧的房子里,妈妈很早就死了,船长爸爸也被海浪卷走了。但她丝毫没有顾影自怜,她把自己的生活打造得有声有色,趣味盎然——自己缝制的连衣裙红一块蓝一块,腿上的袜子黑一只、棕一只,穿着小船一样的大鞋子,走路可以倒着走,睡觉也可以倒着睡,鸡蛋用来当球抛,饼干放在地上做,想说谎就顺口编一个,想调皮就随心所欲地疯一阵……她实在不懂得任何清规戒律,她身上流淌着的只有自由的天性。在《皮皮鲁传》中,皮皮鲁是一个聪明、淘气、胆大逞能、敢于冒险的男孩子,在他成长中经历了各种奇遇历险和幻想,皮皮鲁身上"叛逆"体现的是对儿童本身的尊重,是一种本真、自然的儿童天性的充分伸展。郑渊洁借皮皮鲁等童话人物传达出儿童在面对成人权威的压抑以及社会现实的污浊时所感到的愤怒、烦恼和困惑,以及由此生发的愿望和梦想。在《非常老师》中,蜜儿老师是一个非常神秘的老师,她能够把同学们带进一种神

---

① 余英时:《文史传统与文化重建》,第 444 页,生活·读书·新知三联书店,2004。
② 班马:《中国儿童文学理论批评与构想》,第 81 页,湖北少年儿童出版社,1990。

奇特别的学习环境,使同学们在真真幻幻中释放想象,增长知识。蜜儿老师看到学生们为了分数和名次,把自己变成学习的机器,看到学生感受不到天高云淡,对于大自然的美丽视若不见,她深深痛心这群迷失自己的学生们。于是她把学生们的不快乐全部收集起来,塞进黑匣子里,带着他们到学校的一隅举行一个特别的葬礼,连同近几周学生在班级的排名表一起,全都埋葬。蜜儿老师让班级的学生远离不快乐,让学生们的生活都能够充满阳光,让学生在自信中学习。

儿童文化天生拥有着快乐的因子,这既是儿童的天性决定的,又是儿童接受文化的心态使然。

首先,儿童的天性是乐观的。"人之初,性本善",从儿童躺在襁褓里睁大眼睛凝视着这个世界开始,他们清澈的目光在我们的世界里快活地流淌,他们天真好奇的目光里不知烦恼为何物。皮亚杰认为,儿童的思维是一种处于"我向思维"与社会化思维之间的思维,谓之"自我中心的思维"。这种思维的基本特征是主客体不分。同原始人一样,儿童缺乏自我意识与对象意识,不能区分主体与客体,把主观情感与客观认识融合为一,即把主观的东西客观化,把世界人格化。由于儿童是从自我出发来观察事物的,于是就产生了这种观念:万事万物都是人造出来的,为人服务的,一切都安排得于人有利。在儿童看来,山是供他爬的,河是为他玩水用的,太阳给他温暖,和风为他送凉,鸟儿为他歌唱,星星送他入梦乡。一句话,"万物皆备于我!"儿童,尤其是幼儿,"自我中心思维"导致其过高地估计自己的能力,幻想自己无所不能,快乐地以为自己能够轻松地把握这个世界。就如英国的 K. 杰罗姆《谈婴儿》所言:婴儿尽管有自己的罪过和错误,却也有自己的用途——的确大有用处,他们能填补空虚的心;还有用处,听了他们的呼唤,爱的阳光会在愁云密布的脸上透露出来;还有用处,他们的小手指能把皱纹熨平变成微笑的脸。这些小人儿多奇妙啊!他们是世界大舞台上不自觉的喜剧演员。人生的戏剧太沉重了,他们为之提供幽默快乐。[①]

其次,儿童的快乐天性通过游戏的方式加以宣泄,因为"热爱游戏是幼小动物——不论是人类还是其他动物——最显著的易于识别的特征。对于儿童来说,这种爱好是与通过装扮而带来的无穷的乐趣形影相随的,游戏与装扮在儿童时期乃是生命攸关的需要,若要孩子幸福、健康,就必须为他提供玩耍和装扮

---

① 慧洁编:《生命中的第一个宁馨儿孩子》,第 267 页,花城出版社,1998。

的机会"。① 在这里,儿童文化成为宣泄点,成为一条转移和发泄的通道。它那特有的幻想功能唤醒并投合了儿童潜意识中不自觉抑制着的欲望,并使之在对文化的审美观照中得到释放,从而补偿现实生活中不能满足的欲望,再现那些非现实的体验,缓和心理紧张,减少忧虑,维持正常的心态平衡。于是,通过接受具有幻想、力度和美感的儿童文化,"儿童可以从身体能力进入到意志、威慑、权力等等的精神内容方面",②即由身体历险到精神征服,通过模仿,从而使儿童获得强者的心理体验,并且体味到能力的无限尊严。这也即是为什么儿童喜欢观看那些主人公拥有高强本领(或特异功能)的动漫的原因。在那里,高强本领(或特异功能)在成人看来可能是暴力的象征,却并不引发儿童对凶杀、残暴的兴趣,他们更多的则是关注高强本领(或特异功能)本身的威力以及拥有高强本领(或特异功能)者笑傲江湖的霸气与豪情。在儿童成长过程中,这种偶像崇拜的张力是相对持久的,尚力、尚勇、顽强、常胜是每个孩子心中的梦想。

　　勿庸置疑,儿童文化是爱的、美的、快乐的文化,它能给儿童生活注入更多的积极因素,它带给儿童乐观的人生基调和快乐的童年生活。儿童文化创作者有一个共同的愿望,要让儿童文化带给孩子们快乐,减轻孩子们生活中的忧愁与烦恼,使他们生活得更充实更美好。

---

① ［英］罗素:《教育与美好生活》,第 73 页,河北人民出版社,1999。
② 班马:《中国儿童文学理论批评与构想》,第 135 页,湖北少年儿童出版社,1990。

第一章　儿童诗性逻辑解读

逻辑思维，一般是指一个思维过程得出的结果不超过出发知识所涉及范围的思维方式。按照这种解释，逻辑思维往往运用演绎推理进行思考，是以反映一般情况的"出发知识"作为根据，然后结合某个特殊（个别）情况，得出这个特殊（个别）情况的某种结果。这种思维方式遵循一定的程序和步骤，既不能由反映一般情况的前提直接跳到反映个别情况的结论上，也不能由一个反映特殊情况的前提直接跳到反映另一个特殊情况的结论上。用公式表示则为：如果 A 那么 B；并且因为 A，所以必然推出 B。由此，逻辑思维方法具有以下的特点：(1)有确定的方法和步骤；(2)有必须遵循的规则；(3)要求步步准确；(4)思考根据和思考结果之间具有必然联系；(5)不受运用者的动机、意志、兴趣、感情等非智力因素的影响；(6)采用线性思考方式。逻辑思维方法的运用能使人的思考活动具有准确性、严密性和条理性，其主要作用是，对提出的各种设想进行整理加工和审查筛选，从而找到最佳方案。所以，逻辑作为一种思维过程，须依赖于成人对具体客观事物的直接知觉以及通过这种知觉所形成或获得的表象，进而形成概念。然而，它只是利用知觉和表象材料，最终抽象地通过判断、推理达到对事物本质的认识或解释。无疑，成人式的逻辑是这种带有抽象性的、普遍性的概念性逻辑，是超越了具体的直观表象和直接的现实性情境的制约和束缚的逻辑。

儿童与成人把握世界的方式有着本质的区别。成人由于是以概念、判断、归纳、推理等方式认识和把握世界的，因此成人的思维呈现出逻辑思维的特性。而儿童的逻辑是非逻辑思维或诗性的逻辑。非逻辑思维是指一个思维过程得出的结果超出了出发知识所涉及范围的思维方法。运用这种方法进行思考，也会有"思考的根据"和"思考的结果"这样两个部分，但它们不构成逻辑推理那样的推理形式。非逻辑性思维方法的特点在于：(1)一般没有确定的思维模式和步骤;(2)没有必须遵从的原则;(3)不苛求每步的正确性;(4)思维根据和思考结果之间不具有必然联系;(5)受运用者的动机、意志、兴趣、感情等非智力因素的影响较大;(6)采用体形或面形的思维方式。人们可以通过参加各项实践活动与学习各门知识逐步掌握和熟悉常规思维方法,主要表现为逻辑思维方法。非逻辑思维方法侧重于人的思考活动的流畅性、灵活性和独创性,其主要作用则是,提供一个新的思维方法和途径,为解决问题广开思路,从而提出新颖、独特的设想。其实这种非逻辑思维与"诗性逻辑"的含义几乎相同。

"诗性逻辑(logic of imagination)"是由意大利哲学家维柯(G. Vico)提出的一个人类文化学的概念。他认为,在人类的远古时代甚至到荷马时代,人们的记忆力强,想象力奔放,但是思维能力不发达,而且推理能力越薄弱,感觉和想象也就成比例地越旺盛。这种感觉力和想象力的智慧表现形式,就是"感觉到的想象出的玄学,这种玄学就是他们的诗,诗就是他们生而就有的一种功能,因为能凭想象来创造"。① 维柯把这种以想象力为基础,以诗为表现形式的智慧称为"诗性智慧(wisdom of imagination)",其思维方式就是"诗性逻辑"。实际上,逻辑一词被冠之以"诗性",乃是缘于这种逻辑是一种汇入了并充盈着鲜明而强烈的感性色彩和浪漫主义的想象性意蕴的逻辑。所谓诗乃"情志为本"、"志之所之"、"志意之所适"的表现内心与感性显现的文化形式及精神表达。犹如人类原初时期(即人类发展的童年时期)的思维方式,儿童的逻辑就是一种诗性的逻辑。正如边霞所言:诗性的逻辑,就是感性直觉的逻辑,音乐性的逻辑,想象的逻辑,自由的逻辑,酒神的逻辑,审美和艺术的逻辑,它是儿童文化中最可贵的一面,是儿童丰富感性的具体体现。② 儿童的诗性逻辑体现为儿童是诗意者、儿童是探索者、儿童是自由者、儿童是启发者。

第一节　儿童是诗意者

维柯把原始人类的思维同孩童相比,指出:"原始人像人类的儿童,他们对于事物还不会构成理智的类概念,因此他们有一种自然的需要去创造诗意的人

① ［意]G. 维柯:《新科学》,第 161 页,朱光潜译,商务印书馆,1989。
② 边霞:《儿童的艺术与艺术教育》,第 21 页,第 62 页,江苏教育出版社,2006。

物。这种人物就是以形象来表示的类概念或普遍概念。"①俄国的别林斯基则认为："在每一幼年民族中都可以看到一种强烈的倾向，用可见的、可感觉的形象，从象征起，到诗意形象为止，来表现他们的认识范围。"②可见，儿童与诗人的思维品质有着相似处，而且这种相似性体现在儿童与诗人凭着敏锐的感觉和天真的本性，直觉、形象地认识事物和把握本质。所以，孩子具有诗人的气质与情感，他们的感觉与诗相通，他们的世界就是一个诗意盎然的世界。从这一层面而言，儿童是一个诗意者，或者说，儿童的天性是诗人。

对"儿童是诗意者"的"诗"作一概念界定是必要的。这里所说的"诗"，并不是写作学上所认为的：诗是一种文学体裁，其按照一定的音节、声调和韵律的要求，用凝练的语言、充沛的情感以及丰富的形象来高度集中地表现社会生活和人的精神世界。这里所言的"诗"，首先是指儿童精神创造性的或创作的、产生作品的活动；其次是指一种在儿童发展中的内在力量，这种力量促使艺术成为儿童指定的特定的需要、特定的目标前行方向；再次是指在儿童精神创造过程中，这种诗性的释放是自由的，这种创造性是从儿童灵魂的深处指向无数可能的实现和可能的选择，并且这种诗意通过诗性直觉、诗性经验、诗性意义表现出来。

一、诗性直觉

里德曾说儿童"有未受理性或推理思维影响的目光，有接纳不相容联系的目光，接纳那种非召唤而来、未经观察和检验而来到心灵中的自足意象的目光。儿童所写或所画的东西最好应描述为一种诗的直觉行为，描述为一种超越我们逻辑分析的掌握"。③ 儿童的诗性直觉起源于儿童生命线上的精神的无意识和本能、倾向、情绪、被压抑的想象和愿望。因为儿童对外在世界和内在世界的把握不是通过概念和概念化的方法，而是一种通过情感契合的隐约性认识，而且这种诗性直觉取决于儿童灵魂的某种自由和想象力，取决于儿童天生的神秘力量，其原因是"在直觉思维阶段，儿童依靠表象的自动调节形式，即用集中化与离中化的机制而调节着，所以直觉思维缺乏同化现实于思想格式和顺应思想格

---

① ［意］G.维柯：《新科学》，第161页，朱光潜译，商务印书馆，1989。

② 边霞：《儿童的艺术与艺术教育》，第21页，第62页，江苏教育出版社，2006。

③ 转引自加登纳：《艺术与人的发展》，第385—386页，光明日报出版社，1998。

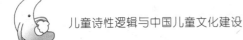

式于客观现实之间的平衡"①,就如马利坦所言"创造性直觉,是一种在认识中通过契合或通过同一性对他自己的自我和事物的隐约把握。这种契合或统一性出自精神的无意识之中,它们只在工作中结果实"。② 也就是说,这种诗性直觉的活动结果,使得儿童所有的观念从最初的智性的胚芽中产生出来,构成一种参与创造的精神之光,成为智性活动的原始动力和活跃的源泉,从而促使诗性直觉在不知不觉中完成着自己的使命。

儿童的诗性直觉具有认识性和创造性的特点。马利坦在《艺术与诗中的创造性直觉》一书中说:"诗性直觉,它既是创造性的又是认识性的,或则可特别的视为创造性的,从而同被它所把握的东西有关。"③认识性特征是指事物一旦进入儿童的诗性直觉,便逐渐生动丰富起来,它各个方面会永不停息地超越自我,不断给出比自身更要丰富的含义,这种直觉使得儿童不断把握未被认识的认识。创造性特征是指诗性直觉长期潜伏在儿童的心灵深处,而儿童往往比成人具有更加敏锐的观察能力和领悟能力,能在现实生活中发现其他人无法发现的闪光之处,于是,这种处在自然而原始状态中的诗性直觉使得儿童作品构成成分投射出存在之光。

儿童在生活中、在诗歌创作领域中也是常常闪烁着诗性直觉之花。如:有一次苏霍姆林斯基带着孩子来到大自然中,"孩子们被自然景色所吸引,都安静了下来。一串串成熟了的琥珀色葡萄垂在绿叶之间。孩子们很想尝尝香甜的果实。当然要尝尝的,但是先要欣赏欣赏美景。孩子们环视四周,觉得果园被绿色薄雾笼罩着,犹如海底的童话世界一般。大地表面——田野、草地、大路——似乎在透明的热气中颤动,阳光照射在树木上好像满树都有火花在闪烁。'太阳在洒火花哩!'卡佳低声说"。④"太阳在洒火花哩",这是儿童诗性直觉的判断,是诗的冲动。由于苏霍姆林斯基将学前学校办成"蓝天下的学校",这为儿童的自然本性张扬创造了合适的土壤,于是,孩子们的诗性直觉创造能力得以充分展示。又如著名的儿童文学前辈蒋风先生有一次走进金华市少年宫新星文学社教孩子欣赏诗,练习写诗,取得了意想不到的收获。蒋风发现孩子们凭借着想象,从自己有限的生活积累和记忆的库存中,选取诗的形象和画面,

① 刘金花:《儿童发展心理学》,第 117 页,华东师范大学出版社,2000。
② [法]雅克·马利坦:《艺术与诗中的创造性直觉》,第 94 页,刘有元、罗选民等译,三联书店,1991。
③ 同上,第 101 页。
④ [苏联]苏霍姆林斯基:《把整个心灵献给孩子》,第 30 页,唐其慈等译,天津人民出版社,1981。

有的会在不经意间写出令人惊喜的诗句,甚至用朴素语言写出把人们的心灵点亮的诗句来,例如有一位儿童在小黑点联想的游戏活动中写了《黑点的联想》:"老师在白纸上/画了一个小黑点/让我展开想象的翅膀——/黑点像一颗痣,/黑点像一只小黑虫,/黑点像一粒黑宝石,/黑点像天外来客的 UFO……/都像,都不是。/我说/黑点像伊拉克儿童/那渴望和平的眼珠。"这首诗是小诗人情感的自然流露,仅仅最后一句诗就把小诗人富有同情心的内心作了倾情的表达,并且孩子们虽用自己的眼睛去看别人见过的东西,但在别人司空见惯的东西上发现了美和诗意。

二、诗性经验

与诗性直觉相比,马利坦认为"诗性经验涉及灵魂的某种状态,在这种状态中,自我交流使我们思想的一般性的交流暂时中止,而且它与特别强烈的诗性直觉联系在一起"。[①] 按照马利坦的阐述,我们认为诗性经验聚集在儿童内心的隐秘处,在精神的无意识的界限上浮现出一种隐约的、无法表达而又动人的认识,事物的内在的必然性已潜藏在这种认识之中,期待着创造性的到来。

在儿童的内心世界,诗性经验包含了两个阶段:诗性经验积蓄阶段和诗性经验爆发阶段。在第一阶段,聚集在儿童心灵深处的是人类祖先赋予儿童诗性创造的情结,处于一种休眠的活力状态。在学术界,视蒙昧时代为人类的童年时期,认为儿童心理可以同原始人的思维相互印证,几乎是人类文化学中的一个定论。弗洛伊德就认为每一个正在游戏的儿童的行为看上去都像是一个正在展开想象的诗人,他们对这个想象中的新世界是极真诚的;现代儿童心理学也已经证明,儿童思维的发展要经历一个万物有灵的阶段。皮亚杰指出,在发展的早期阶段(大约在 3 至 10 岁),儿童还没有将自我和外部世界区分开,因此不能在心理活动和物质活动之间加以区别。这样,儿童便将自我的感情、希望、思想等同客观现实相混淆,于是对世界的看法表现出"唯实论"、"万物有灵论"和"人工论"三种类型的倾向。周作人也曾经作过说明:"儿童的精神生活与原人相似,他的文学是儿歌、童话,内容形式不但多与原人的文学相同,而且有许多还是原始社会的遗物,常含有野蛮或荒唐的思想。"[②]而刘晓东认为:从胎儿到

---

①　[法]雅克·马利坦:《艺术与诗中的创造性直觉》,第 186 页,刘有元、罗选民等译,三联书店,1991。

②　周作人:《儿童文学小论·儿童的文学》,第 39 页,河北教育出版社,2002。

整个儿童期,人都在复演进化历史上的祖先们的生命,都在复演远古祖先的文化,这种过程也是大脑从最古老的(也是最基础的)形态向最年轻的(也是最高级的)形态、从最古老的部位向最年轻的部位发育、成长的过程,也是人类逐步占有全部大脑的进化成就、逐步拥有生物进化的遗产和精神文化遗产的过程。正是因为儿童的生命和儿童的生活处在一个复演和占有历史遗产的阶段,所以儿童的生命和儿童的生活才显得如此与成人不同。① 由此看来,儿童的思维方式与人类的原始思维之间存在着某种对应关系和内在的相通,儿童虽不具备成人的现代意识和复杂的思维,但他们具有一种我们大多数成人已丧失了的智慧,即以直觉的形式与大自然对话的能力,这就是蕴藏在儿童内心的诗性经验。

在第二阶段,聚集在儿童内心的诗性经验开始喘息,通过这种喘息,事物在儿童的诗性直觉萌芽状态中浮现出来,逐渐澄清,得以清晰和被表现出来。因为儿童身上生而具有的艺术天赋和强烈的创造本能,他们用不着苦苦地照猫画虎,而只需自然地将内心存在的远古祖先的文化直接地倾泻出来,那就是诗性经验爆发的时期。就如里德把艺术家与儿童的自然状态相类比发现:"艺术家发现在他周围的世界中(即是说他的原始材料)有关系、秩序与和谐——一如音乐家在声音的世界中找到这些东西一样。这是无法以一颗有意识、有计划、能筹划的心来完成的。艺术不是意志的努力,而是天惠的礼物——至少对儿童说来,是世界上最简单最自然的东西。不论何时,只要人们是真诚和自由的,艺术便会萌芽……"②其实,这里所说的艺术类似于聚集在儿童内心的诗性经验,的确,如果给儿童提供的环境和教育得当,儿童又有时间经常练习的话,他们内心的诗性经验必将结出灿烂的果实。毕竟,儿童在童年时代所体验到的传统节日、乡风市俗里包含的生活野趣、所感受到大自然的勃勃生机,这一切对儿童个体成长具有超人的力量,"它就像一个动力场,将与之相关的经验吸引到一起并形成情结"。③ 这种诗性经验"在富有创造性的人身上显得富有生气,它在艺术家的幻觉中,在思想家的灵感中,在神秘主义者的内心体验中昭示自己。这种超个人的无意识……恰像一种到处蔓延、无所不在、无所不至的精神"。④

沿着这一思路,当我们的目光在儿童画中进行搜索之际,我们就会发觉在

① 刘晓东:《儿童文化与儿童教育》,第 118 页,教育科学出版社,2006。
② [英]里德:《通过艺术的教育》,第 233 页,湖南美术出版社,1995。
③ 常若松:《人类心灵的神话——荣格的分析心理学》,第 103 页,湖北教育出版社,1999。
④ 李德荣:《荣格性格哲学》,第 20 页,九州出版社,2003。

儿童绘画的创作中,既有聚集在儿童心灵深处的人类祖先赋予儿童诗性创造的情结的积蓄,又有聚集在儿童内心的诗性经验的爆发。如 8 岁男孩任明明于 1998 年获日本第 28 届国际儿童画大赛金牌作品《小鸟唱歌我指挥》就是一个很好的事例。因为聚积在儿童心灵深处的是万物都是有灵的情结,因此《小鸟唱歌我指挥》把鸟类当作人类的通灵朋友,更是将小朋友喜爱朋友充分表达了出来。儿童的诗性直觉以催化剂的方式将聚集在儿童周围的种种实质性活力传递给儿童的行动,恰是儿童轻易打破传统画树的画法,用大胆、夸张的想象把树干延伸到整幅画面:树干互相交错,小鸟神态各异,乱中有序。在整洁、清新的构图中,人们似乎能听到小鸟那清脆的叫声,这给幽静的树林增添了欢乐。画面画龙点睛的地方在于让一个可爱的小姑娘正指挥着忙碌的鸟儿,表达了人鸟和谐共处的理念。

三、诗性意义

艾青在其《诗论》中指出:"诗是由诗人对外界所引起的感觉,注入了思想感情,而凝结为形象,终于被表现出来的一种'完成'的艺术。"[1]黑格尔说过:诗,语言的艺术,是第三种艺术,是把造形艺术和音乐这两个极端,在一个更高的阶段上,在精神内在的领域本身里,结合于它本身所形成的统一整体。[2] 边霞在《儿童的艺术与艺术教育》曾说:如果没有了幻想和诗意,我们还会剩下多少乐趣呢?是儿童完好地承袭了人类最初的诗性人格,他们的智慧既指向眼睛看到的地方,也指向心灵看到的地方,对他们来说,尽情幻想是深入事物内部的自然道路。[3] 这些论述,使我们意识到诗是人类把握世界的方式之一。因为面对星空的浩森和人生的虚幻,念及生命没有目的,灵魂没有归宿,我们每一个人都可能唤起一份本真的诗情,勾起一份本原的诗思,抒发一通屈子《天问》式的迷茫和感动。面对尘世的悲欢炎凉,忘却世俗的欲望和功利,浮躁之余,我们又不免会有一份诗意的缠绵和感伤。

徐志摩《我的彼得》这样写道:你来时是一团活泼、光亮的天真,你去时也还是一个光亮、活泼的灵魂;你来人间真是短期的作客,你知道的是慈母的爱,阳光的和暖与花草的美丽,你离开了妈的怀抱,你回到了天父的怀抱,我想他听你

---

① 裴显生:《写作学新稿》,第 446 页,江苏教育出版社,1987。
② [德]黑格尔:《美学》第三卷下册,第 4 页,商务印书馆,1981。
③ 边霞:《儿童的艺术与艺术教育》,第 19 页,江苏教育出版社,2006。

欣欣的回报这番作客——只尝甜浆,不吞苦水——的经验,他上年纪的脸上一定满布着笑容——你的小脚踝上不曾碰着过无情的荆棘,你穿来的白衣不曾沾着一斑的泥污。① 徐志摩的儿子彼得其实是所有纯真、善良、可爱天使般儿童的化身。那么,当诗与儿童紧紧地捆绑在一起的时候,面对儿童的无暇、本真、纯洁,我们深深地体会到这种诗性意义在某种程度上与宗教意义相通。在科学昌明的今天,上帝已死早已成为一个事实,这需要构筑新的价值信仰,而作为人类的精神家园,作为灵魂的一种寄托和栖息方式的诗(尤其是儿童用审美而非功利的眼光来审视这一世界)就成为人类灵魂的慰藉,蔡元培曾经提倡"以美育代宗教",想必也是希望在宗教幻灭、"上帝死了"之后,还有一种方式诗化人生,让无根的漂萍般的人生还有一个皈依,让茫然无助的人生还有一种形而上的向往和追求,而不至于像当今世界的"后现代"们,在解构、颠覆、虚无了一切价值之后,六神无主地疯癫下去,像有些不知诗为何物的人生,除了吃喝玩乐,就是给自己修坟墓。是的,寻求世界和人生的最高真谛、终极真理,是我们灵魂的需求。上帝或许会死,诗神却永远不会死。上帝死了之后,儿童身上所具有的诗性意义显得任重道远。

马利坦认为:"对于诗性意义,它不过是一种易变而掺杂之物。因而诗性意义是一种由数种含义所构成的内在含义:词语的概念意义,词语的想象性含义,以及更其神秘的含义即词语之间和词语所承载的意义内涵之间的隐约关系。"② 如果借用这句话,我们也可以说儿童的诗性意义通过其富含诗性直觉、诗性经验的诗歌、图画传达出内在的意蕴。如浙江省湖州师范附小一位四年级的女孩曾经写过这样一首诗③:

秋

秋姑娘带着两个顽皮的孩子

秋雨和秋风来到了森林里

摸摸枫叶

枫叶脸红了

摸摸果子

① 慧洁编:《生命中的第一个宁馨儿孩子》,第41页,花城出版社,1998。
② [法]雅克·马利坦:《艺术与诗中的创造性直觉》,第203页,刘有元、罗选民译,三联书店,1991。
③ 杨莲莉主编:《夏之韵》,第10—11页,语文出版社,2006。

果子成熟了

树叶儿乐得漫天飞舞

秋姑娘带着两个顽皮的孩子

秋雨和秋风来到了田野里

亲亲稻穗

稻穗弯腰了

亲亲小溪

小溪宁静了

大雁儿忙着举家南迁

秋姑娘带着两个顽皮的孩子

秋雨和秋风来到了公园里

抱抱小草

小草变黄了

抱抱菊花

菊花开放了

小孩儿笑得乐开了怀

在成人看来,深秋百花凋零,它所代表的是一种荒凉和萧瑟,进而由落叶纷纷、万木凋零的残败景象多愁善感为凄凉酸楚、哀痛无奈的生命感悟。可是,在儿童的眼里秋天是个音乐家,它带着秋雨和秋风来到了森林、田野、公园,于是,森林、田野、公园在秋雨和秋风的音乐陪伴下都显出迷人的风姿;在儿童的眼里秋天是个画家,它带着秋雨和秋风来到了森林、田野、公园,枫叶、果子、稻穗、小溪、小草、菊花等各种事物在秋雨和秋风的画笔挥洒下,枫树的叶子就会不知不觉地染成红色,苹果的笑脸不由自主地变成红色,菊花情不自禁地穿着红色、黄色、蓝色、白色的衣服;在儿童的眼里秋天是个魔术师,它带着秋雨和秋风来到了森林、田野、公园,树叶、大雁、小孩在这天高云淡的时节里,从容不迫地舒展和实现着自己的愿望。无独有偶,一位名叫陈晓莹的9岁女孩,在1998年获日本第28届国际儿童画大赛金牌作品《碾场》,也是表达秋天收获的喜悦。画中表达两位农民在辛勤地劳作着,马儿和牛儿也似乎理解人意,沉浸在愉快的劳动之中。碾场的周围用有造型的花加以点缀,使画面丰收的景象更为浓烈。作品的底色运用了暖色调红色,用以表现农民丰收的喜悦,用黑、白色表现主体物,色彩对比强烈却不失和谐,给人以简洁、明快的感觉。用了钢笔勾线,流畅、细腻,统一中有变化,图案设计新颖别致,古朴典雅。整个画面是一个圆形的构图,有圆圆满满之意,表现了小作者对来年的希望和对农民的赞扬。很显然,这两个作品都以充盈的诗意、优美的情怀、浪漫的情调、亲近自然以及描绘基本的人性色调,从而充分地展示了诗性意义,尤其是他们的冲动——无法抑制的创作热情以及要在这个世界上留下深远影响的欲望,超越存在的原始事实而去拥有那种存在——属于她自己诗性的生活,更是我们人与人之间得以有效沟通、真诚交流的关键所在。

布瓦洛在《诗的艺术》中做过这样的论述:"一个轻率的作家想凭其作诗的艺术爬上诗坛,这是徒劳之举。如果没有暗地里的天助,如果司他诞生的星辰没有使他成为诗人,那么,他就会永远成为其贫乏的天资的受害者。"①布瓦洛把诗人的先天因素看成是唯一的,这当然是失之偏颇的。但是,他的话无疑给了我们这样的启示:在成年人中,只有那些如终保持着敏锐的感觉和近乎天真的热情的人们,即有"赤子之心"的人,才能写出好的诗来。因为"诗人在写作时,要把他的政治倾向,把他从哲学里得到的感悟,及对人生,对社会的见解,都化为直觉的东西,化为童年的天真,否则诗就丧失了纯朴,就无法感人了(艾青)"。而且,海德格尔讲得好:"诗人是如此富有,以至于他往往倦于对曾在者之思想和对到来者之期候,只是沉睡于这表面的空虚中。然而诗人坚持在这黑夜的虚无之中。由于诗人是如此这般独自保持在对他的使命的极度孤立中,他就代表性地因而真正地为他的民族谋求真理。"②从这个角度来看,诗人要具有儿童般的观察,儿童般的热情,儿童般的纯朴,儿童般的表达,才能写出意境高远的诗来。换句话说,儿童的这种快乐和善良的诗意的心灵记录其实是人类对生命的最敏锐的感觉,是人类一种向上和向前的展望,一种慷慨自救的涉身人世方式,一种在天地间自强不息的安身立命之途,是人类生命意识的最高点,看来儿童天性的确是诗意的。

<hr />

① [法]卡勒西:《哲学启蒙》,第278—279页,山东人民出版社,1988。
② [德]海德格尔:《荷尔德林诗的阐释》,第53页,商务印书馆,2000。

第二节 儿童是探索者

蒙台梭利认为,儿童是小小的探索者,是"上帝的密探"。苏霍姆林斯基认为:"儿童就其天性来讲,是富有探索精神的探索者,是世界的发现者",而且"在人的心灵深处有一种根深蒂固的需要,就是希望自己是一个发现者、研究者、探索者。而在儿童的精神世界中,这种需要特别强烈"。[①] 可见,童年是一座人类精神创造的天堂。在这里,孩子们像哲学家那样去提问,像科学家那样去思考,像艺术家那样去创造。他们是想象和创造的巨人! 无论是"如果洞漏水了,皮球浮不上来怎么办"的疑问、"把地底下的煤直接变成煤气"的创意、寻找地下宝藏的"射地望远镜"的发明,还是"会飞的毛毛虫汽车"、"能反射太阳热源的向日葵式的无空调摩天大楼"的建造,等等。因为儿童视野里所有的一切都是新鲜的,儿童会惊奇地打量着自己目光所能触及的天地,儿童会挥舞着小手每时每刻都想着提出新的要求,未来的一切,将在这童年的无拘无束的想象中得以展现、得以创造……所以,从这一层面而言,儿童是一个探索者。

一、儿童强烈的好奇心和求知欲望决定了儿童是探索者

儿童是探索者,首先是由儿童的好奇心和强烈的求知欲望所决定的。乔斯坦·贾德认为儿童比成人更具有好奇心和求知欲,"对于孩子,世上的种种都是新鲜而令人惊奇的。对于大人们则不然。大多数成人把这世界当作一种理所当然的存在"。[②] 可见,儿童本身就有着强烈的求知欲、好奇心,并渴望行动,渴望冒险,就像拉满了弓弦的利箭随时准备离弦疾飞。因此,他们喜欢离奇古怪的儿童生活故事,喜欢感受探险、历险的紧张场面,带领他们走向未知的陌生的世界。为了更加清楚地认识这一特性,我们可以从婴幼儿时期、童年时期、少年时期这三个时期来分析这一问题。

第一个时期:婴幼儿时期。这时期的孩子天真活泼,缺乏知识,所见不多,但他们渴望了解世界,他们睁着一双晶莹的大眼睛,好奇地打量这个世界,但此时的孩子认识外界事物只能以直观表象的形式来进行,不可能去探索深奥的世

---

① [苏联]苏霍姆林斯基:《把整个心灵献给孩子》,第32页,唐其慈译,天津人民出版社,1981。
② [挪威]乔斯坦·贾德:《苏菲的世界》,第303页,萧宝森译,作家出版社,1996。

界秘密,他们只能以游戏的形式去了解世界,游戏占去了他们的大部分时间。也正是以游戏的视点去看这个世界,他们才会觉得,一切事物都有生命,小花小草也不例外,他们丰富的想象力是他们进行游戏的基础。他们的想象力是最真实的,也是最没有边际的,就像一条不断流淌的小溪,没有一刻会停止下来。所以,幼儿的理智感主要表现在好奇、好问和强烈的求知欲上,有时这种好奇与求知欲表现为"破坏"行为,例如将东西拆开来细看,喜欢挖掘窥视洞穴等,如羊羣《老人与婴儿》所说:"儿童发生'破坏行为'的时候,也是'创造欲望'的开始!"①而且由于受形象化因素影响较大和认识的字不多,还只能以图画读物为主,并且他们的想象力是发散型的,看到一个圆圈,他们可以想象为月亮、太阳、饼干、脸盆、水滴、小皮球……

第二个时期:童年时期。这一时期是儿童心理发展上的一个重大的转折时期。孩子们入学后,主导活动由游戏过渡到学习。学校教育不仅培养了他们集体荣誉感,而且使他们系统地积累了知识,开阔了眼界,提高了他们对外界事物的感知能力和语言表达能力。他们的注意力正逐渐从无意注意向有意注意发展,但直观的、具体的事物仍能比较容易引起他们的注意。这时候的孩子,自信心、自尊意识和自主意识都逐渐增强,原先的幼儿状态中的下意识正逐渐被现在的"我要……"、"我想……"所取代。想象的有意性、目的性迅速增长,在模仿性和再现性中逐渐发展了创造性,如:男孩子喜欢科幻、科普、动物、恐龙、军事武器、卡通故事中的英雄、机智人物故事、探险故事、百科知识等,因为他们会把自己幻想成故事中的英雄;女孩子则更偏爱细腻一些的读物,像童话、带情感内容的卡通故事、抒情色彩的散文、文学名著改编故事等,因为读了书,她们也有把自己融入书中的习惯,读了"小公主"的故事,就会想象自己也是一个小公主,有很多人来关心她、爱护她、帮助她,喜欢"小燕子",就希望自己也成为能飞檐走壁、随心所欲的"格格",想干什么,就干什么……他们了解世界、探索世界的求知能力更强了,甚至"醉心于那种对他们距离很远的东西",因此,他们的好奇心更强。

第三个时期:少年时期。少年时代是一个既复杂又单纯的时期,它的主要特点是"半成熟与半幼稚相混合,独立性和依赖性相伴随,自觉性和被动性相交错"。少年的主导活动仍然是学习,新的学习条件促使他们的抽象思维和语言能力迅速发展起来,但思维中的具体形象成分仍起着重要作用,并且少年仍乐

---

① 慧洁编:《生命中的第一个宁馨儿孩子》,第68页,花城出版社,1998。

于幻想,甚至将幻想付诸实施,做出成人意想不到的事。他们通过比小学时期更为系统的学习,在掌握了一定的知识后,对一切隐秘事物有强烈的新奇感和探求欲。他们渴望知道不了解的事和人。当这种渴望得不到满足时,就会用想象和幻想去补充。因此他们喜欢阅读题材、情节、艺术表现手法新奇的文学作品,尤其是具有探险内容的文学作品特别迎合他们的阅读口味。随着他们的生活天地不断扩大,他们几乎对自然、社会、政治、经济、文化生活和人自身中的一切新鲜事物都感兴趣,表现出强烈的求知欲和浓厚的认识兴趣,此时的孩子,不再限于探索现象,而且开始探索现象后面内在的本质规律。

总之,各个年龄阶段的少年儿童都爱想象,幻想是他们天然的本性,在孩子的心中好玩的只是无穷的冒险、新奇的事物。儿童跟成人有不同的见解和心态,关键在于儿童的认知范围仍旧逗留在意义的最初确立阶段,以及他们的强烈的好奇心和旺盛的求知欲。事实上,正是这种意义的模糊性和探索性才真正确保了童心世界的生气勃勃。就如庞培《童年的三种声音》所描绘的:在他们身上,我们能看见人类最初的航海家、丛林里的印第安部落、梦想着的诗人、马匹和骑士、占星术士以及耐心的巫婆们的身影。①

二、儿童的独特思维决定了儿童是探索者

儿童是天生的探索者,这是由儿童的泛灵论和自我中心的思维特性所决定的。儿童总是提出最重大的问题,诸如"你究竟为什么活着"这些最根本的问题,正如马修斯(Matthes,G. B.)所说:幼童"早就喜欢提出哲理性的问题"。②儿童认为世界是有目的的,凡事都有其目的或原因,而不能意识到存在随机或偶然。正是因为儿童作为"目的论"者,他才会对成人所司空见惯和熟视无睹了的各种客观现象感到困惑,并表现出打破沙锅问到底的哲学勇气。而且作为这种"目的论"者,儿童又是将世界存在的理由归结为自己的目的或目标,儿童对于世界存在进行先入为主的目的设定,是自我中心化的和万物有灵的,他们试图通过自己的幻想把世界万物或设定为朋友,或设想为敌人,从而寻求解决问题的方法和答案。所以,儿童泛灵论和自我中心的独特思维方式决定了儿童自认为能够把握世界,他们自认为自己完全有理由成为世界当然的主人。

皮亚杰在儿童认知发展理论中指出:儿童思维的发展既是连续的,又是分

---

① 慧洁编:《生命中的第一个宁馨儿孩子》,第150页,花城出版社,1998。
② [美]加雷斯・皮・马修斯:《哲学与幼童》,陈国荣译,三联书店,1989。

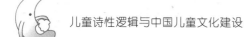

阶段的,每一个阶段都是前一阶段的自然延伸,也是后一阶段的必然前提,发展阶段既不能逾越,也不能逆转,思维总是朝着必经的途径向前发展。儿童经过婴儿、幼儿等直至少年阶段,其思维发展主要包括感知运动期、前运算时期、具体运算阶段、形式运算阶段。这种思维的发展从带有极大的具体形象性到开始形成抽象逻辑思维,也就是说,伴随着儿童生命的成长,儿童思维的发展主要呈现出感性认知的结构特点,而且这种结构从出生到成熟一直处于不断编织、演变和递进的过程,并逐渐开始向抽象逻辑结构转变。皮亚杰关于儿童心理理解的观点有三个重要的核心概念:实在论(realism)、泛灵论(animism)和自我中心主义(egocentrism)。

皮亚杰认为,儿童在 6 岁以前,对心理活动没有丝毫的判断力。儿童把客观实在的存在和原因归结为是自我的、主观的、人为的存在和原因,而当他面对属于主观世界里的虚体事物时,他却又倾向于把它们看成是现实的、物理的、实体的事物,于是他成为"实在论"者。作为实在论者的儿童所表现出的"心物不分",犹如卡西尔所概括的原始人的词语思维:"凡被名称所固定的东西,不但是实在,而且就是实在的。"[①]于是,儿童在回答问题时,常常给出实在论的答案。"梦是从哪里来的? 他们的回答是从夜晚、从台灯或是从天空来的。"他们认为在房间里是可以看到他的梦。这就是说,儿童是心理现象的现实主义者,不能将梦等心理活动与物质世界的真实存在区分开来。另一方面,皮亚杰认为,年幼儿童以为树、岩石、太阳和月亮都是活的。比如,"你出去散步的时候月亮在干什么呢?""它跟我们一起走。""为什么?""因为风让它跟我们走的。"这些回答说明了儿童心理发展的泛灵论现象。正如儿童往往赋予心理现象以物质世界的特征,所以他们也会赋予物质世界以生命,更重要的是,他们认为物质世界也是有心理生活的。事物被认为是有意识的,这并不是根据物质世界的自身规律,而是因为他们自己的想法与愿望。在儿童的眼中,自然的、客观的事物同他自己一样,是有生命的,有情感和意识的,即所谓"泛灵论"。儿童的泛灵论经历了先是指向一切事物,无论是运动的或是静止的,后来,更倾向于指向运动或活动着的事物的发展过程。泛灵化的精神取向,意味着儿童周遭的世界已被融入了他自己的毛发肌肤和情感意志,外在的客观与自我的主观混沌一体,世界完全成为专属于他自己的世界。再者,皮亚杰一直试图解释儿童用怎样的方式看待这个世界:为什么那些孩子认为梦是从外面跑到他的房间,月亮一直跟他走

---

① [德]恩斯特·卡西尔:《语言与神话》,第 80 页,三联书店,1988。

而且知道他要去哪里,绳子能够感觉到被缠绕? 皮亚杰认为,儿童之所以这么想是由于他们以自我为中心。皮亚杰把自我中心主义描述为这样一种状态,儿童这时是从自己角度出发看待整个世界的,他这种看问题的角度是绝对的,不过他没有意识到这一点。他没有想到可以从另一种角度来观察事物。① 可以说,儿童对于外在客观世界的认知性观念或意识的建构立足于"以自己为中心"(self-centred)的同时,也就是将他感觉着的外部世界挟裹进了他的本能、感知、情感、欲望、意志等所组成着的内部主观世界中,或者,他眼中的世界已经被附着上了他全部的主观情意和人格特征。于是,不仅仅是认知的建构,其整个精神系统(包括意识与潜意识,理性与非理性等)的活动状态,都是以自我为中心的。

可以说,"作为生命黎明时期的儿童,他们的思维对外在物理世界的把握与原始人一样处于模糊的混沌状态,分不清物理世界和心理世界,分不清思维的主体与思维的对象,所以也分不清现实与想象的东西",②因而儿童思维形成了重在感性、具体,他们的实在观念、泛灵观念把情感和意识赋予整个世界,使活动着的有机世界更加活跃昂扬,使僵死的无机世界充满蓬勃的生命力;而当儿童把客观的一切都看成是有目的的,并把自己的主观意愿融汇到这种目的中,儿童就自然成为解释事物起源的"人为主义"者,他认为世上的万事万物都是由人所创造且为人服务。所以,儿童会猜想,大概太阳是人从火焰中或打火机中制造出来,而月亮是人挂在天上的一面镜子,或者它们都是由很像人的上帝制造并安排好了的。这明显体现了"自我中心思维"的特点,即指儿童往往只注意主观的观点,不会因客观事物背弃自我中心,只会考虑自己的观点,无法接受别人的观点,也不能将自己的观点与别人的观点协调。在一定意义上,儿童以这种人为主义的意识取向所表达出的自我中心主义,便是人类在生存环境面前所持有的主体精神和自我意识在童年期的萌芽和最初的表达。

三、儿童是探索者的具体表现

在现实环境中,我们处处可以感受到儿童在"问题"中探求未知世界、在"活动"中探索生命成长、在"幻想"中征服世界……而且,儿童由于对周围事物和现象及其相互关系的好奇心、认识兴趣和探索欲望,促使他们主动地去亲历和感

---

① [苏]奥布霍娃:《皮亚杰的概念:赞成与反对》,第47页,史民德译,商务印书馆,1988。
② 王泉根:《论原始思维与儿童文学创作》,转引胡健玲主编《中国新时期儿童文学研究资料》第124页,山东文艺出版社,2006。

受探索的过程和方法,从而享受探索的成功体验和发现的乐趣。从这一层面而言,儿童是一个积极进取的探索者。

1. 儿童在"问题"中探求未知世界

人天生就具有好奇心,每一个儿童来到这个世界,总是喜欢提问,总是希望寻找到问题的答案。儿童总会觉得在锁定的纸板箱里或石头下面会藏着什么东西,总想去瞧一瞧,去发现些什么东西。只要家里的一扇门嘎吱一响,儿童便立刻猜起谜来:谁来了? 我们的父母? 我们的兄弟? 每一个人的问题都希望不断地得到解释。就如周国平所言:对提问权利的坚持、对真理的热爱和永不枯竭的求知欲,有了这些东西,孩子们就能够成长为拥有内在的富有和尊严的真正的人。① 其实,儿童是在提问的过程中探求未知世界。

从儿童的成长历程来看,儿童来到世界上,对各种事物都有浓厚的兴趣,对什么都感到新鲜,有强烈的好奇心和求知欲,表现出对知识的渴望、追求和对新鲜事物的探索。他们向大人提出种种问题,是认为大人无所不知。心理学研究表明,提出问题是思维活动的起点,好奇心是对新奇事物所引起的一种注意,是对新异刺激物的一种探究及反射,就是不断接受新异事物的刺激,不断提出问题、解决问题的过程。随着儿童阅历的增长和思维能力的发展,他们提出的问题也会从简单到复杂,从个别的现象到事物之间的联系。这样,他们懂得的东西就越来越多,直到可以自己寻求问题的答案。列·符·赞科夫曾经说过:只要学生能提问题,这就是重要的条件之一,它有利于形成和巩固学生对学习的内部诱因。单纯地听教师讲课不能充分发动学生的精神力量。正像我们在第一次谈话中所说的那样,只有当学生自己发觉在对教材的理解上还有这样或那样的衔接不上的地方时,他们求知的渴望才会产生和增长起来。当某些不相符合的地方引起学生的警觉,当他们感到还缺少某些成分才能使知识相互"吻合"的时候,这就是好事。② 赞科夫的论述告诉我们,儿童在提问的时候,其实就是他们对未知世界的探知之际,由此可见,儿童的提问和好奇心、求知欲是极可宝贵的思维的火花。如果孩子一旦发问,或许就能寻找到问题的答案,从而获得了新知。在圣·埃克絮佩里的《小王子》里有这样一段描写:

这时,一只狐狸出现了。

---

① [德]贝蒂娜·施蒂克尔:《诺贝尔奖获得者与儿童对话》封底,三联书店,2004。

② [苏]列·符·赞科夫:《和教师的谈话》,第50页,三联书店,1987。

"早上好。"狐狸说。

"早上好。"小王子很有礼貌地回答,他转过头去,但什么也没看到。

"我在这儿,在苹果树下。"那个声音说。

"你是谁?"小王子问,又接着说,"你看起好漂亮。"

"我是一只狐狸。"狐狸说道。

"来和我一起玩吧,"小王子提议,"我现在很伤心。"

"我不能和你玩,"狐狸回答,"我还没有被驯养。"

"啊! 对不起。"小王子说。

他想了一想,之后说:

"驯养? 什么叫驯养?"

"原来你不是这里的人。"狐狸说。"你在找什么?"

"我在找人,"小王子说,"驯养是什么意思?"

狐狸说:"人类有枪,他们会打猎,真是讨厌。但他们也养鸡,这是他们好的地方。你在找鸡吗?"

"不是,"小王子说,"我在找朋友。驯养是什么意思?"

"这是常常被人们遗忘的事情,"狐狸说道,"它的意思就是'建立关系'。"

"建立关系?"

"没错,"狐狸说,"对我而言,你只不过是个小男孩,就像其他千万个小男孩一样。我不需要你,你也同样用不着我。对你来说,我也不过是只狐狸,就跟其他千万只狐狸一样。然而,如果你驯养我,我们将会彼此需要,对我而言,你将是宇宙间唯一的了;我对你来说,也是世界上唯一的了。"

……

　　童话里的小王子就是现实生活中儿童好问的真实写照,正由于小王子不断地询问"驯养是什么意思?"他终于理解了"驯养的意思就是'建立关系'"的意思。并且,在他的一再追问之下,狐狸道出了人生的秘密:"只有用心灵才能看得清事物的本质;真正重要的东西是肉眼无法看见的。"可见,"问题是生活的发动机。一个问题被人们提出来并且开始寻找一个答案,仅仅是这个事实就会激起人的幻想"。[①]

---

① [德]贝蒂娜·施蒂克尔:《诺贝尔奖获得者与儿童对话》,第 2 页,三联书店,2004。

提问是孩子求知欲的表现形式。儿童不理解这个世界,就需要提问。我们从哪里来?我们到哪里去?为什么布丁是软的,石头是硬的?天空为什么是蓝的?为什么有贫穷和富裕?为什么有男孩和女孩?地球还会转动多久?为什么树叶是绿的?为什么1+1=2?这些大问题、小问题、愚蠢的问题、聪明的问题、简单的问题、艰深的问题……都是儿童想理解整个生命的契机,是儿童理解社会的动因,这些问题总是让儿童觉得含有一种异常有吸引力的东西:可以提问的权利;知道答案的自豪;看人家心神不宁、竭力搜寻答案的乐趣;好奇心;求知欲。所以,我们应该懂得孩子们随时随地都会提出这样的问题,光躲闪、反问、玩游戏是不够的。孩子们需要有一个答案,他们有权提问,否则,孩子思维中纯真的火花渐渐熄灭,他们就会在某个时候停止提问。

2. 儿童在"阅读"中探索生命成长

在儿童的生命成长历程中,没有什么是比"阅读"(这里的"阅读"需要从广义的角度理解,它包括文学作品的阅读、绘画的品味、动漫的观看、戏剧的欣赏等内涵)艺术作品更让人畅快惬意的事情,可以手不释卷,可以废寝忘食;也没有什么是比"阅读"艺术作品更让人从中学到好多好多的东西,有益于心灵,有益于人生。在西方就有人这样来看待"阅读"艺术作品的作用:"歌德和莎士比亚抵得整整一所大学。一个人通过阅读体验了时代,不像在科学中,在科学中他只摘取最后的、得到澄清的成果,而是像那种一同举步、一同走上曲折道路的伴侣。"[1]夏洛特·梅森在《儿童生来是人》所说的:"我们逐渐熟悉莎士比亚,由此智慧得到滋养,良心得到教化。渐渐地随着我们对这位世界级大师的深入阅读,他字里行间所流露的洞察力和美为我们所掌握,无形中影响了我们对生活中的人、事和重大问题的判断。"[2]因为文艺作品作为人类复杂精神劳动的产物,是人类智慧的体现,准确地说,是人类审美智慧的体现。文艺作品在表现人的生命状态、存在意义的同时,也深刻地展示出人的精神世界、心灵世界的智慧特征,特别是在智慧的广度与深度上,显示出人的精神、心灵的博大性与丰厚性,以及人生价值与意义的永恒性。文艺作品不仅可以让不同时代的人,在情感世界、形象世界里进行跨越时空的精神漫游,含英咀华,从中吸取丰富的思想和艺术营养,获得心灵的净化,而且也是一种智慧的启迪。因为在文艺作品的世界里进行精神漫游,特别是通过文艺作品走进人类历史上伟大智者的心灵世界,

① [俄]赫尔岑:《给儿子的信》,《赫尔岑论文学》,第35页,上海文艺出版社,1962。
② [英]夏洛特·梅森:《儿童生来是人》,第262页,中国发展出版社,2003。

与他们进行跨越时空的对话,将会给予儿童以生存智慧和发展智慧的深刻启迪,从而让孩子在阅读中探索生命成长的轨迹。当然,文艺作品是否对儿童产生巨大的影响,还需儿童沉浸在作品中,与作者、作品里的人物同喜同悲,就如法国作家法郎士在《乐园之花》曾说:"书是什么? 主要的只是一连串小的印成的记号而已,它是要读者自己添补形式色彩和情感,才好使那些记号相应地活跃起来,一本书是否呆板乏味,或是生气盎然,情感是否热如火,冷如冰,还要靠读者自己的体验。"①

　　从人类文明发展历史来看,文艺作品中的儿童引路人原型可以追溯到神话中的神和童话中的国王或白马王子。在宗教统治时期,神作为至高无上的权威统领着世间万物。他或指引迷途的"羔羊",或拯救受难的子民。希腊神话中人的命运都操纵在诸神手里,个人的意志和选择是有限的。在格林童话《马利亚领养的孩子》中,拯救金发女孩走出荒野的是国王,但最后的拯救者是圣母马利亚。随着人类社会从宗教统治走向世俗王权统治时代,国王或王子代替了上帝,成为"拯救者"。例如,唤醒白雪公主的是白马王子,拯救灰姑娘的也是王子。到了现代民主社会,普通人取代了皇家权威,但他的功能和作用不再是"拯救者",而转变成为"引路人"。但是不管是权威者、拯救者,还是引路人,他们都能够使儿童更清醒地观照自身,特别是在对象化的世界里,认识人生的本质,获得人生的超越之路,具有精神探源的意义。《小鸭历险记》是英国 BBC 制作的1998 年圣诞电视特辑,描述一只可爱活泼的小鸭小翔,因为贪玩而在一家人前往南方过冬的途中,意外地和家人失散了……不知所措的小翔,翅膀受伤不能飞,所以只好孤零零地自己留下来过冬,还好小翔幸运地遇见了生命中的"贵鼠"——阿福。因为阿福的热心帮助和真心对待,让原本调皮捣蛋的小翔蜕变成一只有责任感的小鸭,也让他度过了一个最难忘的冬季! 本片告诉儿童生命的旅途中有太多挑战,太多值得学习的人生课题,要在每一次的学习当中都获得正面的启发是件不容易的事情,但只要秉持着努力不懈的毅力,像小翔一样,永远有好奇心,永远有冒险精神,就一定可以有很棒的人生学习和体验! 同时更要懂得领会人生真谛在于:真心相对,因可以和自己所爱的人相互扶持是最难能可贵! 看着天真的小翔,孩子就会有淡淡的微笑挂在脸上,因为它的精灵可爱,儿童可以得到很多勇气和冲动,去面对艰难和繁杂的挑战,然后去摘取梦想中的丰盈果实! 观看怀特的《小老鼠斯图亚特》,儿童会深刻地感悟到:每个

---

① 龙协涛:《文学阅读学》,第 20 页,北京大学出版社,2004。

人在路上的经历都不同,行路可能是枯燥的、艰难的、甚至是危险的。但行路也是有趣的,有意义的。不管朝什么方向行路,只要是你自己想要的方向,就该一直走下去,直到生命的结束。《成长如蜕》中的弟弟有着丰富的自我精神追求——向往"大柳庄的淳朴民风、童年的天真烂漫、学生时代的友谊",他希望"找一份喜欢的工作,要一个称心的妻子,过一种既不窘迫也不富裕的生活,与别人无争无计地一天一天重复着琐碎的安乐和温暖"。他憎恨商界的尔虞我诈,渴望拥有自己的人生价值,渴望遵从自我意愿去追寻生命的本质。可以说"弟弟"的自我意识已全然觉醒,他清楚地知道自己要什么,会做什么,然而父亲却要他"子承父业",成为商人。青梅竹马的女友若即若离,后来干脆嫁给一个远比弟弟有钱的台湾商人,远去台湾。朋友们无一例外地经商了,在一起时只顾眉飞色舞大谈"轧冲头"或玩女人,而弟弟似乎成了一件过时而无用的物品,难合潮流。阅读这样的作品,少年会深入地思索:生命究竟是什么? 是金钱? 是权势? 弟弟年轻的生命在这个与外部世界的碰撞中怎么不会感到迷茫与困惑。

由此推知,文艺作品以智慧的力量,为人生提供了创造新生活的蓝图。文艺作品提供的人生睿智,将在洞察人生、洞察人性方面,有着非常特殊的功能。罗素说,用人类智慧创造的未来世界,将远远超过死亡的过去。如果将文艺作品看作是人类心灵的历史,那么,人类繁衍不息的生命和变幻不定的精神与心理流程,就构成了文艺作品壮阔的长河。文艺作品为儿童提供的睿智,就在于使每个生命在有限的生命旅途中,能够充分而深刻地领悟到生命的价值,追求无限的生命意义。

3. 儿童在"幻想"中征服世界

儿童尽管不能如成人那样抽象地进行逻辑推理,但他也就不拘于理性逻辑的形式性框架或直线性规范,从而使他的那种个体主观性的、直接经验式的逻辑,表现出打破常规、不拘一格的创造性、开放性和跳跃性。儿童的逻辑蕴涵着无数个可能和偶然。正所谓,一加一等于二,是成人的逻辑,是按照成人的科学理性、客观标准而得出的结论,但在儿童那里,一加一潜藏着太多的可能性,就不会正好等于二。如费鲁奇所说:如果说成人的"脑袋里都是寻常定式的逻辑",而小孩就"宽广多了","小孩的思考是散点式的,不会走你事先规划的路径,自由自在,天马行空,独来独往"①。

---

① ［意］皮耶罗·费鲁奇:《孩子是个哲学家》,第94页,陆妮译,海南出版社,2002。

　　班马说:"儿童读者又是生长中的读者。"面对陌生,儿童最大的生理和心理需要就是渴望获得能力,他们求知欲旺盛,希冀建构起自己的认知体系,从而游刃有余地面对社会。虽然,儿童的前行,是一个不断面对未知、不断被未知阻挠和不断征服未知的过程,但是,儿童对这个世界的认识更多的是依靠阅读和幻想。"幻想"是最能激活儿童灵性的兴奋点之一,拥有幻想,儿童"不再一个劲地模仿现实,而是将眼光挪移开,去面对一片浩淼无涯的空间,因为这个空间没有具体的形象,也没有实际的关系,因此,想象在这里是自由的,没有丝毫的局限,天马行空"。① 虽然,"孩子是可以敬服的,他常常想到星月以上的境界,想到地下的情形,想到花卉的用处,想到昆虫的语言;他想飞上天空,他想潜入蚁穴……"②,但是,儿童虽然社会阅历非常有限,个人能力十分弱小,但希望凭借幻想忘乎所以地认为自己能够征服整个世界,这是每一个儿童的共同梦想。儿童在幻想世界中创造着各种神话:寻求平凡生活中的不平凡现象、想象富有传奇色彩的故事情节、渴望成为遭遇匪夷所思的不凡人物形象……由于幻想的存在,儿童的天地变得十分辽阔与苍茫,富有幻想的儿童希望自己像彼得·潘一样散布着快乐美好的气息,内心永远充满奇思异想的想象世界,无忧无虑地生活在"永无岛"上;富有幻想的儿童希望自己像人鱼公主一样生活在幽深神秘而又绚丽迷人的海底世界,能够自由地穿梭在深深的海底或浅浅的沙滩,或在礁石上眺望帆船,或在沙滩上默数星辰……富有幻想的儿童希望自己像哈利·波特一样能够在现实与魔幻世界自由切换毫无障碍,能够参与魔法世界种种神奇活动:成为魔法世界的球类运动(魁地奇)的找球手、坐上韦斯莱先生那辆会飞的汽车、凭着自己的勇敢和智慧打败伏地魔……这种幻想在儿童的生活中俯拾即是,超凡、离奇的想象力对儿童来说,是"一种注定的相约,操持着共同的想象美学"③。并且,在这一幻想过程中,"儿童不仅获得了普遍的人文科学知识,而且还学会了某种更为实际的社会操作经验,并以心理过程的预习性学习和转换从而完成了个体素质向社会期望值的接近、过渡以及最终的整合"④。

　　以上论述可以推知:儿童的感性思维和"自我中心思维"决定了儿童思维的任意性和无逻辑性的特点。赵丽宏在《砥犊情》中也说:这翅膀,其实早已经开

---

① 梅子涵等:《儿童文学五人谈》,第103,新蕾出版社,2001。
② 鲁迅:《鲁迅全集·第6卷》,第36页,人民文学出版社,1981。
③ 梅子涵等:《儿童文学五人谈》,第89,新蕾出版社,2001。
④ 陈晓秋:《定位与错位的选择——儿童文学读者新论》,第79页,《西南师范大学学报》,1998(4)。

始在你的心里扑腾起来,只是你自己并不知道。它们不是别的,是你心里那美好的幻想和奇丽的想象。你那些天真而又滑稽的想象力常常使我发笑,也使我惊讶;这些,就是刚刚在你幼小的心灵中开始飞起来的翅膀,它们是美丽的,是珍贵的。人生需要这样的翅膀。假如人的生活中失去了憧憬,失去了幻想,失去了想象力,那么,生命将会是何等乏味,何等黯淡,何等凄凉。是的,我们会保护你的小翅膀,并且要努力使它们的羽毛逐渐丰满起来。[①] 所以,儿童生活的快乐在于以自我思维为中心,凭借丰富的想象,从而在"问题"中探求未知世界、在"活动"中探索生命成长、在"幻想"中征服世界。

第三节　儿童是自由者

当人类走出自然界并获得自身的主体性时,"自由"这个令人神往的境界便开始困扰人类的心灵。康德认为"所谓自由是指意志除了道德法则以外再不依靠任何事情而言的"[②]。按照罗尔斯的看法,人是一个具有自我意识的理性存在物。对人而言,自由源于其固有本性,因此,一种以人为目的的正义价值秩序,首先应该确立自由优先原则,这个原则意味着:"只有自由的主张被满足之后,其他原则才能发挥作用。"[③]黑格尔提出了自由作为人的本质这个命题,他认为"精神——人之所以为人的本质——是自由的",[④]"自由是心灵的最高定性"。[⑤]"自由"这个概念意味着:人类主体性活动的目的在于争得生活的自由,自由是人类实践的根本目的,是人的本质不断摆脱自然的和人与人关系的各种束缚而得以实现的过程。当人处于主体状态时,也就是指人具有主体性才拥有自由,可见,主体性与自由密不可分。

游戏和儿童是紧密相连的,不论是从生物学的角度,还是从心理学、文化人类学、美学、哲学的角度,儿童的游戏一直被认为是最纯粹的游戏形式。生物学比较注重儿童游戏自然、本能冲动的层面,心理学则倾向于分析儿童在游戏中的心理结构和过程,文化人类学关注游戏社会、文化性的因素及其建构,而哲

---

① 慧洁编:《生命中的第一个宁馨儿孩子》,第81、84页,花城出版社,1998。
② [德]康德:《实践理性批判》,第6页,商务印书馆,1960。
③ [美]罗尔斯:《正义论》,第192—194页,中国社会科学出版社,1988。
④ [德]黑格尔:《历史哲学》,第56页,三联书店,1956。
⑤ [德]黑格尔:《美学》第1卷,第124页,商务印书馆,1979。

学、美学则更为强调游戏与儿童在精神实质上的契合和一致,并且将之升华到人类的精神层面。可见,儿童喜欢游戏这种观点是经历了漫长的人类文明史而逐渐得以确立的。游戏是儿童的一种主体性活动,它不受任何外部指令的强迫与制约,与利害得失无关,是根源于"纯粹的人的本性"的活动。游戏是从儿童人性深处流淌出来的旋律,游戏是一种"心"的活动。正如胡伊青加所说:"只有当心灵的激流冲破了宇宙的绝对控制的时候,游戏才成为可能。"①游戏是超越了目的束缚的"美的自由"。儿童在游戏中获得的解放感、自由感,并不仅仅止于逃避现实或从现实束缚中挣脱出来的解放与自由,而是进一步朝向自身的"人性"的解放与自由。也就是说,游戏不仅是一种超越了"约束"的解放,而且也是"全人格"的解放。从这一层面而言,儿童在游戏中获得了自由,儿童是自由者。所以,梁实秋在《孩子》一文中说:"我一向不信孩子是未来世界的主人翁,因为我亲见孩子到处在做现在的主人翁。"②具体地说,儿童在游戏中自由地体验角色、自由地体验情感、自由地体验生命价值。

一、儿童在游戏中自由地体验角色

游戏对于人类个体成长来说是一种必不可少的活动,一般来说,个体心理机能越不成熟,行为的游戏性越鲜明,生活中游戏的比例也越大。正是在这个意义上,可以说游戏属于儿童,儿童生活于游戏之中。如果把儿童的生活视为一个活动系统,那么,游戏统整了儿童的各种活动。大凡儿童自主选择的活动,他们总是喜欢以一种游戏的态度去对待它,就连吃饭、睡眠也都富有游戏的韵味。儿童不仅在游戏中编织了假想的世界,而且在心理方面也会实现真实的成长。对于儿童来说,"我游戏,故我在",游戏是构建其精神大厦的砖瓦。因此,游戏是进入儿童精神世界的"通行证"和"桥梁"。

儿童的游戏与其发展之间的关系是错综复杂的,儿童游戏的不同方面及不同种类的游戏对于儿童心理发展的不同侧面具有不同的意义和作用。总的来说,儿童通过游戏中的言语表达、动作呈现、角色扮演、手工制作,以及直观的背景创设、玩具材料的使用等等,获取知识、累积经验、掌握某种操作技能的基本途径和学习方式,从而获得情感、认知、社会性、意志、人格等方面的发展,在儿

---

① ［荷］胡伊青加:《人:游戏者——对文化中游戏因素的研究》,第 4 页,成穷译,贵州人民出版社,1998。

② 慧洁编:《生命中的第一个宁馨儿孩子》,第 33 页,花城出版社,1998。

童的生活中,没有什么活动比游戏能提供更丰富的内容和经验。就如哲学家 Karl Groos 认为,"游戏不是消除原始本能,而是加强未来所需的本能。新生儿或动物遗传了一些不够完善或部分的本能,而这些本能对生存至关重要。游戏的目的就是提供儿童一种安全的方法,帮助他们去练习和完善成人生活所需的本能"。[①] 格鲁斯的生活预备说 (instinctive preparation theory of play)表明,游戏作为一种练习生存技能的手段最明显的例子就是幼小动物,如小狮子之间的打斗游戏。而且,他还认为小猫抓纸团是为了练习捕鼠,女孩喂娃娃是为了练习做母亲,男孩打仗是为了练习战斗本领。在格鲁斯看来,游戏是对与生俱来的但不完善和不成熟的本能行为的练习,游戏指向了一个游戏之外的目的——能力练习说(practice or pre-exercise theory)——游戏能帮助儿童为将来的生活作准备,使他们能适应未来的生活。格鲁斯还注意到儿童的游戏随着儿童的发展而变化,于是将儿童的游戏分为两大类:一类是练习性游戏,包括感知运动练习和由此演变出来的高级的心理能力练习(如规则游戏、分类等)两种;另一类是社会性游戏,包括追逐、打闹类的游戏,以及模仿性游戏、社会性游戏和家庭游戏(戏剧游戏)等。这两类游戏,最先出现的是第一类游戏,它的作用在于促进自我控制的发展;然后出现第二类游戏,它的作用在于形成人与人之间的关系。在游戏当中,通过模仿,儿童逐渐弥补不完善的个人经验,逐步使成年生活所必须具备的能力得到锻炼,并趋于完善。

沿着格鲁斯的"生活预备说"这一游戏理论的逻辑,我们可以认为,游戏从某种程度上说就是儿童对成年人行为的戏剧性模仿,是满足他们渴望成年的愿望的一种途径。例如以下的儿童生活场景就是一个很好的例子。

> 幼儿园小朋友雯雯、蓓蓓和嘉嘉正在教室的娃娃角玩过家家。嘉嘉当爸爸,蓓蓓当妈妈,雯雯年龄最小,很不情愿地同意当小宝宝。
>
> 蓓蓓:宝宝看上去饿了,我们弄点东西给她吃吧。
>
> 嘉嘉:好的。
>
> 蓓蓓:(对雯雯说)你要哭,说你饿了。
>
> 雯雯:但是我不饿啊。
>
> 蓓蓓:你要假装饿了。
>
> 雯雯:(装成婴儿的声音)我饿了。

---

① 〔美〕约翰逊等:《游戏与儿童早期发展》,第 8 页,华爱华、郭力平译,华东师范大学出版社,2006。

蓓蓓:(对嘉嘉说)爸爸,我们晚餐吃什么呢?

嘉嘉:吃鸡蛋好吗?

蓓蓓:好吧,那我到冰箱里拿些鸡蛋吧(她走到一个壁柜那里,拿了几个积木)。

雯雯:哇,我好饿!

蓓蓓:(假装责骂雯雯)不要吵!(她把积木放在玩具平底锅里,把锅放在玩具炉上)已经在煮鸡蛋了,爸爸,你去准备餐具。

嘉嘉:好的。

雯雯:爸爸,我来帮你。

嘉嘉:不行,宝宝不能做这些,你只要坐在那里装哭就行了。

然后,嘉嘉就用模拟玩具盘子和杯子来布置餐桌,没有刀叉及牛奶杯,他就用冰棍棒和一个空罐子来代替。雯雯仍扮演小宝宝,不时地装哭,而蓓蓓则继续在做晚餐。最后,蓓蓓在每个盘子里放一块积木,而嘉嘉假装从空罐子里倒牛奶。孩子们佯装吃鸡蛋,并喝着那看不见的牛奶。

在幼儿园的生活中,我们还可以经常看到以下的场景:儿童们一遍遍愉快地听着或哼着柯岩的儿童诗《坐火车》:

小板凳,摆一排,/小朋友们坐上来,/我们的火车跑得快,/我当司机把车开。/轰隆隆隆,轰隆隆隆,呜!呜!

抱娃娃的靠窗坐,/牵小熊的往后挪,/皮球积木都摆好,/大家坐稳就开车。/轰隆隆隆,轰隆隆隆,呜!呜!

穿大山,过大河,/火车跑遍全中国。/大站小站我都停,/注意车站别下错。/轰隆隆隆,轰隆隆隆,呜!呜!

哎呀呀,怎么啦,/你们一个也不下?/收票啦,下去啦,/快让别人坐坐吧。/轰隆隆隆,轰隆隆隆,呜!呜!

在玩这个游戏时,儿童会全身心地投入诗歌的情景中,如摆起小板凳做火车、争当"火车司机"以及模仿车轮的轰隆声和汽笛的鸣叫,这些活动都与儿童心理相适应;而坐在火车上的儿童有的"抱娃娃的靠窗坐"、有的"牵小熊的往后挪"、有的摆好"皮球积木"……"大家坐稳就开车",俨然一副火车司机的口气。而这一切情景都是孩子式幻想的产物,游戏、纯情、欢快,这些由儿童特有的行为与语言所带来的童趣美与稚拙美,就是典型的儿童游戏。

陈鹤琴先生说过:"小孩子生来是好动的,是以游戏为生命的。"游戏对于儿童犹如生命那么重要,游戏是他们生活的组成部分,是他们最基本、最喜爱的活动。教育学、心理学的研究成果也揭示:游戏是儿童认识世界的途径,是儿童通过实际行动探索周转世界的一种积极活动。游戏适合儿童心理发展的需要,符合儿童心理发展的水平,对儿童的发展起着极其重要的作用。弗洛伊德的人格结构理论认为,处于本我和自我层次的儿童是按照快乐原则来行事的,以快乐为原则,以游戏为生活,是儿童心性和儿童生活最为本质的一面。在成人那里,游戏只是他们摆脱现实窒闷的暂时间歇,而儿童却把游戏当成自己体验、理解、超越生活的方式。在游戏中,他们寻找快乐;在游戏中,他们沉溺于幻想的世界;在游戏中,他们逃脱成人规则的约束,获得心灵的完全自由。而且,原生态的儿童游戏的最大特征之一即身体扮演,也就是用身体动作来构建幻想的空间。"同生命节律日趋和缓沉稳的成年人对外部世界动态表层的慢慢疏离正好相反,儿童生命体内部迅速积聚起来的物质动力源赋予他们巨大的运动能量。这种生命体内的动能成了儿童欲在外部世界觅求运动对应物的'心因性'需要因素。"[①]因此在以上过家家的游戏活动中,儿童往往借助幻想使游戏的空间有别于现实的场景,使熟悉的现实在游戏的空间内变得陌生化,在这个陌生的空间中,儿童沉浸于对未来生活的一种无意识的准备中,从而充分地表现自我,体验着一种陌生感和惊奇感以及由这种感觉所带来的愉悦和为将来的成长作预备性练习。

可见,游戏是儿童在真实的现实生活之外,借助想象,利用象征性的材料,在行动上再造某种生活现象,以角色为中介,了解、学习和掌握基本的人与人的社会关系,再现人与人的关系,游戏是他们获取将来生活经验的一种中介媒体。儿童在这虚构性或假想性的游戏中,扮演各种不同的社会角色,并通过儿童与儿童之间的交往,使个体在游戏中习得群体生活所必需的基本规则与技能,从而促进了个体社会性的发展。换而言之,游戏是儿童对将来所必需的生活技能进行练习的一种活动形式。当然,为将来生活做准备并非游戏的唯一目的。

二、儿童在游戏中自由地体验愉悦

"池塘边的榕树上,知了在声声叫着夏天。草丛边的秋千上,只有蝴蝶停在

---

① 王瑾:《运动与节奏:儿童文学审美响应中介说》,第33页,《云梦学刊》,1999。

上面。黑板上老师的粉笔还在拼命叽叽喳喳写个不停,等待着下课等待着放学等待游戏的童年。总是要等到睡觉前才知道功课只做了一点点,总是要等到考试后才知道该念的书都没有念……"每当听到熟悉的《童年》旋律响起,每一个人或许会想起在操场上追逐嬉闹的场景,或许会感到久违的糖果香味还是那么沁人心脾,也许会想起自己的童年是在有趣的童话故事里度过的,也许会想起自己的童年是伴随着跳皮筋、丢手帕的游戏而流逝的,也许会想起自己的童年是在广播里"嗒嘀嗒"的小喇叭声陪伴中走过的……于是,我们认为童年是值得怀念的岁月,童年是充满诗意的岁月,童年是写满欢欣的岁月。

但是,事实非然。现代心理学研究证明,童年期是一个充满压抑感和焦虑感的困惑时期。对于儿童来说,一方面,面临着他认识得很肤浅而又无力改变的物理世界。在儿童的成长历程中,孩子们经常会惊讶地发现大千世界充满着神秘感:每一朵花的开放蕴含着成长的秘密,每一颗星星的闪亮包含着科学的智慧,每一次风的吹拂包藏着气候的变化……可是,面对着这一幻化无穷的大千世界,儿童会感到自身知识的缺乏和力量的渺小。另一方面,又面临着由成人的意志和兴趣所组成的社会世界。在儿童的成长历程中,最让儿童感到压抑和焦虑的就是他们发现自己所处的世界是以成人为主宰的世界,以成人意识为主导的社会对于成长中的儿童来说,他们常会感到压抑,有很多不安定的困惑体验。生活在这样的世界中,儿童的行为常常受到限制,情感和愿望常常被压抑而得不到有效的满足。尤其是处在当今教育时代中的儿童,他们要连续不断地受到繁重的学业课程和竞争要求的压抑。所以,面对成人的世界,儿童经常会觉得没有依靠感和归属感,认为自己身处于一个充满敌意的世界,并产生孤立无助感和一种基本焦虑(basic anxiety)感,处处感到无所适从和无能为力。在此情况下,儿童需要一种自我表现的工具,需要一个由他创造并服从于他的意愿的信号系统,这个信号系统就是象征性游戏。在象征性游戏中,儿童按照自己的想象来改造现实,以满足自己的需要。在这里,就不是儿童顺应现实,而是把现实同化于自我。[①] 换而言之,面对这样的现实,儿童会产生"提高自己以超越他人"的需求,并经由自己参与各种游戏,赋予自身无限强大的能力,编织出自己的"理想形象",从而在游戏中自由地体验愉悦的情绪。

那么,"儿童在游戏中自由地体验愉悦"究竟怎样理解?这是一个值得深思的问题。黄进说:如果说愉悦是一种情感体验,那么它是与人的需要是否得到

---

① 雷永生等:《皮亚杰发生认识论述评》,第210页,人民出版社,1987。

满足相联系的。① 艾里克森认为：游戏创造了一种模范情境，在这个情境中，过去被解脱，现在被表征和更新，而未来被期望。② 盖维（Garvey）等学者认为，游戏能产生一种积极情感。游戏通常充满着"愉悦及欢乐"。即使有时候并非如此，儿童仍然认为其好玩而重视它。有时候，游戏也会伴随着忧虑、不安或些许恐惧。但是这种恐惧似乎也具有快乐的本质，否则儿童为什么一遍又一遍地玩从陡峭的滑梯滑下来的游戏。③ 以上的种种认识提醒我们：游戏愉悦是一种整体的、丰富的体验，既有认知的享受、伦理的安慰，又有审美的快乐和创造的成就感，还包含了积极的、消极的情绪的不断冲突、融合和转化，从而实现各种欲望在想象的替代性中得到一种情感满足的体验。

我们说游戏是愉悦的，是指儿童在整个游戏活动中由于游戏的投入与专注，用想象的满足来替代现实生活的压抑，从而产生一种精神的愉悦。而在具体的各种游戏之中，儿童的体验是多种多样的。当他们沉浸在角色体验中时，他们可能是痛苦的，也可能是欢欣的；可能是恐惧的，也可能是无畏的；可能是激动的，也可能是平静的。然而，在整个游戏活动中，儿童抛弃了过于凝重的法则、时间、秩序、规范和逻辑等等外在的压力，在快乐的空间尽情遨游嬉戏；在游戏中，有的只是心理的快乐自由和为所欲为的痛快酣畅。在游戏性中，儿童不再局限于艳羡成人的能力，而是全身心地实际参与，不再是去听取成人的谆谆教导而是去体验一种情感的释放，不再是去仰视一种高不可攀的梦想而是去实现一种当下的自由生命的活动。他们那想要超越来自成人的约束、走向属于自己的自由的心理得到了充分的满足。在游戏中，游戏幻想所带来的愉悦性"抵制着所有的分析、所有的逻辑解剖"。④ 即儿童的游戏是一种不受阻挠的自由活动，在这一过程中，情感本身解除了他们的物质重负，抛弃了现实中难以忍受的压力和压制。因此，在日常生活中，我们经常会看到孩子面带微笑、旁若无人地沉浸在这样的游戏情景：拿着纸叠的飞机来回奔跑，就成了翱翔在万里碧空的飞行员；头戴小红帽、手挎一竹篮，便成了童话主人公"小红帽"；手拿金箍棒，勇敢地与"牛魔王"进行搏斗，就成了美猴王孙悟空；扮演爸爸、妈妈，尝试着享受做饭、洗衣服等家庭生活的乐趣；建立"太空巡逻队"，拉开奥特曼和怪兽大战的

① 黄进：《游戏精神与幼儿教育》，第 177 页，江苏教育出版社，2006。
② ［美国］约翰逊等：《游戏与儿童早期发展》，第 49 页，华爱华、郭力平译，华师大出版社，2006。
③ 同上，第 18 页。
④ ［荷兰］约翰·郝伊津哈：《游戏的人》，第 3 页，多人译，中国美术学院出版社，1996。

序幕……这是因为儿童在游戏中生活于现实以外的一种现实中,即儿童在游戏中以梦想的方式在自己的心中建构着外部世界。皮亚杰从游戏的机能上证明了这一点。他认为游戏"就是把真实的东西转变为他想要的东西,从而使他的自我得到满足。他重新生活在他所喜欢的生活中,他解决了他所有的一切冲突。尤其是他借助一些虚构的故事来补偿和改善现实世界"。① 就是说,游戏总是在假想的情境中进行,一切都是虚拟的、想象的。儿童可以超越现实,超越时空,无须受限于现实的时间、地点等客观条件,没有什么不被允许,没有什么不可能,没有什么实现不了。游戏并不是主体想服从现实,而是儿童通过同化作用来改变现实,以满足他自己把握、控制、确定外部现实的需求。儿童在游戏中将梦想"实现",梦想使他们专注地游戏,陶醉于游戏,共同维护着游戏,自得其乐或者共同体验着表现和创造的欢乐。从这一层面而言,儿童在游戏中能自由地体验愉悦的情绪。

辛格(Singer)就游戏对儿童自我形成和情绪发展所具有的重要性作了如下评述:我们认为那些缺乏机会、缺少鼓励以及性格上不喜欢(例如自闭儿童)参与假装游戏的儿童会失去一个重要阶段,正是这个阶段有助于他成为一名真正全面的个人,并发展复杂的自我计划,以及如何表达情绪。② 所以,游戏能促进儿童的情绪发展,他们在游戏的过程中,学习辨明自己的情绪,发展自我调节的能力,学会应对恐惧和压力,消除紧张和不安,从而顺利地化解诸如焦虑一类的自我冲突,乐观地实现自己的愿望。

三、儿童在游戏中自由地体验精神生命

自由是人类的一种主要特性,洛克(J. Locke)指出:"人类天生都是自由、平等和独立的。"陆杰荣认为:人的活动在类本性意义上的真实价值在于,人总是打破原有的既定限制的东西,使限制的东西在否定性的肯定统一关系中被打破。这就是说,人的固有内在尺度内在地包含着人性精神的自由。③ 由此可见,自由是人类一切活动的最终目的,是人类价值体系的最高价值追求。而自古至今自由与游戏一直是两个相依相伴的词汇,康德认为自由是游戏的灵魂所在,艺术之所以与游戏相通,就是因为游戏是一种自由的活动,它标志着人的精神

---

① ［瑞士］皮亚杰:《儿童的心理发展》,第43页,傅统先译,山东教育出版社,1982。
② ［美国］约翰逊等:《游戏与儿童早期发展》,第49页,华爱华、郭力平译,华师大出版社,2006。
③ 陆杰荣:《哲学境界》,第131页,吉林教育出版社,1998。

41

的自由和生命力的畅通;席勒认为游戏精神的核心在于它"给人卸去了一切关系的枷锁,使人摆脱了一切称为强制的东西"①。顺着这一思路,我们可以说儿童之所以对各类游戏活动乐此不疲,就是因为他们作为游戏主体在游戏中能获得一种极大的自由。儿童在游戏活动中获得的快乐是一种主体性体验,是一种自由状态。

试看《山上有个木头人》儿童游戏的案例:

时间:星期六

地点:家里的客厅

人员:四个 7 岁的儿童和一个 10 岁的儿童

游戏准备及过程:

1. 确定游戏主题:当五个孩子在家里的客厅里汇集后,大家商定一起做游戏。可是做什么游戏?游戏的规则是什么?怎样开展游戏活动?大家议论纷纷。大家七嘴八舌地提出了"瓶子变变变"、"找朋友"、"纸箱王国真好玩"、"How old are you"、"山上有个木头人"等游戏活动。后来大家商定做"山上有个木头人"的游戏活动。

2. 准备游戏材料:确定主题后,大家一起动手做了一个用纸板制成的活动拉线木偶人。

3. 宣布游戏规则:游戏材料准备好了以后,大家探讨游戏规则,然后10 岁的儿童手拿拉线木偶人宣布游戏规则:

(1)游戏时须念儿歌,并可自由做动作。儿歌念完后,就不能动,也不能发出声音。

附游戏儿歌:山上有个木头人

山,山,山,

山上有个木头人。

三,三,三,

三个好玩的木头人。

不许说话不许动。

(2)如果谁动了或发出了声响,就必须将手伸给同伴,而同伴则拉住他的手说:"本来要打千千万万下,因为时间来不及,马马虎虎打三下。"然后

---

① [德]席勒:《审美教育书简》,第 73 页,北京大学出版社,1985。

边拍同伴的手心边数说:"一、二、三"。本次游戏结束。

(3)由上一轮输的游戏伙伴手拿拉线木偶人宣布新一轮的游戏开始。

4. 开展游戏活动:

(1)10 岁的儿童自发地带领其他孩子边念儿歌,边坐在椅子上自由做动作,鼓励其他孩子做出各种动作以增加游戏的趣味性。

(2)儿歌念完后,所有的孩子默不作声地大约坐了 2 分钟,然后有一个孩子故意闭着眼睛装着睡着了,以引起身边的孩子注意。然后身边的孩子一时忘记了自己还处在游戏的情境中,竟然冒出了"乖乖,别在这里睡觉,否则要感冒的"。其他孩子哈哈大笑。

(3)说话的孩子伸出一只手让其他孩子边说边打三下。这一轮游戏结束。

就以上案例,我们可以发觉:儿童的游戏是实现其积极性的一种形式,是生命活动的一种形式。由于有了游戏,由于有了属于儿童自己的一类特定的活动,儿童才会对自身具有自由支配权,才会自由地驾驭自己的精神和行为。也许有人要问,游戏与儿童的生命价值自由为何能联系在一起呢?

"自由王国只是在必需和外在目的规定要做的劳动终止的地方才开始。"①在这里,马克思对自由活动作了两个质的规定:对自然必然性的超越(不是"必需")和自主(不是"外在目的的规定")。只有符合这两个标准的活动,才可能满足人的自由活动的需要。儿童的游戏符合这两个标准。

首先,在游戏中,儿童表现出对自然必然性的超越,儿童的游戏不是由于生存的"必需",游戏超越了物质生存的范围,是从儿童天性深处流淌出来的旋律,游戏是一种"心"的活动。游戏不能简单地归结为生理或心理的机能,相关的学者对此进行了广泛的论证,如胡伊青加认为:"在接受游戏的时候,你就接受了心灵,因为无论游戏是什么,它都不是物质。即使在动物世界里,游戏也超出了物质存在的范围。如果从世界完全受盲目力量支配的观点来看问题,那游戏就会是完全多余的东西。"②福禄贝尔也认为,游戏是儿童发展的最高阶段,是这一时期人类发展的最高阶段,因为游戏是内部存在的自我活动的表现……同时,它是人的整个生活中所特有的,是人和一切事物内部隐藏着的自然生活中

---

① [德]马克思恩格斯全集(25),第 926 页,人民出版社,1974。
② [荷]胡伊青加:《人:游戏者》,第 4 页,贵州人民出版社,1998。

所特有的,所以,游戏给人欢乐、自由、满足,内部和外部的平静和整个世界的安宁。它具有一切善的来源。一个能够痛快地,凭着自动的决心坚持地游戏,直到身体疲劳为止的儿童,必然会成为一个完全的人,有决心的人,能够为了增进自己和别人的幸福而自我牺牲的人。周作人认为,儿童的"玩"总是兴之所至的,无目的,无意识,一切出于自然的本能,"他这样地玩,不但是得了游戏的三昧,并且也到了艺术的化境。这种忘我地造作或享受之悦乐几乎具有宗教的高上的意义……:我们走过了童年,赶不着艺术的人,不容易得到这个心境,但是虽不能至,心向往之……"①胡伊青加、福禄贝尔、周作人的这些论述体现了游戏是由内心的需要和冲动而来的内部表现,是儿童的天性。对于儿童来说,游戏本身就是一种生活,是一种区别于日常生活的生活。儿童在游戏中展现着自己的生命存在与活力,在游戏中体验并享受着生活的愉悦,在游戏中不断完善自我意识、不断地社会化,并在游戏中形成、完善自己健康独立的人格,养成德性。

其次,在游戏中不存在任何强制性的迫使,儿童完全是自主的。伽达默尔在《真理与方法》中,曾经论及了游戏的自由性。他说:属于游戏的活动不仅没有目的和意图,而且也没有紧张性。它就像是从自身出发而进行的。游戏的轻松性在主体上是作为解脱而被感受的。当然,这种轻松性不是指实际上的缺乏紧张性,而只是指现象学上的缺乏紧张感。②席勒在《审美教育书简》中提出:"如果人在满足他的游戏冲动的这条道路上去寻求人的美的理想,那么人是不会迷路的……只有当人是完全意义上的人,他才游戏;只有当人游戏时,他才完全是人。这个道理将永远承担起审美艺术以及更为艰难的生活艺术的整个大厦。"③游戏式的存在是一种犹如生命式的自组织存在,是一种历史的、开放的存在,是完满地实现自己的存在,是在对话中不断生发的存在。这是人存在的事实,亦是人追求的理想。占有式的、掠夺式的主体消解了,消解在真正的游戏中,宛若离家已久的浪子回返到了栖居的家园,人在游戏中与世界构成了意义的整体,在与他人的对话中得到成长,世界也得以扩展和丰富。④ 以上的论述都阐述了同一道理:游戏是人的精神自由释放的一种活动。由此,我们同样可以发现在无拘无束的游戏过程中儿童的自由精神得到解放,只有游戏才是儿童生

---

① 周作人:《苦雨斋序跋文·陀螺序》,第30页,河北教育出版社,2002。
② [德]格奥尔格·伽达默尔:《真理与方法——哲学诠释学的基本特征》(上卷),第138页,洪汉鼎译,上海译文出版社,1999。
③ [德]席勒:《审美教育书简》,第87页,北京大学出版社,1989。
④ 黄进:《游戏精神与幼儿教育》,第25页,江苏教育出版社,2006。

活和精神自由的最高境界。"自觉自愿、无外在动机和目的"是儿童游戏的重要特征。游戏之所以常常伴随着愉悦的情绪，也正是源自于它不受外部强制目的的控制。在游戏中，儿童享受着一种做出决定的自由。游戏主题的提出，游戏过程的展开，游戏材料的运用，游戏情节的发展，游戏规则的制定，都是由游戏主体自主选择自主决定的，它不需要服从外在目的的规定，它是儿童的一种主体性活动，它不受任何外部指令的强迫与制约，与利害得失无关。所以，游戏使儿童摆脱了强制和束缚，可以满足儿童自由活动的要求。而且在游戏中，儿童将现实中所受的委屈、压抑一股脑地忘却掉，或将之转移到替代物上去，从而使受阻的情绪通道重现畅通，并由此复现生命状态的昂扬和蓬勃。儿童在游戏中获得的自由感，不仅在于逃避现实或从现实束缚中挣脱出来的解放与自由，而且是进一步朝向自身的"人性"的解放与自由。也就是说，游戏不仅是一种超越了"约束"的解放，而且也是"全人格"的解放。

以上的分析可以得出这样的结论：游戏乃是儿童天性的表达与呈现。儿童自出生起，便携带着游戏的因子，他们敲打物品为声音的节奏而欣喜，他们故意说错一些词语唤起滑稽的效果，他们模仿事物的形象并善于迁移……在其童年成长期里，儿童依然不断欢欣、自由地参与并创造各种游戏，从而享受自然本性的健全生活和快乐幸福的童年生活。正是因为游戏成为儿童成长过程中无需外力驱使而频频自发的基本活动，所以，儿童在游戏中自由地体验角色、在游戏中自由地体验情感、在游戏中自由地体验生命价值，从而成为令人羡慕的自由者。

第四节　儿童是启迪者

华兹华斯在《每当看见天上的彩虹》一诗中，提出了"儿童乃成人之父"的著名理念：

> 每当看见天上的彩虹，
> 我的心弦就铿然而动。
> 生命开始时就是这样，
> 长大成人了还是这样，
> 将来衰老时愿仍这样。

不然,就让我速朽!
儿童乃是成人之父,
我希望以赤子之心,
贯穿颗颗生命之珠。

在这首诗里,诗人告示人们:面对天上的彩虹,成人由于被这纷繁复杂的大千世界所感染,他们变得老于世故,而儿童却能保存那份纯真的心灵和对自然界富有想象力的感知,而让我们这个世界多一分纯真和圣洁。从这个意义上来说,"儿童乃成人之父"。蒙台梭里曾写道:"在儿童的工作领域中,我们是他的儿子和侍从,正如在我们的工作领域中儿童是我们的儿子和侍从一样。"因此,"说父母创造了他们的小孩,那是不对的,相反的,我们应该说:'儿童是成人之父'"。李长之在《孩子的礼赞——赠组缃女孩小鸠子》中说:我每每感到在孩子们前头而惭愧的,孩子们却像依然对我加以原宥。孩子们依然给了我许多许多知识和德性。正如歌德说,我们当以他们为师。[1] 斯好《凝眸》:孩子,正是你们纯真的信赖,激发了与天地共存、与日月争辉的爱与责任。[2] 这些语言都在表述着同一个意思,孩子是成人之父。在他们看来,不为世俗所累的儿童,就像是天国的精灵。在他们身上,成人的那种"支离、暴躁的心胸",那种因精明的功利算计而导致的"对外界的不信任感",都是不存在的。儿童的眼神未曾被慑服,儿童的心灵健康而完整。因此,圣洁的童心犹如浑然天成的诗,传达着自然的不朽信息,颁布着人性的庄严律法。由此看来,儿童能用那质朴性灵的纯净溪水,来冲刷伴随着所谓文明教养而淤积在成人心中的肮脏污垢,儿童实质上是成人的启迪者。我们说儿童是人类的启迪者,这可以从儿童是历史之子、自然之子、哲学之子三方面进行解释。

一、儿童是历史之子

蒙台梭利认为:儿童自身所蕴含的心理潜能和内在的规律性,像大自然设定好的密码一样深深地隐藏着,蕴含着生机勃勃的冲动力,这是一种神秘的力量在天真无邪和不知疲倦的生活中,儿童秘密地完善着自己的心理生活。刘晓东也曾经说,儿童的正在生长着的生命是他的历代祖先所组成的生命进化历程

---

① 慧洁编:《生命中的第一个宁馨儿孩子》,第58页,花城出版社,1998。
② 同上,第86页。

的浓缩了的重演[1];庞培在《童年的三种声音》里认为:你别看他若无其事坐在饭桌上平静地吃饭,实际上,他几乎是在囫囵吞枣地消化掉整个人类的文明进程[2]。在他们看来,儿童的身上内藏着原始生命力的冲动、生物进化的历程、人类文明的进程等一些神秘的力量,这在一定程度上表明,儿童身上蕴藏着人类祖先的遗迹,从而成为历史之子。

这可以从儿童思维与原始思维的相似性得到证明。原始思维是人类童年时期的思维,儿童思维是通过浓缩的方式,在个体中再现的原始思维。因此,从进化论的角度看,正像胎儿的胚胎发育是从原生物到人类的历史重演一样,儿童思维从某种意义上讲是原始思维的历史重演。法国社会人类学家列维·布留尔将原始思维的具体特征概括为"集体表象"、"原逻辑"和"神秘性"三个互相联系的概念。"集体表象"何指? 指的是与原始社会的经济结构、组织结构相适应的思维方式、风俗习惯、巫术礼仪、神话信仰、语言等的综合体,充分社会化、对集体的每个成员具有巨大的约束力是集体表象的显著特点。"不论我们上溯到过去多么远,不论我们所考察的民族多么原始,我们处处都只能遇到社会化了的意识"[3]。在原始人那里,即使像充分个人化了的感性知觉,也是"被那些不能与它分开而且无疑具有集体性质的"。[4]"原逻辑的"究指何义? 在布留尔那里,说原始思维是"原逻辑的,只是说它不像我们的思维那样必须避免矛盾。它首先是和主要是服从于'互渗律'。具有这种趋向的思维不怎么害怕矛盾,但它也不尽力去避免矛盾。它往往是以完全不关心的态度来对待矛盾的"[5]。例如,有些原始部落人群宣称他们的图腾动物就是他们自己,他们自己也是图腾动物。尤其是,这种思维完全不关心矛盾,它可以容许同一实体在同一时间存在于两个或几个地方,容许单数与复数同一、部分与整体同一等等,所以,"在原始民族的思维中,逻辑的东西和原逻辑的东西并不是各行其是,泾渭分明的。这两种东西是互相渗透的,结果形成了一种很难分辨的混合物"[6]。也就是说,从表象关联的性质上看,原始思维不遵循我们文明思维的矛盾律,对矛盾采取完全不关心的态度。"神秘性"意义何在? 布留尔指出"'神秘的'这个术语含有对

---

① 刘晓东:《儿童文化和儿童教育》,第 21 页,教育科学出版社,2006。
② 慧洁编:《生命中的第一个宁馨儿孩子》,第 149 页,花城出版社,1998。
③ [法]列维·布留尔:《原始思维》,第 16 页,商务印书馆,1987。
④ 同③,第 100 页。
⑤ 同③,第 71 页。
⑥ [法]列维·布留尔:《原始思维》,第 71 页,商务印书馆,1987。

力量、影响和行动这些为感觉所不能分辨和觉察的但仍然是实在的东西的信仰"①。而且在布留尔看来,原始思维的神秘性的发展至少呈现为两个阶段,即在"万物有灵论"之前,存在一个"前万物有灵论"或"物力论"阶段。在前万物有灵论阶段,客观和主观、事物的影响和实体是混沌不清的,后来随着人的精神可以离开人的肉体而独立存在的灵魂观念的产生,各种自然物和自然力被人格化,"万物有灵论"才真正成为原始人的观念。

国内外的许多研究证明儿童的思维与原始思维有着极大的相似性。皮亚杰提出,儿童思维发展有四个阶段:0～2 岁为感知运动阶段;2～7 岁为前运算阶段;7～12 岁为具体运算阶段;12～15 岁为形式运算阶段。感知运动阶段是儿童思维发展的萌芽阶段,主要是动作思维,前运算阶段主要是表象或形象思维,具体运算阶段是最初的抽象逻辑思维阶段;而形式运算阶段就是与成人思维相接近的、较高水平的抽象逻辑思维阶段。朱智贤、林崇德认为,在儿童思维发展过程中,"从出生到 3 岁,主要是直观行动思维;幼儿期或学前期,主要是具体形象思维;学龄初期或小学期,主要是形象抽象思维,即处于从具体形象思维向抽象逻辑思维的过渡阶段;少年期,主要以经验型为主的抽象逻辑思维;青年初期,主要是以理论型为主的抽象逻辑思维"。② 比如,儿童与原始人一样具有"泛灵论"的思维特点,他们总是喜欢与动物或植物交朋友,同它们说话,相信它们也有语言,也有感情。原始人则认为许多物品都有灵性,有意识,有一种神秘的力量;儿童思维像原始思维一样,具有"我向"特点,思考问题以自己为出发点,认为月亮会跟着自己走路。而"地球中心说"和"人类中心说"可以认为是儿童这种"我向"思维方式的延续;早期儿童也像原始人一样,是以直观动作思维和具体形象思维为主的,儿童总是先学会具体物体的名称,代表具体动作的动词,然后才掌握抽象概括的、代表一类事物的名词及描述性的形容词。而 17 世纪意大利哲学家维柯曾指出"原始人像人类的儿童,他们对于事物还不会构成理智的类概念,因此他们有一种自然的需要去创造诗意的人物。这种人物就是以形象来表示的类概念或普遍概念"。③ 凡此种种都充分说明了儿童思维发展的特点和规律,在一定程度上反映了原始思维发展的特点和规律,是原始思维在一定历史条件下的复演。

---

① 同上,第 23 页。

② 朱智贤、林崇德:《思维发展心理学》,第 135 页,北京师范大学出版社,1985。

③ 转引自《外国理论家论形象思维》,第 25 页,中国社会科学出版社,1979。

这可以从个体发育、精神发生与人类生命演进的相似性得到证明。恩格斯说："正如母腹内的人的胚胎发展史，仅仅是我们动物祖先从虫豸开始的几百万年的肉体发展史的一个缩影一样，孩童的精神发展是我们的动物祖先、至少是比较近的动物祖先的智力发展的一个缩影，只是这个缩影更加简略一些罢了。"[①]从进化论的角度看，胎儿的胚胎发育是从原生物到人类的历史重演，这是生物进化论的基本思想。最早发现这种重演现象的是德国生物学家海克尔(E. H. Haeckel)。海克尔认为："个体的发生就是那种类发生的短暂而迅速的历史重演。"[②]而个体的精神发生与人类精神发生的一致性也得到证明。黑格尔在《精神现象学》一书中也指出："在知识的领域里，我们就看见了以前曾为精神成熟的人们所努力追求的知识现在已经降低为儿童的知识，儿童的练习，甚至成了儿童的游戏。"[③]荣格说："童年不过是一种过去的状态而已。正如发育中的胚胎从某种意义上揭示了我们种族发生的历史，因此，儿童的心理便重演了尼采所说的'人类早期的功课'。"[④]霍尔(G. S. Hall)把复演论推广到个体心理发展上，他认为个体心理发展或多或少复演着种类进化的历史，个体生活早期表现出来的遗传特征比以后表现出来的遗传特性古老，儿童心理发展上的性质、特点，早在这远古时代的人类进化历史上，就以固定的形态而存在了。

童年联系着历史的古老，儿童期印记着远古时代祖先发展的缩影，儿童是历史之子。

二、儿童是自然之子

狄德罗认为"自然"的含义应该包括三个层面：(1)就物质世界而言的自然；(2)就精神性质而言的自然，指人类精神生活的外在表现；(3)就人类社会而言的自然，指社会生活中人与人之间的关系。[⑤] 根据狄德罗的论述，我们得到的启示为：自然不仅指离开人的意识而独立存在的活动着各种生灵的自然界，而且还指人的质朴本性、人与自然之间的内在关联等。而当"自然"与"儿童"这两个词相链接时，我们发觉与成人相比，儿童更加喜欢亲近自然；当"自然"与"儿童"这两个词相链接时，我们更能体悟到儿童所具有的原始自然的人性。所以，从

---

① 《马克思恩格斯选集》，第3卷，第52页，人民出版社，1972。
② [德]海克尔：《宇宙之谜》，第76页，上海人民出版社，1974。
③ [德]黑格尔：《精神现象学》，第18页，商务印书馆，1983。
④ [瑞士]荣格：《怎样完善你的个性》，第148页，刘光彩译，中国国际广播出版社，1989。
⑤ [法]狄德罗：《对自然的解释》，第80页，《狄德罗哲学选集》，商务印书馆，1997。

这一层面而言,儿童是自然之子。

首先,儿童是自然之子,是由儿童天性喜欢自然,能正确处理人类与自然平等相处的观念所决定的。泰戈尔的《在海滨》曾这样描述:

孩子们在无边的世界的海滨聚会。头上是静止的无垠的天空,不宁的海波奔腾喧闹。在无边的世界的海滨,孩子们欢呼跳跃地聚会着。

他们用沙子盖起房屋,用空贝壳来游戏。他们把枯叶编成小船,微笑着把它们漂浮在深远的海上……

在这首诗中,泰戈尔为我们描述了儿童沉浸于自然的忘我境界:儿童不以某种功利而被限制的眼界去看望大自然,因此流淌在他们身边的是无垠的不带任何污浊的天空、喧闹嬉戏的波涛,在这样的自然怀抱中,他们欢呼雀跃地聚会,自然地保存着与鸟儿对话、与群山、大海、天空交流的天赋,从而找到鱼归大海的感受,产生一种如海德格尔所言“与诸神共在,接近万物的本质”[1],诗意地栖居在大地的奇异超脱感和感叹大自然的神秘和伟大,激发探索大自然的激情,意识到自己在大自然中的地位,于是,他们用沙子盖起房屋,用空贝壳来游戏。他们把枯叶编成小船,微笑着把它们漂浮在深远的海上……并用游戏的形式完整地传达这样一种现代意识的自然观:人与自然相互交融、和谐相处。以上的事例证明,儿童是自然之子,儿童只有与大自然接触才能将自身的自然属性和与生俱来的本能的精神财富充分展现出来。在现实生活中,我们经常看到这样的场景:当孩子听到小溪的潺潺流水声、冰雪融化时水滴的叮咚声、云雀的婉转鸣唱声,他们的脸上写满了欢欣;当孩子看到灰蓝色的雨云布满半边天空、太阳点燃起一道彩虹、苹果树上开满了乳白、粉红、鲜红的鲜花时,他们的脸上充满了喜悦;当孩子闻到清新又淡雅的百合花味、沁人心脾的桂花味、淡淡清香的茉莉花味,他们的脸上洋溢着赞叹。在自然的怀抱里,儿童感到这是一种人回到最初母体,倾听历史源流里的生活的召唤,犹如学者鲁枢元所说:“人与万物,在这个同一的生态场、‘生态圈’中的地位是平等的,如果说人类是其中进化得最好的生物,人类就应该意识到这一点,自觉地巩固与自然万物之间的‘亲情’,主动地向自然万物奉献自己的爱心。”[2]

儿童与自然的这种关系,一方面提醒着我们,“我们要向自然请教;我们要

① 蒋孔阳,朱立元:《西方美学通史》,第479页,上海文艺出版社,1999。
② 鲁枢元:《生态文艺学》,第379页,山西人民教育出版社,2000。

在自然本身中汲取它所包容的事物的真实观念"。① ［英］华兹华斯也讲，寻觅本心不应求助于书本，而应师法于自然：②

> 书本！这无尽的搏斗多么枯索，
> 来吧，来林中听红雀歌唱，
> 它的歌唱多么甘美，请相信我，
> 这歌声中有更多智慧的蕴藏。
> ……快走进这光明的世界，
> 让大自然做你的师长。
> 她拥有无数现成的财富，
> 来丰富我们的头脑和心灵——
> 智慧如清风般从健康中吹出，
> 真理也轻快地在欢乐中诞生。

另一方面告诉我们，从根本上看人类与自然万物是共在的，自然是我们真正的家园。因此，人类在本质上不应是自然万物的征服者而是看护者，人类在本质上不是生存于世界而是栖居于大地。我们不能人为地将自己与自然界分开，以"万物灵长"的理性君临大自然之上，而应该对大自然存敬畏感激之心，至少应该平等地看待那些曾经是我们同类的生灵们。既承认人类的个人价值，同时也尊重自然的价值，确立人与自然的共存关系。

其次，儿童是自然之子，是由儿童纯真、质朴的天性所决定的。丰子恺《给我的孩子们》：我在世间，永没有逢到像你们这样出肺肝相示的人。世间的人群结合，永没有像你们样的彻底地真实而纯洁。③ 李长之《孩子的礼赞——赠组缃女孩小鸠子》：我知道孩子们如何的爱美，又如何的纯洁，更如何的近于纯粹的审美的观照，在我自己，却是如何的狭小，如何的不及他们光明都证明出了。④ 在这里，丰子恺、李长之所赞美的就是孩子未受陈规陋习的熏染，因而最接近原初的"自然状态"的纯真质朴天性，这是儿童自然天性的真实写照。儿童外在的

---

① ［法］霍尔巴赫：《自然的体系》，第 574 页，北京大学哲学系编译：《十八世纪法国哲学》，商务印书馆，1965。
② ［英］华兹华斯：《全局改观》，第 115—116 页，《英国湖畔派三诗人选集》，湖南人民出版社，1986。
③ 慧洁编：《生命中的第一个宁馨儿孩子》，第 15 页，花城出版社，1998。
④ 慧洁编：《生命中的第一个宁馨儿孩子》，第 58 页，花城出版社，1998。

贫乏,实质上恰好反过来衬托了他们内在的充实。他们天真淳朴,赤裸坦荡,不像被私欲腐蚀的文明人,既贪婪得令人心惊肉跳,又卑贱得让人嗤之以鼻。他们天性善良,仁慈宽厚,虽"自爱"却不似文明人崇尚"自私自利的爱",彼此像狼一般争斗搏杀。他们人格独立,悠游自足,不像文明人沉沦于世俗浊水,只能从他人的意见来判断自己生存的意义。他们生命健全,自由奔放,没有被文明法则肢解驯服,从而在游戏中显示了一种庄严与崇高。正是在这个意义上,儿童承担起了充当人类向导的使命,他们的身上闪烁着真正的人性亮光,"那是一幅全然出于自然之手的美丽景色,我们不断地向它回顾,并且离开了它我们就不能不感到遗憾"。① 所以,儿童顺乎自然天性的单纯质朴,体现了一种最原本的德行价值。那是人类天真无邪的童年期,也是人类幸福安宁的黄金岁月。儿童身上所带有的纯朴景象摆脱了喧嚣的现代文明生活中沾染的虚伪、庸俗、矫揉造作之气,展现最贴近自然的优美、健康的人格样板。

儿童的这种自然健全的人性,对于今天的人类意义非凡。毕竟当今世界是一个中心离散的世界,正如叶芝的诗所写:"一切都四散了,再也保不住中心/世界上到处弥漫着一片混乱。"卢梭对文明社会指控说:"我们的风尚里流行着一种邪恶而虚伪的一致性,每个人的精神仿佛都是在同一个模子里铸出来的,礼节不断地在强迫着我们,风气又不断地在命令着我们;我们不断地遵循着这些习俗,而永远不能遵循自己的天性。"②那些对现代人的生存经验保持关切和敏感的小说家所面对的必然是一个分裂的世界,一个支离破碎的世界,一个只有漂泊没有归宿的世界。但是心灵的漂泊不是人类基本的生存体验,精神返乡则成了我们首要的价值关怀,还乡的目的地很多,而许多哲人尤其渴望回归于自然。狄德罗就以自然的名义对人发出了"浪子回头"的热切呼唤:噢,迷信的奴隶……拿出勇气来,挣脱宗教的羁绊,它是我的傲慢的敌手,它不承认我的特权。把篡夺了我的权力的上帝驱逐出境,回到我的法律。回到你已逃离的自然吧;她将抚慰你,驱散一切现在压迫着你的恐惧。重新服从自然,服从人性,服从你自己;你将发现你自己的生活道路上处处鲜花盛开。③ 华兹华斯一方面把生命情感投射到自然中去,使自然罩上一层充满温馨和爱意的属人光环;另一方面又借自然的清新甘露来净化人的灵魂,使人殚精理道,解粘去缚,返还性命

① [法]卢梭:《论科学与艺术》,第 27 页,商务印书馆,1963。

② 同上,第 9—10 页。

③ [德]恩斯特·卡西尔:第 131 页,《启蒙哲学》,山东人民出版社,1988。

的本真。因而就有华兹华斯这样幸福的歌唱：

> 在这恬静的心绪中，
> 那高尚的情感引导着我们，
> 使我们仿佛暂时停止了呼吸，
> 甚至连血液也不再流动，
> 我们的肉体已陷入酣睡，
> 好像变成了一种纯粹的精神……①

爱默生曾明确地讲："人借以安身立命的不是物质，而是精神。"②唯精神的高洁才能显示人格的伟大与庄严。儿童那不带功利杂质的淳朴，不懂权势名望的单纯以及不受外在规范拘束的自由、欢悦与刚健，能够打破日常经验的框架，以与现实相疏离的形式建构一个尽善尽美的理想世界，因而成为比理性更可靠的人类精神向导。

三、儿童是哲学之子

华兹华斯在《不朽颂》这首长诗写道：

> 我们的诞生其实是入睡，是忘却；
> 与躯体同来的灵魂——生命的星辰，
> 原先在异域安歇，此时从远方来临；
> 并未把前缘淡忘无余，
> 并非赤条条身无寸缕，
> 我们披祥云，
> 来自上帝身边——
> 那里才是我们的家园；
> 年幼时，天国的明辉闪耀在眼前；
> 当儿童渐渐成长，
> 牢笼的阴影，

---

① [英]华兹华斯：《丁登寺赋》，第12页，《英国湖畔派三诗人选集》，湖南人民出版社，1986。
② [美]爱默生：《自然沉思录》，第59页，上海社会科学院出版社，1993。

便渐渐向他逼近，

及至他长大成人，明辉便泯灭——

消溶于暗淡流光，平凡日月。

华兹华斯认为，人在出生之前便有灵魂存在，即处于一种圣洁完美的"前存在"状态，而与这一神圣状态最为贴近的人生阶段便是童年。正如诗人所说："年幼时，天国的明辉闪耀在眼前。"当儿童渐渐长大，他离神圣收"明辉"渐远，因而逐渐被"牢笼的阴影"，即被世俗的杂念所侵蚀，及至长大成人，明辉泯灭，代之而来的只有"暗淡流光，平凡日月"。由此可见，华兹华斯认为孩子的幼稚同成人的深思熟虑相比，更贴近自然的神圣殿堂。因无知而无邪，因不懂得老谋深算而有一颗澄明之心的儿童，应该被奉为人生的伟大向导：

你啊，外表的相貌不符

你灵魂的伟大！

你啊，优秀的哲人，依旧保有

天赐禀赋，你是盲人中间的眼目

虽聋虽哑，却能看懂、悟透

不朽的上帝永恒而深奥的圣书——

伟大啊，有福的先知！

我们终生苦苦寻求的

真理，都有赖于你的启示。①

此诗中，华兹华斯更是把儿童比作是优秀的哲人，并说儿童能够读懂上帝的深奥的圣书，而且人类终生苦苦追求的真理都有赖于孩子的启示。也许有人会觉得把儿童与哲学联系在一起，那是无稽之谈，但是在日常生活中，当我们细心聆听孩子的发问时，也许你就不会觉得那纯粹是胡话连篇了。

哲学从其源流来看，即是"爱智慧"之义。后来希腊人又把"智慧"与"普遍的知识"连接在一起，如亚里士多德在《形而上学》中说，"智慧就是有关某些原

---

① 转引自勃兰兑斯：《十九世纪文学主流》第四分册"英国的自然主义"，第46页，人民文学出版社，1988。

理与原因的知识"①,于是哲学的含义也就从爱智慧滑向了追求普遍知识。而儿童由于天性好奇和强烈的求知欲望,在儿童的眼中,任何现象的发生都是有直接原因的,所以,他们常常喜欢刨根问底,会有一些涉及哲学问题的深刻发问。就如雅斯贝尔斯认为:我们可以从孩子提出的各类问题中意外地发现人类在哲学方面所具有的内在禀赋。我们常常能从孩子的言谈中,听到触及哲学奥秘的话来……②世界的本原与宇宙的生成是哲学家思考的首要问题。儿童就像先民和古代哲学家那样,喜欢追寻事物的起源。哲学的本质问题,有许多是天真而又素朴的,但却是最有哲理性的问题。有些事情在成人,包括大学生,在他们学了第一本哲学书后,受到启发可能提出的问题,对儿童来说,可能会顺乎自然地产生。③ 从这一层面上而言,儿童与哲学家一样,喜欢在提问中追寻事物的本原,那儿童就具有了哲学家的某些品行。

维特根斯坦认为,哲学问题的表现方式是:我不知道该怎么办。困惑和怀疑是紧密联系的;柏拉图说过哲学起源于惊异。我们的眼睛使我们分享了星辰、太阳与天穹的景象,此景给我们"提供了探索宇宙的原动力,由此产生了哲学"。亚里士多德说:惊奇驱使人探讨哲学,人类最初惊异于撞见的诧异之事,然后逐渐前行并探询日月星辰的变化与宇宙的形成。先哲们的这些认识告诉我们:如果你好奇、惊异、怀疑,并且你喜欢探究事物的起源,那你也许就能成为一个哲学家。儿童由于认知的缺乏、经验的局限,他们一方面会通过各种渠道努力寻求知识,以弥补自身的不足,另一方面,他们会惊异于各种各样的事物、天空与世界,发生于这样一些疑问:这一切是什么,这一切从何而来。并且儿童喜欢提问和积极探究世界的本原,当孩子用那天真无邪的眼光去洞察世界,也许更能看到世界的本质和真正美好的东西。可见,儿童的心与哲学家的心是相通的,所以有人说:"儿童是自然的存在,古今中外的哲人都希望用孩子般透明的眼睛观察世界和表现世界。"④

所以,孩子喜欢打破砂锅问到底,不断的追问是哲学思维的萌芽。孩子的好奇心越强,追问就越多,他的哲学思维开始得越早。对事物起源的不断追问,追问到最后,就会问到最初的原因,就会问到宇宙以及自然万物的起源这些"本

---

① [希腊]亚里士多德:《形而上学》,第3页,吴寿彭译,商务印书馆,1983。
② [德]雅斯贝尔斯:《智慧之路》,第3页,中国国际广播出版社,1981。
③ [美]马修斯:《哲学与幼童》,第87页,陈国容译,三联书店,1989。
④ 姚伟:《儿童是自然的存在》,第5—7页,《学前教育研究》,2005(7-8)。

原"的哲学问题。"本原"的本义指万物的根本原因,照亚里士多德的解释,是指这样一种东西,万物都由它构成,最初都从它产生出来,最后又归于它。本原是世界万物的基础、来源和归宿。① 进入儿童的问题世界,就会发现儿童的提问富于哲学意味。在日常生活中,我们经常会听到儿童稚气地提问:为什么明天不会变为今天? 时间跑到哪儿去了? 没有爸爸妈妈的时候,我在哪儿? 奶奶死后,到什么地方去了? 为什么人有好人坏人? 我们为什么吃鸡和牛,它们又不伤人? 如果我变成一台机器,那会怎么样? 爸爸,你究竟为什么而活着? 什么是政治? 为什么有贫穷和富裕? 为什么我忘记一些事情,而不忘记另一些事情? 诸如此类的问题实际上是关于时间性质、存在、人与自然的关系、自我认同、善与恶等等的哲学形而上学问题。"提问"反映了儿童最真实的心声,是生命个体内部矛盾的真实反映,表达了其认识发生发展的过程。

儿童由于保留着原始思维的习性和身上蕴藏着人类祖先的遗迹,因此他们是历史之子;儿童由于喜欢谛听着清泉的吟唱和树木的低语,喜欢与大自然进行神秘交流,并以他们独特的方式表达着对现代文明的功利的抵御与抗争,因此他们是自然之子;与成人相比,儿童由于善于询问世界本原问题,并且在探究本原方面,"理性的人,存在着孩子看见而他看不见的事,存在着孩童听到而他听不到的事,而这些事恰好是最重要的"。② 因此他们是哲学之子。而儿童既然是历史之子、自然之子、哲学之子,那他们可以说是人类的启迪者,由此不难理解,爱默生为什么把儿童看作是"永远活着的弥赛亚"。③

① 杨适:《哲学的童年》,第 82 页,中国社会科学出版社,1998。
② 卡林:《瓦尔特·我与他》,第 362 页,陆世澄译,三联书店,1994。
③ [美]爱默生:《自然沉思录》,第 60 页,上海社会科学院出版社,1993。

第二章　儿童文化的内涵分析

第一节　儿童文化研究的历史演进

儿童文化是一个仁者见仁、智者见智的话语,从不同的理论与立场出发,会给出各不相同的理解。然而,从历史发展的视角来看,人们对于儿童文化的认识却经历了重要的三个时期:18世纪以前,以成人本位为主流的偏重伦理道德教育的儿童文化,属于第一个时期;18世纪由成人本位向儿童本位过渡的儿童文化时期;19世纪以来,以儿童本位为主流的尊重儿童个性的儿童文化时期。

一、以成人本位为主流的偏重伦理道德教育的儿童文化

儿童作为人类个体生命的起始阶段,有着不同于成人的独特的生理心理需求和精神特点,但是在18世纪以前,一直没有把儿童作为儿童来看待,仅仅把他们当作是缩小的成人而已,社会没有发现儿童,当然也就不可能关注儿童精神、文化上的特殊需要,只是从成人本位的角度来建设儿童文化,自然就形成了以成人本位为主流的偏重伦理道德教育的文化。

有了人类,便有了儿童。但在漫长的人类文明史中,约有两千多年人类没有发现儿童,没有把儿童当成儿童来看,只是把儿童看作是小大人,或是成人的缩影。在原始社会里,儿童仅仅被简单地看作种族延续的一个手段,儿童的生长发育同部落的生存需要、经济和宗教等紧密相连。成人迫于生存环境的恶劣及生产力水平的落后,往往急于让儿童来做他们的助手替班。即使是幼儿就已经有工作在等待着他们。到了十二三岁,经过严格的仪式之后,他们便加入了成人的行列。所以在部落社会和氏族公社里,大人们也可能会重视儿童,如细

心照料和抚养,甚至也会利用适合儿童天性和有利于他们发展的方法来教育儿童,但从根本上说,大人们并没有把儿童当作独立的个人来看,而是仅仅当作氏族社会的未来成员,维持部落生存发展的所需物而已。

进入奴隶社会,作为西方文明发源地的古希腊也依旧沿袭着原始社会对儿童的看法。尽管亚里士多德是"第一个多少理解小孩子需要的人",他认为5岁之前,儿童应该通过娱乐来学习;5~7岁,应给他们看实物,并且有其他的口头说明。但在当时,对儿童具有独立人格的认识的学者还是凤毛麟角,占社会主流话语的儿童观依然认为儿童是缩小的成人。美国学者桑戴克在《世界文化史》中这样描述古希腊儿童的生活:斯巴达人住在旷野之中,共餐而食,过一种军营生活。所生下的儿童由诸长老根据其体格是否健壮而决定弃留;儿童7岁时即离开母亲,到军营中生活并接受军训;雅典人的儿童须熟读《荷马史诗》,在角斗场上受体格的教育。由此可见,在古代的西方,人们认为儿童不是独立的存在,而在于为"终极的目标"做准备:男孩——潜在的战士;女孩——生育未来战士的工具。

在西方漫长的中世纪里,基督教宣扬的"原罪说"左右着人生观,也左右着成人的儿童观。人类生来就是有罪的,儿童在罪恶中孕育,在罪恶中降生,生下来后满身都是罪孽,而且必定在罪恶中成长。于是,在这个时期基督教为儿童提供的读物中充斥着敬畏神灵、赎罪解脱的教义。欧洲在16世纪广泛流行的"入门书"与"角帖书",就是两种旨在向儿童进行基督教初步训诫的读物。"入门书"是根据基督教教会的祈祷书加以改编的,内容为有关基督教的一些初步知识;"角帖书"其实不是书,而是将印有祈祷字句的纸贴在一个带有小柄的类似乒乓球拍的木板上。这两类读物到17世纪还在广泛地流行着,如在使用英语的文化圈里,流行很广、影响最大的儿童读物有《新英格兰儿童启蒙读本》和《留给孩子的纪念》等,其中《新英格兰儿童启蒙读本》曾重版一百多次,影响长达一百多年,该书除了教义问答外,还有"十诚"、"诗篇"、"主祷文"以及"旧制女学"、"罗杰斯殉教"等木刻插图。这些书籍带有强烈的宗教禁欲色彩,说教主义借助基督的幽灵在儿童读物中占据了领地,基督教则通过说教得心应手地把教义灌输给一代又一代的儿童。

在东方,自古以来儿童也始终被认为是缩小的成人。以我国为例,虽然早在2000多年前的春秋末期,一些政治家就提出了"慈幼"(《周礼·地官·大司徒》)的主张;公元6世纪颜之推在《颜氏家训·家治》中就曾指出:"父不慈则子不孝,兄不友则弟不恭。"但是,持这种观点的先贤毕竟是少之又少,在古代的中国依附于封建传统文化的儿童观,使中国历代儿童的精神境遇和命运更为不幸。正如周作人在《儿童的文学》一文中指出的那样:"以前的人对于儿童多不能正当理解,不是将他当作缩小的成人,拿'圣经贤传'尽管的灌下去,便将他看作不完全的小人,"在中国封建传统文化中有一个重要的社会根基:家庭宗法血亲传统。在这个观念影响下,婚姻、生育成为家族传宗接代的需要,所以"孩子,尤其是男孩子,被看作自己生命的延续,也是自己人生移交的对象,和接祖宗'香火'的奥林匹克火炬传递手",同时,在中国传统的小农经济社会里,将来能从事生产的男性小孩就是父母年老的保险费。这一切,似乎说明儿童在中国传统文化观念中地位不低。可事实恰恰相反。由于这种地位不是建立在对儿童精神特点和独立人格的理解和重视的基础之上,所以这种"重视"反成为对儿童自然天性、生命活力的一种窒息、摧残和扼杀!

如果以蒙学教材为例,我们可以清晰地看到这些教材大多是站在成人的角度,规定儿童沿着成人预设的轨道成长,不能越雷池半步。"蒙养之学"是古代对蒙童进行基础文化知识教学和初步道德教育养成的统称,不仅包括制度化的学校教育,还包括非制度化的社会教育和家庭教育,简称"蒙学"或"蒙养教育"。在我国长期的蒙学教学实践中,其核心是被确定为"明人伦"的道德教育,《周易·蒙卦》中就有"蒙以养正,圣之功也"的论述。西汉贾谊主张"古者年九岁入就小学,蹍小节焉,业小道焉;束发就大学,蹍大节焉,业大道焉"(《新书·容经》)。也就是说童蒙将影响孩子的一生,重视童蒙可以说是"神圣"的,是"功德无量"的,重视童蒙才能使儿童成为有德有才之人。传统蒙学强调从生活细微之处培养儿童的道德习惯,将儒家伦理道德落实到实际生活中,在实际教育过程中,把经书的精言微义,化作儿童生活中的言行举止,便于蒙童接受和履行。比如,在唐朝以前,启蒙教育处于起步阶段,相对而言,受当时正统思想的影响较少,教学以识字为主,人们学的是"宋延年,郑子方,卫益寿,史步昌",学的是"天地玄黄,宇宙洪荒,日月盈昃,辰宿列张"之类。自宋朝以后,由于理学兴起,所谓的性理和道统得到强调,人们学的便是"人之初,性本善。性相近,习相远"了。明朝的吕得胜编撰《小儿语》,就是希望幼童能在欢呼嬉笑之间,学得的都是"义理身心之学","一儿习之,可为诸儿流布;童时习之,可为终身体认"。进入清朝,儒学伦理越来越僵化,要求也越来越严格,所谓的"弟子规,圣人训。首孝弟,次谨信。泛爱众,而亲仁。有余力,则学文"也就风行开来了。在童蒙教育中,既有"但行好事,莫问前程"、"施恩不望报,望报不施恩"的纯粹出自自觉理念的行善,也有"万般皆下品,唯有读书高"、"满朝朱紫贵,尽是读书人"的功名利禄的引诱;既有"可以寄命,可以托孤,一临大节,死生不渝"的见义勇为,也有"见事莫说,问事不知,闲事休管,无事早归"的明哲保身。因此,我国古代对儿童的教育是以"教化"为特点,不是以理解、承认、尊重儿童的心理特征、精神个性和独立人格为出发点的,相反是以牺牲儿童的独立人格作为代价的,所有用来"家教""家规"的内容,是封建伦理的三纲五常和"诗书礼易"等儒家经典,各个阶层对儿童实施的蒙学教育是伦理教化的直接活动,看似对儿童十分重视,实则对儿童的社会存在视而不见。由于没有把儿童作为具有独立生存价值的个体而受到重视,以长袍马褂打扮儿童,以成人规范要求儿童,以四书五经催熟儿童,儿童文化的建设自然不可能考虑儿童本身的需求,只能按照成人自己的人生预设去教导儿童,只能从成人的精神需要出发去引导儿童,那么,这就是典型地以成人本位为主流的偏重伦理道德教育的儿童文化。

二、成人本位向儿童本位过渡的儿童文化

进入"文艺复兴",随着对"人的重新发现",个人意识得到张扬,儿童受到前所未有的重视。18、19世纪资本主义在英、法两国获得巨大发展,特别是在18世纪以推翻王权、摧毁封建世界和打碎宗教偶像为宗旨的全欧性的启蒙运动中,以个性解放为核心的人道主义思想体系方面、在对教会和宗教的批判精神方面,启蒙思潮都表现了对人文主义思潮的继承。启蒙原为"照亮"的意思,即以新的思想观念来"照亮"传统的黑暗的思想观念。启蒙运动最先发生在英国,而发展规模最大、影响最深的却是法国,其后在德、意、俄也有发展。启蒙运动在注重自然科学、哲学、文学发展的同时,十分注重教育。启蒙运动者的一个特点是重视对儿童的培养。他们深信借助于教育的力量,可以在儿童身上消灭虚伪、偏见和愚蠢,消除封建制度所特有的一切不良的东西,由此导致了教育学、儿童心理学等学科的勃兴,对儿童年龄特征、审美特点开始了认识。随着对儿童的认识逐步深入,儿童观也从儿童是缩小的成人的阴影中走了出来,人们以新的眼光重新审视儿童的生理、心理特点,终于意识到儿童具有与成人迥异的文化需求,为促使他们健康成长,需要建设与其身心相适应的独特文化。这样的背景下,18世纪出现了逐渐由以成人本位向儿童本位过渡的儿童文化。

新儿童观的确立,与夸美纽斯、洛克、卢梭等人的努力分不开。1658年,捷克教育家夸美纽斯发表了他的《世界图解》,人们才第一次表现出一种崭新的认识:儿童并不是缩小的成人,也不是成人的预备,为他们创造的读物应遵循一些区别成人读物的特殊规律。夸美纽斯这部教科书的出现连同这一个崭新的观点,标志着人类对儿童的认识有了一个飞跃性的转折——儿童开始被当作一个独立人生阶段来认识。继夸美纽斯之后,英国的哲学家洛克于1693年发表了《教育漫话》,他的见解对社会进一步发现儿童、尊重儿童起了有力的推动促进作用。洛克认为人类所有的思想和观念都来自或反映了人类的感官经验。他抛弃了笛卡尔等人的天赋观念说,而认为人的心灵开始时就像一张白纸,而向它提供精神内容的是经验(即他所谓的观念)。观念分为两种:感觉(sensation)的观念和反思(reflection)的观念。感觉来源于感官感受外部世界,而反思则来自于心灵观察本身。洛克认为儿童应该有一个欢乐的童年。他在考察了少年儿童的个性特点和年龄特征之后指出,儿童的求知欲是从好奇心开始的。他强调教育要从最简易明白的地方开始(这与他哲学认识论上的"白板说"相一致),要循序渐进;教材要尽可能有趣,可以通过儿童感兴趣的故事或游戏的形式来进行教育。

在启蒙运动者中,占有突出地位的是让·雅克·卢梭,他用一部儿童传记体小说《爱弥儿》来表述他的儿童观。这部"构思20载、执笔3载"的作品是世界儿童文学史上第一部把儿童作为具有独立人格的人来描写的小说,其核心为回归自然的教育思想,即要培养"自然人"。"自然人"相对于专制国家的公民而言,是独立自主、平等自由、道德高尚、能力智力极高、能保持心态平和而愉快生活的人。自然教育思想的方法是:

首先,按照儿童的年龄特征及个性去进行教育。他指出:"大自然希望儿童在成人之前就要像儿童的样子。""儿童是有他特有的看法、想法和感情的,如果想用我们的看法、想法和感情去代替他们的看法、想法和感情,那简直是最愚蠢的事情。""当我们看到野蛮的教育为了不可靠的将来而牺牲现在……我们的心里是怎样的想法呢?"第一阶段,婴儿期(从出生到5岁)主要是体育,以顺应婴儿的自然本性任期发展。这一阶段的教育,以儿童身体的养护为主,父亲为教师,母亲为保姆。如果父母在这一阶段不能对儿童进行良好的教育,则会毁坏儿童的天性,必须注意儿童的健康。凡是违反儿童天性,妨害儿童身体发育,限制儿童心灵自由的教育,均应避免。书中对儿童健康的教育方法有积极的和消极的两种。他认为如果儿童得了小病,不必请医生诊治,而把儿童放到自然的环境中。他主张给儿童洗冷水澡,锻炼其抗寒的能力;给予儿童充足的户外活动;注意儿童的穿着应宽松,不限制他们的手脚活动;还应给儿童一些身体方面的考验。第二阶段,儿童期(5~12岁)是"理性睡眠时期",主要是感官教育。对5~12岁的儿童,应进行感官训练,让儿童多摸、多看、多嗅,多接触外界食物,最好利用自然界的种种问题,使儿童学习有关轻重、大小、长短、远近等方面的知识,切忌进行知识和道德方面的灌输教育。第三阶段,少年期(12～15岁)是一生中能力最强的时期,也是生命中最珍贵的时期,主要是进行智育和劳动教育。第四阶段,青年期(15～20岁)主要进行道德教育、信仰教育和性教育。

其次,主张儿童必须在活动中,在生活经验中学习知识,发展能力。卢梭指出:"生活,并不就是呼吸,而是活动。那就是要使用我们的器官、使用我们的感觉、我们的才能,以及一切使我们感到我们存在的本身的各部分。""问题不在于教他各种学问,而在于培养他有爱好学问的兴趣,而且在这种兴趣充分增长起来的时候,教他以研究学问的方法。毫无疑问,这是所有一切良好的教育的一个基本原则。"如:爱弥儿把窗户打破,大人就让他在那屋子里过夜,当他被夜间寒风吹醒的时候,他自然觉悟到了自己的过失。当爱弥儿不愿学习地理知识的时候,就让他通过在森林里迷路的经验,明白一个人具备地理知识的重要意义。

再次,在大自然中进行自然教育。卢梭认为"能够更新人类的,往往是乡村"。只有使儿童远离城市腐朽的文明和封建教育的影响,在大自然中接受教育,才能使儿童获得新生。等儿童长大后,具备了对腐朽社会的抵抗能力,再让他回到城市去认识人类社会。于是,卢梭把爱弥儿送进远离城市的大自然的怀抱中,让他光头赤脚在广阔的自由天地里奔跑跳跃。爱弥儿除了"和质朴淳厚的农民接触",就是和教师一道参加体力劳动,疲倦了就休憩在耕耘过的松软的土地上。

从封建社会不把儿童看作是有独立人格的人,从黑暗的宗教统治把儿童看成是生来灵魂有罪、从而作为拯救灵魂的对象,到夸美纽斯、洛克、卢梭的热爱、保护儿童,发展儿童的独立精神,尊重儿童的人格,充分考虑到少年儿童的年龄特点,强调选择学习对象的时候应当以儿童的兴趣为标准以及要求体魄健全、能吃苦耐劳、有纯朴的作风、能凭自己的劳动本领而自立于社会、富有同情心等等造就人才的理想,说明儿童观在18世纪中期已经明显地进了一大步。

"尊重儿童",这是科学的儿童观形成的一座丰碑。也就在卢梭的年代里,中产阶级逐步兴起,妇女解放、个性解放运动开始高涨,儿童的地位也得到进一步确认。有关儿童的许多问题都被提了出来,其中包括美育问题,即如何培养儿童的审美能力。人们意识到儿童文化有其自身的规律。于是儿童文化作为文化中一个独特领域,出现长足进步。在卢梭的影响下,西方儿童出版事业得到了长足的进步。约翰·纽伯里自己一个人兼编辑、作家、印刷工、出版商、书贩五职于一身,于1744年办起以"圣经与太阳"为招牌的世界上最早的儿童图书出版社,开始他不朽的儿童图书出版事业。他从 1744 年出版《漂亮的小书》开始,一生出版了两百来种书(本人的、他人的)。他一开始就想以儿童图书娱乐儿童,并把书出得小小的,以讨取孩子的欢心。国际上公认儿童文化出版事业是从纽伯里开始的,是儿童文化史上的一座里程碑。后来,美国设的儿童文学奖名为"纽伯里奖",其用意也在纪念这位儿童文化出版事业创始人的业绩和功德。

在卢梭的影响下,西欧的儿童文学作品似雨后春笋般地出现,其中最著名的是阿尔诺·伯尔坎。1777 年,他发表了《儿童读物或小故事选》,1782 年创办了法国第一份儿童月刊《儿童之友》,1785 年又创办了《青年之友》。作为"法国儿童文学真正的开拓者",他让小读者走出仙女的天地回到现实之中,其作品也着重展现童年生活。而 18 世纪的英国儿童文学,《一千零一夜》(当时英语译作《阿拉伯之夜》)的散篇译文诸如《阿里巴巴和四十三大盗》、《神灯》、《水手辛巴德》,以小册子的形式在英伦岛广为流传。同时流传的还有插图粗拙的故事书《罗宾汉的故事》、《杀巨人的杰克》、《拇指小人汤姆》等。随着探险、航海事业的发达,游记和冒险故事如《航海》也吸引了孩子的视线。这些书被基督教教会认为是"娱乐性的阅读中隐伏着道德上的危险"。但孩子却不顾教师和神父的反对,悄悄从沿街叫卖的书贩手里搞到这种吸引人的故事书,而后辗转传读,直到把它们都读成残破的书片。

以上种种迹象表明,随着对儿童的研究深入,以及科学儿童观的确立,展示儿童生活的儿童文化逐渐摆脱成人文化的附庸地位而独树一帜,所以,18 世纪的儿童文化是以成人本位向儿童本位过渡的文化,同时为 19 世纪以后以儿童本位为主流的尊重儿童个性的儿童文化奠定了基础。

三、以儿童本位为主流的尊重儿童个性的儿童文化

1789 年的法国大革命,开辟了欧洲资本主义发展史上的新时代。在以科学战胜神学作为重要特征的 19 世纪,随着欧洲封建社会的崩溃和资本主义制度的确立,启蒙运动的日益深入、唯物主义思想的传播,尤其是儿童科学心理学的建立,促使人们普遍要求把儿童教育从宗教统治下解放出来,一些教育家也更为重视文化在陶冶儿童情操、性格等方面的功能,儿童文化也转变为以儿童本位为主流的尊重儿童个性的文化,从此掀开了儿童文化史崭新的一页。

在西方,19 世纪以来,传统的成人和儿童的关系发生了一次哥白尼式的变化。1879 年,冯特在德国莱比锡创设了世界上第一个心理学实验室,标志着实

验心理学的诞生。当时的"教育心理学化"运动与此相结合,成为推动儿童发展的实际研究力量。1883 年,斯坦利·霍尔出版了《儿童的精神》一书,标志着现代儿童研究运动的开始,也从此拉开了儿童中心观走向科学化运动的序幕。霍尔声称,儿童在其个体发展中短暂地复演了人类进化史的主要阶段,儿童的兴趣是其自然发展秩序的表现。19 世纪向 20 世纪的过渡中,科学儿童观的建立以及它的方兴未艾,各国广泛展开的教育改革运动中"尊重儿童"的呼声愈益高涨,使儿童成为全人类共同瞩目的焦点。

1896 年,杜威在芝加哥大学任教期间创办了实验学校。他把以粉笔板书和口讲为形式的课堂教学改变为儿童在活动中学习,一改让儿童整整齐齐静坐听讲的传统做法,允许他们在课堂中随时移位:在这时,学生们的活动都以每个年龄特有的兴趣与需要为中心。杜威认为,在对孩子的整个教育过程中,不应把教师与教科书作为中心,而主张"儿童是起点,是中心,而且是目的","儿童的世界是一个具有他们个人兴趣的人的世界"。作为对近代儿童观的否定,杜威坚决主张把儿童作为儿童而非未来的成人看待。他在《民主主义与教育》一书中预言:"我们教育中将引起的改变是重心的转移。这是一种变革,一种革命,是哥白尼在天文学中从地球中心转移到太阳中心一类的革命。在这里,儿童变成了太阳,教育的一切措施要围绕他们而组织起来。"杜威的这种"儿童本位论"教育观使儿童的地位得以空前的提高。儿童终于不再是缩小的成人或未来的成人了。瑞士皮亚杰在杜威的基础上又有了进一步的发展。他通过对为数众多的儿童的观察和调查,通过他的"发生认识论"和"儿童心理学"的研究,将儿童的成长发展进行了微观的科学论证。在《教育科学与儿童心理学》一书里,皮亚杰指出,传统的儿童观把儿童看作受教育的"小大人"而进行道德教育,其目的是尽快使他们和大人一样,而新的儿童观则要求"造就能创新的而不是简单重复别人已经做过的事的人。这种人才能有所创造、发明和发现"。皮亚杰强调:今天"日益突出的当代教育者的主要问题"是让受教育者去"主动地发现现实",儿童通过自发的努力,在学习和生活中能逐步适应自然环境和社会环境,并能逐渐把外部的东西转化为内部的东西。他充分重视儿童的主体作用,强调发挥儿童的主动性和独立精神。在这里我们已看到一种令人欣喜的趋势,那就是儿童的地位愈益提高,由儿童自己去发现或"发明"真理的教学法日益取代了抽象的灌输与单调的记忆;教育本身的落脚点已并不是在儿童的成长、儿童的未来上,而是落在儿童期的现时阶段上。

不仅如此,童年还成为人类崇拜的对象,雅斯贝尔斯在《智慧之路》中如此论述童年:孩子们常常具有某些正在他们长大成人之后反而失去的天赋。随着年龄的增长,我们好像是进入了一个由习俗、偏见、虚伪以及全盘接受所构成的牢笼。在这里我们失去了童年的坦率和公正,儿童对生活中的自然事物往往作出本能的回应。① 加斯东·巴什拉在《梦想的诗学》中这样认为:以其某些特征而论,童年持续于人的一生。童年的回归使成年生活的广阔区域呈现出蓬勃的生机。首先,童年从未离开它在夜里的归宿。有时,在我们心中,会出现一个孩子,在我们的睡眠中守夜。但是,在苏醒的生活中,当梦想为我们的生活润色时,我们心中的童年就为我们带来了它的恩惠。必须和我们曾经是的那个孩子共同生活,而有时这共同的生活是很美好的。从这种生活中人们得到一种根的意识,人的本体存在的这整棵树都因此而枝繁叶茂。② 2000 年安徒生儿童文学奖得主莫德·豪根曾说:似乎我们成年人忘记了这样的事态:我们的生活是基于童年的。童年是我们借以相互交流和与年轻交流的主要源泉,也是了解我们自己和全人类的基本源泉。③

杜威的儿童本位论的儿童观,对现代世界产生了极其深远的影响。中国"五四"时期凡对儿童及儿童文化关注的教育家、文学家们,几乎全部接受了杜威的学说。当时一些先进的知识分子意识到中国传统文化对儿童自由生命发展的束缚,努力把儿童从旧文化中拯救出来,鲁迅、周作人、叶圣陶、郑振铎等明确提出"儿童本位"的思想,从此掀开了儿童文化研究的序幕。

我们知道,从《诗经》时代起,中国的文学传统无不以"载道"作出发点和归宿点,诸如孔子"兴、观、群、怨",司马迁的"补短移化"、"助流政教",《毛诗序》中的"经夫妇,成孝敬,厚人伦,美教化,移风俗",柳宗元的"文以明道"等等。而在此传统导引之下,中国的儿童文化"树人"的使命自然与生俱来,教化也自然成为其基本功能。儿童本位论的传播,则打破了中国数千年的传统儿童观。郑振铎在《中国儿童读物的分析》一文中尖锐地批判道:"科举未废止以前的儿童读物……简直是一种罪孽深重的玩意儿,除了维护传统的权威和伦理观念以外,别无其他的目的和利用。"它们向孩子灌输的是"忠君孝父的伦理观念,显亲荣身的利己主义,安分守己的顺民态度";周作人也批评那种"对儿童讲一句话,眨一眨眼,都非含有意义不可"的做法。儿童本位论的高扬,使中国的儿童文学走

---

① ［德］雅斯贝尔斯:《智慧之路》,第 4 页,中国国际广播出版社,1998。
② ［法］加斯东·巴什拉:《梦想的诗学》,刘自强译,第 28—29 页,三联书店,1996。
③ 王泉根:《现代中国儿童文学主潮》,第 360 页,重庆出版社,2000。

向自觉和独立。我们看到,"五四"前后流行的"一切设施,都应该以孩子为本位"(鲁迅语)的观点,就是对儿童文化提出的要以儿童特征与需要为出发点,而不是以"载道"为目的的要求,这就将一切"代圣贤立言"的载道读物毫不客气地清除出了儿童文化领域。正是从"五四"开始,中国儿童文化得到第一次历史性变革和划时代的飞跃。

在当代,新中国建立后,党和政府高度重视儿童文化教育事业。1950年,周恩来总理与宋庆龄共同商量,将中国福利会的基本任务转变为妇幼卫生保健和儿童文化教育,从而,在很短的时间里,建立起寄宿制托儿所、幼儿园、少年宫、儿童时代杂志社、儿童艺术剧场,扩建了儿童艺术剧院。宋庆龄曾明确指出:"儿童是国家未来的主人,通过戏剧培育下一代,提高他们的素质,给予他们娱乐,点燃他们的想象力,是最有意义的事情。"于是,这些儿童文化机构围绕培养健康下一代的目标,功能上相互衔接,组成了比较完整的事业结构,开创了儿童文化福利的先河。但是,真正兴起儿童文化研究则是90年代的事。从现有的资料来看,1989年12月20日,联合国大会一致通过《儿童权利公约》,李鹏总理代表中国政府出席大会,中国是缔约国之一。1990年9月30日,在美国纽约联合国总部召开"世界儿童问题首脑会议",通过了《儿童的生存、保护和发展世界宣言》及《90年代贯彻儿童的生存、保护和发展世界宣言的行动计划》,中国外交部长钱其琛出席会议,并草签了这两个文件,1991年李鹏总理代表中国政府正式签署了宣言和行动纲领。为落实《儿童的生存、保护和发展世界宣言》,我国政府及有关部门十分重视儿童文化建设。如1994年和1997年上海举办了国际少年儿童文化艺术节,2004年举办了首届上海国际少年儿童文化艺术博览,同年,深圳举办首届深圳南山国际儿童文化艺术周。与此同时,中国儿童文化的研究开始起步。从中国学术期刊网上的收录情况来看,1979年以来,有关儿童文化研究的文章逐年增加。这些文章关注儿童文化与成人文化的区别,强调儿童文化的独特性,如边霞的《论儿童文化的基本特征》、杜晓利的《走向儿童文化》、刘晓东的《论儿童文化——兼论儿童文化与成人文化的互补互哺关系》等。

第二节 儿童文化的概念剖析

基于 19 世纪以来的儿童文化观,我们接下来深入剖析一下儿童文化问题。对文化进行专门研究始于 19 世纪中叶的西方人类学领域。在文化的诸多定义中,一个著名且宽泛的定义是泰勒在《原始文化》中给出的:文化"是人类在自身的历史经验中创造的'包罗万象的复合体'"。这一"包罗万象的复合体"是指全部的知识、信仰、艺术、道德、法律、风俗以及作为社会成员的人所掌握和接受的才能和习惯的复合体。也有学者从文明进化的角度来看待文化,文化指受过教育的人的高级素质及其形成过程。如马修·阿纳尔德说,文化"就是人类通过学习迄今所想出的和所说出的最好的东西,不断达到自身之完美的活动。通过这种持续性学习,人们就可以用新鲜的和自由的思想之泉去冲洗掉自己陈旧的概念和习惯"。[①]

一、何谓"文化"

在中国,"文"和"化"的并连使用始见于《周易·贲卦·象传》,其文曰"观乎人文,以化成天下",基本含义是"以文教化"。这里的"人文"是指以人伦规范、道德秩序把人类从"野蛮"境地拯救出来,使之开化和文明化的活动,因此,孔颖达在《周易正义》中说"观乎人文以化成天下者,言圣人观察人文,则诗书礼乐之谓,当此法教而化成天下也"。在西方,文化一词相当于英语的"Culture"和德语的"Kultur",而它们又来自拉丁语的"Cultura",原义含有神明崇拜、耕种、练习、动植物培养及精神修养等意思。到古希腊、罗马时代,这个词的含义转变为改造、完善人的内在世界、使人具有理想公民素质的过程,也被理解为培养公民参加社会政治活动的能力。

中世纪,文化开始有了物质文化和精神文化的区分,但是被神学所遮蔽。中世纪晚期的欧洲,文化逐渐指道德完美和心智或艺术成就。启蒙运动时期,法国启蒙思想家和德国古典哲学家把文化同人类理性的发展联系在一起,以此区别于原始民族的"不开化"和"野蛮"。

17 世纪,德国法学家普芬多夫首次提出"文化"是一个独立的概念,即文化

---

① 腾守尧:《艺术化生存》,第 72 页,四川人民出版社,1997。

是人的活动所创造的东西及有赖于人和社会生活而存在的东西的总和。18 世纪,法国启蒙思想家伏尔泰等提出,文化是一个不断向前发展的、使人得到完善的社会生活的物质要素和精神要素的统一。19 世纪下半叶到 20 世纪初,主要从精神文化方面去认识,偏重于把文化看成是人类精神现象——宗教、信仰、思维、心理、语言、艺术等的反映。1871 年,被誉为"人类学之父"的英国学者泰勒认为:"文化,或文明,就其广泛的民族学意义来说,是包括全部的知识、信仰、艺术、道德、法律、风俗以及作为社会成员的人所掌握和接受的任何其他的才能和习惯的复合体。"①

20 世纪,关于文化定义的流行说法可分为五类:(1)描述性定义。该类定义一般以对文化内容或成果的详加罗列和具体描述为特征,也是最为常见的中外学者所采用的定义方法之一。如博厄斯认为:文化包括一个社区中所有社会习惯、个人对其生活的社会习惯的反应及由此决定的人类活动。(2)社会性定义。该类定义从文化对社会发展水平和阶段之反映的维度上去说明文化自身,突出文化作为社会动态演变状态所规定的标识意义。如《苏联大百科全书》认为:"文化,是社会和人在历史上一定的发展水平……文化这个概念用来表明一定的历史时代,社会经济形态,具体社会,氏族和民族的物质和精神的发展水平(例如,古代文化,社会主义文化,玛雅文化),以及专门的活动或生活领域(劳动文化、艺术文化、生活文化)。"(3)主体性定义。该类定义尤其注重发明和强调"人"这一主体对文化的特殊意义和本质地位。卡西尔认为人不是什么理性或社会性的存在,人的本质乃在于他的"符号活动",人类包括神话形象、日常言语、科学符号的整个符号体系,是人所有的先验而自在的能力,其外化和实现即展现为文化的结晶,而卡西尔也认为这恰也是人自身的创造过程,文化的本质是与人的符号本性的同一。美国文化人类学家克罗伯和克拉柯亨继续卡西尔的符号——文化学派的线索,强调"文化"概念的人的内在根据,认为"文化是由外显和内隐的行为模式构成;这种行为模式通过象征符号而获致和传递"。②(4)功能性定义。该类定义试图从文化对人的意义、功用和价值的角度去界说文化,强调文化是属人的独具特色的行为工具和生活方式。如英国功能学派的马林诺夫斯基说,文化是"一个满足人的要求的过程,为应付该环境中面临的具

① [英]泰勒:《原始文化》,第 35 页,上海文艺出版社,1992。
② 傅铿:《文化:人类的镜子——西方文化理论导引》,第 12 页,上海人民出版社,1990。

体、特殊的课题,而把自己置于一个更好的位置上的工具性装置"。①（5）历史性定义。把文化放到历史发展演进的层面,从文化的累积和传承的过程性中去理解文化是该类定义的主要特点。日本文化学家祖江孝男也指出:"文化就是由后天被造就的,成为群体成员之间共同具有且被保持下来的行为方式（也可以叫模式）。"②

以上种种文化概念提示着我们,由于学者从不同的学科、不同的角度来界定文化,文化的概念也就显得十分丰富。而本书无意也不必要对文化概念逐一辨析,我们只是选取其中最有代表性的文化概念——美国文化人类学家克罗伯和克拉柯亨对文化的定义——作为我们展开儿童文化概念界定的逻辑基点。克罗伯和克拉柯亨的文化概念强调文化是历史上所创造的生存式样的系统,既包含显型式样又包含隐型式样;它具有为整个群体共享的倾向,或是在一定时期中为群体的特定部分所共享。这一文化概念关注特定人类群体的精神文化层面,关注这一特定人类群体在社会实践和意识活动中长期形成的特有的价值观念、审美情趣、思维方式、行为模式等组成的表层文化现象以及与之相对应的深层文化本质。本研究中的"文化"参照了广义上的文化概念,意指某个群体中普遍存在的观念与行为的复合体,它既包括与生俱来（内成）的因素,也有后天习得（外砾）的内容。

二、儿童文化的内涵

"儿童文化"一词最早来源于儿童人类学与文化人类学的研究。美国学者古德曼认为,儿童文化研究就是去描述儿童在观察他们置身于其中的世界时看到了什么,即用儿童的视角看世界。在国内论及儿童文化概念的学者并不多,比较有代表性的有:

朱自强认为:儿童文化就是缪斯文化,这一文化中的自由的想象力、鲜活的审美力以及广博的同情心和正义感正是成人文化所严重缺失的。③ 刘晓东认为:儿童文化是儿童表现其天性的兴趣、需要、话语、活动、价值观念以及儿童群体共有的精神生活、物质生活的总和。儿童文化是儿童内隐的精神生活和外显的文化生活的集合。儿童的精神生活或精神世界是主观形态的儿童文化,儿童

---

① 庄锡昌:《多维视野中的文化理论》,第 371 页,浙江人民出版社,1987。
② 陈华文:《文化学概论》,第 7 页,上海文艺出版社,2001。
③ 朱自强:《儿童文学论》,第 50 页,中国海洋大学出版社,2005。

外显的文化生活是儿童精神生活的客观化、实体化。 边霞认为：儿童文化概念主要取儿童"生活"和"存在"的特有方式，且对这种特有方式的考察更多的是从精神和行为层面来进行的。② 这些定义从不同的角度阐述了学者对儿童文化的独特认识，但是，他们有一个共通之处，即都没有离开儿童这一人类独特的群体来谈儿童文化，这启示着我们，在整个文化系统中，儿童文化是与成人文化密切相关同时又相对独立的子系统。因此，当我们考察儿童文化时，既应该看到它在文化这个规定系统中与成人文化共有的普遍规律，又应该看到它区别于成人文化而自备一格的特殊规律。儿童文化的概念包含两层意思：首先应该是儿童的，然后是文化的。

首先，儿童文化是儿童的，这是由儿童诗性逻辑所决定。

"儿童"是个宽泛的概念，它囊括了生命个体从出生到成熟的整个时期，一般包括婴儿期、幼儿期、儿童期、少年期和青年初期。卢梭认为，儿童并不是可以任意塑造和填充的容器，不是白板，而是有其固定法则的"自然的存在"。因此他主张教育应遵循儿童的自然本性，按照儿童自然发展的程序分阶段进行。卢梭的教育观、儿童观对儿童文化的发展无疑有深远意义。从封建社会不把儿童看作是有独立人格的人，从黑暗的宗教统治把儿童看成是生来灵魂有罪、从而作为拯救灵魂的对象，到卢梭的热爱、保护儿童，发展儿童的独立精神，尊重儿童的人格，充分考虑到少年儿童的年龄特点，强调选择学习对象的时候应当以儿童的兴趣为标准，以及要求体魄健全、能吃苦耐劳、有纯朴的作风、能凭自己的劳动本领而自立于社会、富有同情心等等造就人才的理想。卢梭的《爱弥尔》在西方教育史上第一次系统地提出了新的儿童观，从而完成了教育史上的"哥白尼式的革命"。

那么，怎么理解儿童的诗性逻辑？前文已经提出，"诗性逻辑"本是由意大利哲学家维柯提出的一个人类文化学概念。儿童的诗性逻辑是儿童把握世界的基本方式，它是一种原始的创造性思维，是一种原逻辑的思维，是一切抽象理性发生、发展的源泉。与原始先民的诗性逻辑相似，儿童的诗性逻辑也洋溢着具有神性的玄秘庄严，诗意的本真浪漫，也具有超现实性、不理性与原始性。也就是说，儿童的逻辑犹如人类这种原初时期的思维方式，是一种诗性逻辑，它是感性的、浪漫的、多样的、充满着自由创造的精神和人性萌动的智慧，如我们经

---

① 刘晓东：《儿童文化与儿童教育》，第34页，教育科学出版社，2006。
② 边霞：《儿童的艺术与艺术教育》，第10页，江苏教育出版社，2006。

常感受到的泛灵主义和拟人化现象——在孩子看来,小草是活的生命,它的叶子掉了会疼的;同样,月亮也是活的,因为天黑需要照明,所以我们走它也走;花之所以开得鲜艳,是因为它从地下"吃了有营养的水"。然而在成人的逻辑里,小草的凋零、花的开放只不过是一种纯粹自然的生命现象而已;月亮之所以我们走它也走,也只不过是距离我们远而产生的视觉上的差异。正是由于儿童的逻辑渗入了自己的感性倾向和主体特征,才成为充满人性化色彩和浪漫主义审美意蕴的诗性逻辑,才使儿童的世界出现荒诞不经的奇思妙想,行使权威的快感和惩治坏人的崇高,颠三倒四的随意发挥,无拘无束的冲动与鲁莽,惊险刺激的自由冒险,天真无邪的哲学发问,超印象派的绘画才能等。正如鲁迅称赞儿童所说:孩子是可以敬服的,他常常想到星月以上的境界,想到地下的情形,想到花卉的用处,想到昆虫的语言;他想飞上天空,他想潜入蚁穴……

一个社会群体有属于自己的行为方式和相互认可的游戏规则,这样的行为方式和游戏规则,反映了社会群体独特的文化特征。儿童群体也一样,他们拥有一个与成人世界尽不相同的世界,孩子们按照自己的价值观念和游戏规则生活着,有与成人完全不同的快乐和哀愁、憧憬和企盼。边霞曾说:如果没有了幻想和诗意,我们还会剩下多少乐趣呢? 是儿童完好地承袭了人类最初的诗性人格,他们的智慧既指向眼睛看到的地方,也指向心灵看到的地方,对他们来说,尽情幻想是深入事物内部的自然道路。[①] 当儿童的逻辑精神成为生命激情、浪漫诗意的一种本真表达,那么,儿童文化是需要以儿童自己的思想和行为来决定其价值和标准的文化,是根植于儿童世界,儿童自己与同伴交往过程中形成的、相互认可的文化,是与儿童身心健康发展,特别是情感、情操发展相关的属于儿童本体所有的精神和物质的全部创造成果。因此,社会所营造的儿童文化应呵护儿童的精神成长,符合儿童的身心发展规律和审美情趣,充满人性化色彩和浪漫主义审美意蕴,让孩子倘佯于诗一般的文化生活中,激励儿童与生俱来的生命潜能的充分展现。

其次,儿童文化是文化的,这是由文化的特征所决定。

虽然"文化"是一个复杂的概念,有广义与狭义之分,狭义的文化着重于精神,涉及社会的上层建设、风俗习惯,广义的文化则涉及社会的各个方面,包括物质文化及精神文化。如果我们细加考察,可以发现文化具有主体性、群体性、历史性等特点。

---

① 边霞:《儿童的艺术与艺术教育》,第 19 页,江苏教育出版社,2006。

　　文化凸现人类的主体性特点。马克思曾经把资本主义工业史及其已经"产生的对象性的存在"看作"是一本打开了的人的本质力量的书,是感性地摆在我们面前的人的心理学"①。其实不仅工业,人类一切活动领域的任何创造,无论是政治、经济、法律制度,还是科学、艺术、宗教,整个的文化都是"人化"的创造结晶。人是社会的基本成员,人更是文化的动物、文化的物质载体。如果没有人,那么,社会就不成其为社会,文化便无从谈起。不管是西方"文化""耕耘练习"的原始意义,还是中国古籍中"以文教化"的解释;不管是泰勒描述性定义,还是马林诺夫斯基的功能性定义,都说明了文化是依附于人类社会的人的活动而产生的,都是围绕人的活动而下的定义。因此,可以说人是文化的载体,更是文化的内容,人在文化体系中起主体性作用。在文化的创造和发展中,核心的乃是堪为天地精华万物灵长,有着言之不尽的丰富内涵和创造潜能的人。可以说,文化实质上即是"人化",是人类自己的本质力量外化与对象化的创造结晶。正如费孝通先生所言:"文化是人为的,也是为人的。"如果沿着这一思路,我们可以说,在漫长的历史发展中,儿童由于具有欢愉、纯真、幻想等儿童特性,形成了自己独特的思维方式、审美情趣、价值观念,并以之为认识世界的方式,从而创造了诗性的儿童文化大厦。所以,儿童文化需要高扬"儿童学"的旗幡,深入儿童的精神特质和儿童的内在的文化本性,直指儿童本心。

　　文化具有群体性特点。人类学家本尼迪克特(R. Benedict)在《文化的模式》中作了这样的表述:"真正把人们结合在一起的是他们的文化、其共有的思想和准则";美国语言学家萨丕尔(E. Spir)在《语言论》中提出:"文化这名称的定义是:一个社会所做的和所想的是什么";基辛在《文化·社会·个人》中倾向于将"文化"理解为潜藏在一个民族的生活方式之下的共同的观念系统。由此可见,文化是一个大的人群在许多代当中通过个人和集体的努力获得的知识、经验、信念、价值、态度、宇宙观念的积淀,是人类社会中的群体和个人的精神活动的产物,是群体精神和个人精神的表现形式。文化是人类社会中的一定的群体精神在该社会群体的生存过程中的一种自觉或不自觉的表达方式,是在该社会群体的个人精神在他的生存过程中的一种稳定性的流露。所以,文化具有群体性特点,既具有同类事物中的所有个体的集合的特点,又具有同一事物中的所有要素以一定的结构方式构成一个有机整体,正如教皇保罗二世在1980年关于文化的演说中所言,"正因为有了文化,人类才真正过上了人的生活。文化

---

　　① 　马克思恩格斯全集(第42卷),第127页,人民出版社,1979。

是人类'生活'和'存在'的一种特有力式。人类总是根据自己的特有的文化生活着;反过来,文化又在人类中间创造了一种同样是人类特有的联系,决定了人类生活的人际特点和社会特点。在文化作为人的生活的特有力式的统一性中,同时又存在着文化的多样性,而人类就生活在这种多样性之中……文化是人类之所以成为人类的基础,它使人类更加完美和日趋完美。"[①]文化往往是隐性存在于某一社会群体,它若有若无,不露痕迹地弥漫于各个角落。有鉴于此,我们认为儿童文化是在长期的历史发展过程中,是儿童共同具有且被保持下来的儿童行为方式(也可以叫模式),是儿童在社会交往中适应社会而共同拥有的思想信号,是展示儿童群体的精神及其表现形式的本质符号系统。也就说,儿童文化是儿童的一套生存机制,是儿童群体独具一格的生活风尚的特征,既是儿童的行为模式,又是儿童的知识、信念、准则的宝库,是儿童相互交流的手段。

　　文化具有历史性特点。克利福德·格尔兹对"文化"的解释是:"一种通过符号在历史上代代相传的意义模式,它将传承的观念表现于象征形式之中。通过文化的符号体系,人与人得以相互沟通、绵延传续,并发展出对人生的知识及对生命的态度。"[②]美国社会学家福尔森认为:"文化是一切人工产物的总和,包括一切由人类发明并由人类传递后代的器物的全部,及生活的习惯。"[③]法国政治家 E.赫里奥特(Edouard Herriot)认为:"文化是其他的一切均被遗忘之后还长期保留下来的东西。"由此可以理解,"作为一个描述性的概念,文化指的是人类创造性所积累下来的财富:书籍、绘画、建筑物之类;为适应我们周围的人类的和自然的环境的调节方式的知识;语言、风俗以及长期以来形成的礼节、伦理、宗教和道德的体系。"(Unesco, Mexico City Declaration on Cultural Policies, Unesco, Paris, 1982)文化也是一种历史现象,它是社会历史的积淀物,是过去时代遗留下来的最珍贵的遗产。于是,我们可以认为,儿童文化是每一代儿童在继承原有的儿童文化的基础上,又在不断扬弃和更新原有的儿童文化,对儿童文化的发展作出应有的贡献。

　　综上所述,文化的本质作为人类社会中的群体精神,是由一定社会群体在生存和发展过程中所形成的思想观念和心理状态构成的。儿童的群体精神,是

①　[法]维多克·埃尔:《文化概念》,第9—10页,上海人民出版社,1988。
②　董建波,李学昌:《"文化":一个概念的内涵与外延》,第38页,《探索与争鸣》,2004年第10期。
③　陈华文:《文化学概论》,第7页,上海文艺出版社,2001。

儿童文化的本质;儿童群体精神中的思想观念和心理状态,是儿童文化的内容;体现儿童群体精神的每一个体的语言和行为,是儿童文化的现象;体现儿童群体精神中的思想观念和心理状态的所有个体共同的语言和行为方式,是儿童文化的各种具体形式。基于这样的逻辑起点,我们认为儿童文化可定义为:儿童文化是由儿童的诗性逻辑所决定而形成的外显表层文化现象以及内隐深层文化本质的综合体。

第三节　儿童文化的独特性

一、儿童文化与成人文化的比较

儿童文化是儿童自己的文化,是一种以儿童自己的思想和行为来决定其价值和标准的文化,它基本上是种口语文化。成人文化则是建立在成年人规定的价值、理念和标准之上的,是种文字性的、抽象的文化。口语文化是通过声音和具体形象来表达的,声音具有直接地生理地刺入身体和感觉的功能,因此口语文化的感觉方式迥异于书面文化,它把世界作为一个有机整体,并动用所有的感官来知觉,属于一种视觉、听觉和动觉思维的方式。而成人文化则属于一种书面文化。书面文化以抽象性的词语符号来代替事物,走分析性的、小段分化和专门化的路线,事物与事物之间被划分出清晰的界限,理性的思维习惯使身体的直接知觉感受与对象相隔离。

当然,儿童文化与成人文化并不是完全对立的,他们处在一个连续体上,成人文化要向儿童文化学习,儿童文化也必然会向成人文化发展和演进。但儿童文化与成人文化之间在主要方面的确是有差异的,其差异主要表现在:儿童文化是整体性的,成人文化更多的是分割性的;儿童文化是审美的、艺术的、感觉的、移情的、热情的,成人文化更多的是科学的、理性的、客观的、冷静的;儿童文化中充满了想象和创造,成人文化中更多的是工具理性和重复;儿童文化是玩中学、做中学,成人文化则主要是要求跟着学、坐着学;儿童文化中的成员有种亲密感,成人文化中的成员大多有种距离感;儿童文化是不可预期的、有多种功能的,成人文化是已经确定了的、有标准答案的;儿童文化体现了酒神精神,成人文化体现了日神精神……

从以上比较我们不难看出,在成人社会的文明发展到今天这种既灿烂辉煌又伤痕累累的局面时,向儿童文化的回归和学习恰恰是救治成人文化的种种弊病的一剂良方。当然,回归不是简单地退回到儿童文化的现实状况中,而是要学习儿童文化的内在精神,以帮助成人找回在现代文明中失去的宝贵的东西。

二、儿童文化与成人文化互补互哺,相得益彰

儿童文化与成人文化分属两种文化,它们标准不同,感受方式和思维方式不同,当它们相遇时,冲突不可避免,但也可以互补互哺,相得益彰。

成人是人类主干文化的创造者和占有者,承担着抚育儿童的责任。它是通过人类成熟个体(成人)的劳动创造维持的。成人是成熟个体,但往往僵化、圆滑、墨守成规,生活于繁文缛节的刻板老套中,缺乏想象力,囿于偏见,过于现实,过着多少有些异化(而且是难免异化)的生活。

而儿童文化恰恰可以弥补成人文化刻板僵化的一面。儿童用清新的眼光来替代老谋深算。曹文轩曾经这样评价童年的价值:儿童的独特目光能看出成年已经看不出的东西,因为成人早已失去了这种目光。"这种目光是美丽而宝贵的。它是造物主对人还处在童年时代的恩赐。""这样的目光是感人的,因为它呈现给我们的是那样一个世界,没有卑下,没有恶气,没有丝毫的怀疑。有的只是纯真、美好与善良。而这一切汇合在一起,便形成一种力量——一种使我们这些已经受了生活与历史污染的灵魂而感到震撼的力量。"[①]儿童是未成熟的正在成长中的人;他如此年幼的生活又是一种古老的生活,是诗意的、神秘的、史诗般的、游戏即工作的生活。儿童天真,但也有深沉的一面;成人深刻,但也有天真的一面。儿童无所顾忌,生活在童话世界里,所以儿童的天真是外显的;但儿童有成人所没有的强烈好奇心,他们往往对成人习以为常的现象感到困惑,他们的问题里往往有真正重要的哲学问题,因而儿童是深沉的,但这种深沉是内隐的。

成人与儿童相互学习,才能相得益彰。人与社会的发展是以人为目的的,人与社会的发展符合人的天性便是合目的性;不合目的性,便是异化;合目的性就能避免和克服异化。成人向儿童学习,从儿童那里感悟天性,感悟人性的自然层面并使之升华,保留孩子纯真的眼光和新鲜的感受能力,因而可以归真返璞,避免异化,使其个人的和社会的目的都符合人的本性。特别是在科学高度

---

① 　曹文轩:《目光清纯看世界》,《我的世界——随父母旅居加拿大记》[C]. 新华出版社,1998。

发达的今天,人的生活比过去更加疏远了自然界,更加疏离了人的自然属性,因而我们更应当强调向儿童学习,通过向儿童学习而了解人的天性,复归人的天性,弘扬人的天性,使人类的追求不只是合规律性,而且合目的性。

儿童文化与成人文化互补互哺,才能相得益彰。一方面,儿童与成人在一起,向成人及其所代表的文化学习,那么儿童才能在成人引导下成长,在成人文化的熏染下逐步成熟。另一方面,儿童的心灵、儿童的世界、儿童的清纯、儿童所具有的清纯的自然天性又对成人的心灵和世界具有反哺的功能。我们已经在以往的文学作品中多次看到了这样的场面:一个心地不洁的成人面对一个小女孩或一个小男孩的那对清纯的目光时,而突然感到汗颜,感到无地自容……清纯确实是一种力量,并且是了不起的力量。文学家正是认识到了儿童具有对成人反哺的功能,所以才能多次成功刻画儿童世界对成人具有反哺功能的生动画面。而在安徒生童话《皇帝的新衣》里,是一个孩子发现了成人社会(从皇帝到百姓的所有成人)共同维护的一个大骗局,这就意味着儿童有可能又是腐败、异化的成人社会的大救星。

另一方面,也正因为儿童的世界确有超出成人世界之处,所以,成人应当撂下居高临下、降尊纡贵的大架子,像福禄贝尔、蒙台梭利那样真心实意地崇拜儿童,自觉自愿地向儿童学习。这种崇拜不是主张成人变成儿童的奴才,而是主张成人向儿童学习依然保存在儿童身上的而在成人身上失落的精神(这种精神是自然进化历史赋予人的礼物,是人的世界所应当保持的纯朴天性)[①],同时又要明白,儿童又有依赖性,他们的成长有赖于成人和成人社会的帮助,从而自觉担当抚养和教育儿童的义务和责任。崇拜儿童并不否定儿童对成人的依赖性,并不否定儿童的成长和幸福生活需要母亲的爱与乳汁,并不否定需要成人提供精神食粮和全部人类文化给予的熏陶和滋养。

是成人来"救救孩子",还是孩子来救救成人?成人和儿童应当相互了解、相互尊重、相互学习,互补互哺,才能共同成长,相互拯救。儿童文化与成人文化只有互补与互哺才能相得益彰,人类才有可能拥有更为美好更为文明的未来。

三、儿童文化的独特性

儿童文化之所以特殊,是因为成人及其文化对儿童文化的构建、创新起着

---

① 刘晓东:《论教育与天性》,第 75 页,南京师大学报(社会科学版),2003(4)。

十分重要的作用。成人与儿童在这一特殊的文化领域里,达到生命韵律的碰撞、契合、共振、交流。在这一交流中,儿童因有成年人的接续与延伸而有了人生的一份厚度和一份凝重;成人亦因有童年的梦忆与重演而有了人生的一份悠远和一份清纯;儿童在这里嬉戏探险;成年人到这里憩息、寻根。所以,从本质上说,儿童文化是成人与儿童在这一文化领域的生命交流。

1. 欢愉美

儿童最不喜欢枯燥的故事和乏味的叙述,他们需要有趣的东西。因此,儿童文化相对于成人文化来说,总是洋溢着更为浓郁的谐趣和欢愉之美。这种欢愉之美表现为以幽默、滑稽、可笑的形式来表现具有美感意义的内容。

那么,儿童为何喜欢具有欢愉美的儿童文化? 因为童心是欢愉、幽默产生的天然温床。皮亚杰在儿童认知发展理论中指出:儿童经过婴儿、幼儿、儿童直至少年阶段,其思维发展主要包括感知运动期、前运算时期、具体运算阶段、形式运算阶段。儿童思维的发展从带有极大的具体形象性到开始形成抽象逻辑思维,儿童的感性思维决定了儿童思维的任意性和无逻辑性的特点。"当儿童以这种思维方式去观察外部的客观世界,并进而去认识事物、解释现象时,就必然会与真实的客体世界产生程度不等的错位、反差、逆转、任意结合、概念混杂等现象,并从非逻辑、不协调中得出似是而非、背理反常的结果。"[①]这种思维方式正好与产生幽默的思维有着惊人的相似之处,因为"幽默本来是人类思维逻辑发展的产物,然而其思维方法又恰恰同人类正常的普遍的思维逻辑背道而驰。这种思维方法有人称之为'理性倒错'。这种理性的倒错就是指一切与人们的习惯习俗,常情常理相悖谬的东西,揭露这种悖谬的东西,就是制造幽默的主要艺术手段"。[②]可见儿童的思维与欢愉、幽默的产生有着不可割断的联系,欢愉、幽默需要儿童,欢愉、幽默呼唤童心的长存。童心呵护欢愉、幽默,童心本能地要求儿童文化张扬幽默精神与机智的快乐原则,于是儿童喜欢带有幽默性的儿童文化也就是情理中的事了。

我们以动画片《西游记》为例来分析儿童文化的欢愉美。《西游记》以其生动有趣的情节、神奇丰富的想象、宏阔精美的结构、诙谐幽默的品性和复杂深刻的主题深深吸引着每个孩子。

首先是人物形象的巨大反差而造成的幽默效果,构成一种轻松、清新的欢

①　王泉根:《高扬儿童文学幽默精神的美学旗帜》,第 56 页,《文艺评论》,2000(3)。
②　陈克守:《幽默与逻辑》,第 31 页,中国人民大学出版社,1993。

愉美。《西游记》中孙悟空和猪八戒是颇具幽默感的一对搭档。作者赋予他们鲜明对立的外形特点和性格内涵,由此又造成了他们之间许许多多有趣的戏剧性冲突。就其外形特点而言,孙悟空生得尖嘴猴腮、毛脸雷公嘴、罗圈腿,走起路来是歪歪扭扭的拐子步,有着一根怎么也变不掉的尾巴和两块红屁股;猪八戒却长得黑脸短毛、长喙大耳、肚子圆挺、猪头人身。这种外形的滑稽对立,就给人以一种新鲜奇特、耳目一新之感。就其性格内涵而言,孙悟空艺高胆大、心性高傲、机智勇敢、敢作敢当且又任情恣性、好捉弄人;猪八戒好吃懒做、贪财爱色、愚笨呆拙却又多嘴多舌、爱占小便宜。作者这种按照需要而虚构艺术形象、尽情地泼洒幽默的笔墨,让孙悟空、猪八戒的形象在鲜明对比中变得栩栩如生的创作方法,完全迎合了儿童思维本身就带有童话的特点和儿童喜欢追求光辉而不平凡事物的固有的天性,因此激发了儿童对《西游记》的兴趣。

其次,现实处境与行动举止的不和谐造成强烈的反差而形成一种令人发笑、令人咀嚼的欢愉。也就是说作者建构了一个又一个令人发笑的故事情节,在作品情节推进的巨大反差中带给读者真实而生动的笑声,在笑中完成对对象的情感性的审美评价的同时,体现更多的却是一种作者自己对生活态度、对社会人生的丰富体验与深刻理解,所以作品透露出来的审美特性是轻松的,然而又是严肃的、是情感的又是理性的。如"二调芭蕉扇",孙悟空由于没学到缩小扇子的口诀,结果就呈现出这样一幅画面:一个身长不满三尺的汉子,竟然趾高气昂地扛着一把一丈二尺的大扇。这种不成比例的形体对比,带给读者捧腹大笑之际,更多的是深刻地领会到孙行者的骄傲自满的性格特征。正因为这些幽默的故事情节,尤其是孙悟空聪慧、机智的幽默战斗中,我们既可看到人类的尊严和智慧,又可看到儿童的天真淘气,所以广大的儿童自然会孜孜不倦地从中汲取丰富的营养。

再次,《西游记》还运用含蓄的幽默笔触,即把这种幽默与讽刺、象征、批判,自然而又紧密地结合起来,产生更为强烈的欢愉效果。在文中作者"用游戏娱乐的态度来对待传统价值观念和道德规范,在笑声中消解封建礼教给予人们的心理压力和精神束缚,表现出乐与礼的对抗……在作品中的游戏取笑确实有着深刻的社会文化内涵"。[①] 如唐僧师徒经过了八十一难到达天国,如来安排阿难、迦叶传真经于他们,但二菩萨竟然向他们要"人事",把神圣不可侵犯的佛祖写成一个创业守成、传子传孙的老财主,这是对佛教的讽刺。所以,《西游记》能

---

① 王齐洲:《〈西游记〉的风格与礼乐文化的转型》,第27页,《湖北大学学报》,1997(2)。

够做到以广博的智慧照瞩宇宙间的复杂关系,以深挚的同情了解社会的矛盾冲突,在伟大处发现它的渺小,在渺小处发现它的伟大,在圆满里发现它的缺憾,在缺憾里也找到它的意义。《西游记》的这种幽默表现手法与儿童文化中提倡的"高级幽默"很相似,因为儿童文化要求"在这个幽默背后又能够带出让我们落泪的东西,或者让我们感动的东西,让我们思考的,触动我们心灵的那种东西,这样的幽默就是所谓的比较高级的幽默,而这种高级幽默没有作家的才华是不行的"。① 综上所述,在儿童文化中,幽默"不是一种讽刺,更不是一种搞笑,我觉得一种高级的幽默,应该是一种高级的幽默智慧体现。高级的幽默智慧应该通过一种对幽默艺术的驾驭,传达出人类普遍的一种体验或者一种感受。它给我们的首先是好玩儿,在好玩之余会触动我们"。② 也就是说,优秀的儿童文化往往借助生动活泼的人物形象、机智可笑的故事情节等能够表现幽默的艺术手法,传达一种更深厚的力量、更深刻的主题和更真挚的情感。所以,它们能够在给儿童送去欢愉之余,也带给儿童一种对生活的深沉思考。

2. 变幻美

刘勰在《文心雕龙》中所言:"寂然凝虑,思接千载,悄焉动容,视通万里",这就是想象。想象对于一位儿童文化创造者来说非常重要,可以这样说,一个缺乏想象力的人,他也许能做好另外的事情,但是不可能成为一个好的儿童文化创造者。黑格尔说"最杰出的艺术本领就是想象";高尔基也说"想象是创造形象的文学技巧的最重要的方法之一"。一般的艺术创造是这样,儿童文化的创造更是需要发挥创造者的杰出想象,只有这样,才会创造出变幻莫测的儿童文化,让儿童徜徉其间。

由于生理、心理的特点,儿童本来就比成人多一些幻想、多一些浪漫、多一些空灵。儿童的思维是一种处于"我向思维"与社会化思维之间的思维,谓之"自我中心的思维"。这种思维的基本特征是主客体不分。儿童(尤其是幼儿)思维中的"自我中心思维"必然导致任意结合逻辑的思维方式,儿童不懂得事物的内在联系,常常将不同类别不同性质的事物混淆在一起,儿童是最出彩的幻想家,儿童世界是一个充满了奇思妙想的世界。在他们充满纯真与好奇的眼睛里,没有什么是不可能发生的,没有什么是创造不出来的。"幻想"正契合了儿童审美心理中任意结合的思维方式,儿童在审美时对文化中的"幻想"部分特别

① 梅子涵等:《中国儿童文学五人谈》,第191页,新蕾出版社,2001。
② 同上,第179页。

容易接受。儿童文化是为儿童创造的,它要求与儿童的心理特点相吻合,提倡儿童文化创造者与儿童站在一个平等的位置,用孩子的眼睛来观察,用孩子的耳朵来倾听,用孩子的心灵去体会,让孩子们描绘出属于他们自己的世界。因此,儿童文化也应比成人文化多一些变幻的成分,儿童文化要在孕育着儿童对世界的独特看法里,兼具儿童特有的想象。

我们以特拉弗斯的《随风而来的玛丽阿姨》为例来分析儿童文化的变幻美。首先,《随风而来的玛丽阿姨》中的玛丽阿姨,是现实世界中所没有的,是通过幻想的方式编造出来的。玛丽阿姨到底是一个怎样的人物?谁也搞不清楚,觉得她与众不同,既神秘又古怪,像一个有趣的谜。玛丽阿姨是乘着东风来到班克斯先生家的院子里,成为简、迈克尔和一对双胞胎——约翰和巴巴拉的保姆的。而当西风吹来的时候,看到简、迈克尔等学会了关爱,学会了自理,还学会了很多的时候,玛丽阿姨走了。其次,《随风而来的玛丽阿姨》的故事情节荒诞离奇,偏离生活本真的逻辑,也是通过幻想的方式编造出来的。玛丽阿姨像一个神圣的使者,既能领着孩子们的好奇心上路,又能为孩子创造一个个变幻无穷的新奇世界。玛丽阿姨不是一个一般的保姆,她有许多了不起的本领。玛丽阿姨带领他们看望贾透法叔叔,使他们大开了眼界。贾透法叔叔在天花板上蹦蹦跳跳,打滚儿,他一得笑气就轻飘飘地升向了空中。凭着一枚指南针,她让迈克尔和简周游了一次地球。她能听懂狗言狗语,帮助隔壁拉克小姐的小狗安德鲁(高贵的,过着养尊处优的生活)实现了与一头普通而又粗野的大狗威洛比(卑贱的,过着流浪的生活)交朋友的愿望。她会讲美丽动人的故事;还会和椋鸟说话;她还能走进画里……她几乎无所不能。孩子们的每一个想法(合理的)她都能满足,她给孩子们每一个日子都洒满了鲜花和阳光。

胡塞尔说:"对生活在梦幻世界的幻想家来说,我们不能说他把虚幻当作虚幻,确切地说,他已经修改了现实性。"其实,儿童就是生活在梦幻世界的幻想家,"在她(特指儿童,作者注)眼中,大自然没有法则,也非千篇一律,她可以任意创造奇迹。她召唤海中的魔鬼,魔鬼便从海底出现,她能命令杏树在冬天开花,也能让雪降在成熟的玉米田里"。所以,在儿童看来:星星种到地上能长出星星树(《星星树》);天蓝色的种子会长出天蓝色的房子(《天蓝色的种子》);没有脑袋的人可以走路(《幻想家》);穿上幸福的套鞋可以随心所欲去到任何地方(《幸福的套鞋》);白云可以用来洗澡,可以用来做枕头(《白云》)。在这里,现实情景和幻想情景有机交融真假难辨,"任意结合"的意识,使儿童的审美情趣与审美观念有了自由宣泄的天地。于是,作为儿童文化的生产者,应该创造比成人文化多一些幻想情境。

3. 真诚美

冰心在《儿童是最真诚的》一文中指出：孩子是最真诚的,他(她)们总对真诚对他们的人,倾吐出心里的快乐和悲哀。他们不会"顾面子",也不懂得"家丑不可外扬"……据我和小朋友们数十年来接触的经验,儿童是最真实的,只要你和他平起平坐,以诚相见,他们绝不会对你说半句假话！在日常生活中,我们也发现儿童时常在游戏、童话、神话、梦想中"思接千载,神与物游",在自由、超越、欢乐中忘我的沉迷、向世界敞开胸怀,世界也向他开放。儿童正是以其诗性智慧进入纯真之境,从而诗意栖居。而 20 世纪以来,尽管人类已进入计算机、宇宙飞船的时代,但人们反观自身时,却发现自己陷身于技术统治与理性异化之中,沉沦于日常生活而遭致人性残缺和生命萎缩,丧失了人性的诗意光辉和本真形态。这种生命或人性的异化现象促使着人们思考现代灵魂的自我拯救问题,人类就把希望的目光投向人类的童年与个体的童年,从人类生命的自然状态中寻求自救的力量和依据。人类希望寻回那个神话童话的时代,以便诗意栖居在理想的精神家园。于是,哲人们不约而同地把目光聚焦于儿童身上,他们发现儿童的心灵是单纯而明净的,儿童因为不谙世事而真诚地对待一切事物。这种纤尘不染的童真得到许多作家的热情讴歌以及几乎所有成人的赞美感叹,人们甚至用童真去对照、映现成人世界的种种病态和丑恶,荷尔德林尽情地吟唱着儿童身上所蕴含的神性与诗性：

> 经历了所有心灵的磨难,所有的思索和斗争,而当我还是一个孩子,对周围的一切一无所知,和现在相比,当时我不是丰富吗?
>
> 是的！只要他没有浸染在人的变色龙般的颜色里,孩子就是一个神性的生灵。
>
> 他完全是他所是,因此才这样美。
>
> 法则和命运的强制篷布倒塌,自由唯独在孩子身上。
>
> 在他身上是和平,他还没有自相崩离。宝藏在他身上,他不认得他的心,这生命的匮乏。
>
> ……

人就像孩子一样能够生成,无邪的金色世界还会回来,和平和自由的时代,

唯一的欢乐仍然存在,大地上唯一的净土。① 在他眼里,孩子的幼稚同成人的深思熟虑相比,更贴近真诚的神圣殿堂。所以,不为世俗所累的儿童,就像是天国的精灵。在他们身上,成人的那种因精明的功利算计而导致的"对外界的不信任感",是不存在的。他们的眼神未曾被慑服,他们的心灵健康而完整。在这个意义上,用儿童那质朴性灵的纯净溪水,来冲刷伴随着所谓文明教养而淤积在成人心中的肮脏污垢,就成为儿童文学作家追求的目标,于是真诚美也就成为儿童文化独有的美。它所展现的是一种极为透明、至纯至真的美,常给成人以自叹不如的美好感觉。如日本的一则小故事,也很能说明儿童文学的这种美学特征。一个小姑娘和她的奶奶住在一起,老奶奶腿有残疾,成天躺在床上。春天来了,奶奶望着窗外说:"我要能到外面去晒晒太阳就好了。"小姑娘很同情奶奶,就出去汲取阳光,可是一进屋,阳光就没有了,她急得哭起来,奶奶问明原因,感动地说:"别哭了,孩子。我已经看到了阳光,阳光就在你身上,在你的心里。"这故事很浅显,很朴实,但读起来很感人,就是因为充满了童真美,并且由真诚达到澄明之境。"此澄明也是愉悦(原译作快乐),在其作用下,每一事物都自由徜徉着。澄明将每一事物都保持在宁静与完整之中……它是神圣的。对诗人来说,'最高者'与'神圣'是同一个东西即澄明。作为众乐者之源,澄明也就是极乐。通过愉悦的澄明,他照亮人的精神以使他们的本性得以对那些在其田野、城市、住宅中的本真者敞开。"②

4. 淳朴美

淳朴美就是本色的自然、质朴之美。儿童文化的淳朴美是拒绝雕琢、矫饰和华媚,用最简洁、自然的文化形式来表达最本真的生命意趣和形态,并且"于无足轻重的东西之中见出最高度的深刻意义"。

儿童文化的淳朴之美,来源于儿童生理、心理、精神中所蕴含的质朴品格。从儿童的生理发育特点看:儿童的脑量与成人的平均脑量相距较大,如4~8岁儿童的脑量为1280克左右,与成人的平均脑量1400克相比有一定差别,神经系统尚未发育成熟;从儿童的心理发展特征看:儿童幼稚、天真、好奇、多动,感知觉不够敏锐,时空概念模糊,注意力集中时间短。智力正处于发育阶段,有其特有的对事物的认识和表现方式;从儿童的欣赏艺术规律看:儿童在欣赏艺术时情感投入是最彻底的,他们动情的程度往往不只是一种感染或潸然泪下,会

---

① [德]荷尔德林:《荷尔德林文集》,第10页,戴晖译,商务印书馆,1999。
② 张世英:《进入澄明之境——哲学的新方向》,第139页,商务印书馆,1999。

表现出超越生活与艺术的界线,将艺术虚拟的现象当成现实来接受。因此,情感表现在表情上大喜大悲,绝不掩饰;在语言上大喊大叫,绝对外露;在行动上大手大脚,绝无保留。

儿童的这些生理、心理、精神中所蕴含的质朴品格,决定了儿童文化需要呈现淳朴之美。于是,当我们走入儿童文化绚烂的境地时,淳朴之美拂面而来。儿童文化的这种淳朴之美,在经典的儿童剧中可以得到证明。英国剧作家大卫·伍德的代表作品《饼干小子》,"这是一个单纯的音乐剧,没有浮华和喧闹"。《饼干小子》讲述的是:在一个普通家庭的普通的烹饪台上,那上面有准备扬帆远航的盐先生,爱打喷嚏的胡椒小姐和寂寞的袋茶奶奶。报时布谷鸟先生的嗓子哑了,就要被扔到垃圾箱里去了。而饼干小子和烹饪台上的朋友一起,用擀面杖和绳子做成的起锚机为布谷鸟取来了治疗嗓子的蜂蜜药。他们又在所有小观众的配合下,将凶狠的大老鼠赶回了洞中……《饼干小子》以其质朴的形式讲述了一个明亮、美好、善良的故事,作者希望人们成为生活的强者,关注和爱护周围的朋友,在生活中要带给别人光明和快乐;甚至对于每一个富有生命和情感的东西,都不要轻易地就把他们丢弃,它像一缕阳光照亮了我们的心扉。

儿童文化的这种淳朴之美,从儿童随意涂鸦的儿童画中,也可以得到证明。儿童的绘画反映儿童的天性,表现儿童的思维活动是儿童用于表达思想感情的特殊视觉语言,儿童画与成人画相比尽管表现形式和技法无法相提并论,但其纯真、质朴的童趣则是成人画所不及的。由于儿童幼稚、单纯,思维纯洁无瑕,所以他们的画不受任何限制,也不受真实的约束,随心所欲,不造作,不雕琢,落笔纵横挥扫,吞吐自由,表现了儿童特有的质朴、纯真、自然、幼稚的美,而这种纯真、质朴的童趣往往给人更强烈的视觉冲击力。

儿童文化的这种淳朴之美,从近年来儿童家具的小巧、简洁、质朴、新颖装饰中,也可以得到证明。儿童家具的小巧,适合幼儿的身体特点,适合他们活泼好动的天性同时也能为孩子多留出一些活动空间;简洁,符合儿童的纯真性格;质朴,能培育孩子真诚朴实的性格;新颖,则可激发孩子的想象力,在潜移默化中孕育并发展他们的创造性思维能力。儿童文化的这种淳朴之美,从描写儿童的生活的诗歌中,也可以得到证明。如张玉春的《留守儿童的心里话》就是用最质朴的语言描写留守儿童质朴的心声:

　　　　春节,早早地过完了。
　　　　爸爸妈妈又去遥远的地方打工了,

只留下我和满屋的空荡。
照顾我的,只有多病的爷爷和奶奶。

妈妈,你不在的日子里,
上学的路变得好长好长;
爸爸,你不在的日子里,
我的书包变得好沉好沉。
电话筒里的疼爱替代不了你温暖的怀抱,
书包里的水彩笔画不出我多彩的世界。
我捧回的奖状无人喝彩。
我滚烫的头吓坏了爷爷和奶奶。

妈妈,
多少次校门口送伞的人群,
我真想有你的身影。
多少次村口的那条路啊,
我望了又望。

来往的班车啊,
我等了又等。
过年的日子啊,
我数了又数。
春天的燕子刚刚回来,
可汽车的喇叭又催着爸爸妈妈快点回去。

爸爸,我在你打工的岁月里,
成长了美丽的童年。
妈妈,我在你打工的岁月里,
学会了做饭、洗衣,学会了照顾自己。
如今,爸爸妈妈又去打工了。
我不想让你们走,但又不能,
我知道我每月的学费和偶尔的面包还要靠你们挣钱去买。

我记住了你们和老师的话。
是雏鹰就要独立生活！
是春燕就要搏击风雨！
爸爸，妈妈，
你们安心地走吧，
过年的时候，
我一定会用最优异的成绩，
在家门口等你，等你！

赫伯特·里德在《今日之艺术》一书中指出："现在的艺术，有一种想回到儿童们的情景的质朴与简单的企图，"他甚至认为，"我们从原始人（以及儿童）的最早的艺术表现中所得到的艺术之本质，较之于从文化最发达的时代苦心经营出来的智慧艺术品中得到的更多"。这话虽不无偏激，但它的确也提醒人们认识到这样一点：儿童艺术，我们为儿童所创作的儿童文化，具有淳朴的品质。

第三章　基于儿童诗性逻辑的儿童文化建设纲要

第一节　儿童文化建设的理论基础：生态发展论

近年来，生态学受到了国内学前教育界人士的重视，特别是美国的布朗芬布伦纳（Urie Bronfenbrenner）的社会生态学理论已被广泛引用和运用。留美学者薛烨博士认为，布氏理论现已被学前教育理论工作者用于作为从生态学视角思考人的发展和学前教育的线索。具体地说，许多研究已经开始强调人与物质和社会环境的关系，强调人与历史文化的关系以及强调这些关系在生态环境中对儿童发展的影响。这种思考必然会改变人们对学前教育的一些根本性观念和想法，也必然会改变学前教育的一些做法。①

一、何谓社会生态发展理论

（一）社会生态理论的产生背景

对人的关注可以追溯到很久以前。柏拉图（Plato，公元前 427—347 年）和亚里士多德（Aristotle，公元前 384—322 年）就曾对人的回忆行为进行研究，且提出了三大联想定律（相似律、对比律、接近律）。在中国古代思想家（孔子、孟子、庄子等）的思想当中，不乏对人行为的研究和探讨。人类发展到 17 世纪，人们开始研究行为的原因。笛卡儿（Rene Descartes，1596—1650）曾提出"天赋观念"说，遭到洛克的批判。洛克认为人的一切知识和观念都是从后天经验中获

---

① 朱家雄：《从生态学视野看学前教育》，第 4 页，《教育导刊》，2006（4）。

得的。又经过两个多世纪的发展，人们对自身的兴趣越来越大。1879年冯特创办了世界上第一个心理实验室，此后一大批追随者从不同角度研究人的经验以及对人行为的影响；用自我内省法来了解心理过程等等。不过由于禁令太多，在铁钦纳之后则无人继之。这时，华生的行为主义心理学已经粉墨登场，把对人行为的研究推到极致。华生强调心理学应该研究人的可观察的行为，而不是内心感受，建立了S-R模式。华生的观点遭到同行的批评，认为华生的心理学是没有心理的心理学。那么，究竟是什么机制支配人的发展的呢？从冯特开始，人们在实验室里进行了大量的研究。19世纪末—20世纪初，弗洛伊德创立了自己的体系，开始从行为的背后分析人的心理，但大部分是临床的病例，适用性很有限。这时，开始有人重视环境的作用。人的童年经历固然重要，但人所赖以生存和发展的环境作用更大。所以，美国的布朗芬布伦纳（Urie Bronfenbrenner）提出了社会生态学的理论，强调人与人生活的环境相互之间作用的重要性。

（二）社会生态发展理论的基本内容

布朗芬布伦纳于1979年出版了《人类发展生态学》一书，阐述了其主要观点，1989年又做了修正。基本内容为以下五方面。

1. 真实自然的环境是人类发展的主要源泉

布朗芬布伦纳强调环境的重要作用，反对"脱离环境谈发展"和"脱离发展谈环境"。认为：人类发展的生态学就是人与人直接生活的环境之间相互适应的科学研究。人是不断成长的、积极主动的，是参与活动的主体。而环境的特性也在不断地变化。所以，人与环境之间存在一个需要不断相互适应的过程。布朗芬布伦纳认为：要科学地认识人类发展的心理过程，必须以对环境的缜密的科学认识为基础。

事实上，人始终处于发展过程中，环境也确实在不断变化。人在改造环境，环境也时刻影响人的发展。忽视环境研究人的发展将看不到环境因素的作用，研究结果一定不适应生活中的人。所以，在对环境的科学认识基础上研究人的发展是正确的。只有环境才是人成长的动力，也只有社会环境才能导致人的社会化，并且，只有社会化才能成为真正的人。

2. 环境与人的发展相结合

布朗芬布伦纳强调环境的重要作用，但环境对人的影响不是机械的，环境与人是结合在一起的，人是环境中的人，脱离环境谈人的发展是无意义的。研究的最终目的就是要系统地说明人类发展的过程及结果,而这一过程和结果又是个体与环境的复合函数。他指出:行为是人与环境的复合函数,即 B＝F(PE),其中,B 代表行为,F 代表函数,P 代表人,E 代表环境。同时,发展也是人与环境的复合函数,即 D＝F(PE),其中,D 代表发展,其他同上。需要强调的是:行为与发展绝不是个人与环境的简单相加,两者之间存在着重要的"交互作用"。这两个函数说明:(1)行为(B)的发生,由人与环境因素决定。不同人在相同环境下行为是不一样的;同一个人在不同环境下行为也是不一样的。所以,人的行为只能在充分考虑两者关系条件下去研究。(2)发展(D)的发生,也由人与环境决定。不同人与不同环境的不同组合将导致不同的发展出现。(3)行为和发展相互影响、相互作用。行为促进发展,发展影响行为。

3. 提出了"过程—人—环境"模型

这种设计能将发展的变异过程和结果作为人与环境特征的复合函数来分析。该模型揭示了人类发展过程的一个重要特征,即恶性或良性循环的经常发生。比如低出生体重和不利的社会经济地位相结合,其负效应比单个因素分别作用所产生的效应之和大得多。

4. 提出认知能力的发展因环境而不同

他认为:多数关于认知能力的概念与测量都基于一个假设,即认知能力不因时间、地点而变化,即"环境无关论"。而认知过程的复杂性和解决问题的效率都是他们所依存的环境的函数,认知所发生的环境绝不是认知的附属物,而是认知的成分。在不同环境下,能力的含义是有区别的,尤其是测量的含义大不一样。对不同环境下的儿童作同一测量的比较是不科学的,一定要考虑文化与亚文化的作用。他强调:来自不同文化或亚文化的群体之间,认知成绩的差异是由他们不同的经历造成的。这种经历指的是:在历史发展的某一个阶段,在个体成长过程中,某一特定的文化或亚文化所存在的认知加工类型的不同。所以,任何对个体或群体认知能力的评价,必须参照影响他成长的文化或亚文化来做解释,对认知过程和结果进行环境式与非环境式的两种评估。

5. 提出生态系统模型

生态是指有机体或个人正在经历着的,或者与个体有直接或间接联系的环境。这些生态环境由若干镶嵌在一起的联系系统组成:微环境(microsystem)、中间环境(mesosystem)、外层系统(exesystem)、宏观系统(macrosystem)。

微系统有无数个,凡是个体直接参与的环境都是微系统,比如,家庭中与父母直接交往的系统;在学校与老师、同学交往的系统等。这些微系统之间的联系就是中间系统,比如,家庭与学校之间的关系程度、学校与社会联系程度等。但有的微系统之间也可能没有联系。可能影响儿童的环境因素就是外层系统,比如,父母的生活态度、老师的教养水平和小伙伴的家庭和睦程度等。这几个系统置于其间的背景为宏观系统。这些系统之间是相互联系的、相互影响的,它们都可能对儿童产生影响。研究儿童的发展时,只有充分考虑这些因素以及它们的综合作用,才能得出科学的结论。

二、社会生态发展理论对儿童文化建设的影响

布朗芬布伦纳从系统论和生态学的角度提出了社会生态系统论。该理论对人的生存环境进行了细致的研究,独到地提出一些模型,试图从人类发展的全部生态系统环境来解释儿童的发展,重新诠释发展的概念,进而提出了儿童发展的社会生态系统,得出儿童发展是受多因素影响的结论。

(一)为儿童的成长创设良好的综合环境

儿童是祖国的未来,民族的希望。江泽民曾指出:精神文明建设要从娃娃抓起。儿童的发展与教育应该得到重视,但怎样更有效地教育儿童一直就是人们探索的问题。社会生态学理论告诉我们,儿童的发展是多方面因素综合作用的结果,尤其环境是不可忽视的。

1. 创设良好的环境是一个系统工程

要求全社会都来注意这个问题,每个人都作出应做的贡献。无论是家庭,还是学校,甚至大社会,任何子系统出现问题,都将导致儿童发展不良。很多父母认为"大人的事,小孩不懂",所以,经常告诉孩子别管闲事。实际上,家庭中的任何一件事与孩子的发展都是息息相关的。

2. 注意客观环境,但不能忽视心理环境

外界的作用再大,要通过发展中的主体起作用,例如为儿童创造良好的心理环境,可以抵制不良环境的侵袭,保证儿童在逆境中健康发展。一定历史时期,有其特殊的现实环境,具有一定的稳定性。而儿童的心理时时刻刻在不断地发展。所以应该:从认识上入手,让孩子正确认识环境中的事,培养孩子区分善恶的能力;从情感上进行调整,避免不良情绪的持续作用;从提高适应能力上增强儿童的免疫力,克服环境中的消极因素的影响。

（二）发现儿童出现的问题

当我们发现儿童出现问题时，应该问：环境是怎么影响儿童的？儿童在成长过程中要伴随着曲折，出现大大小小的问题是正常的。从社会生态学的角度看，这些不良行为的出现是人与环境相互作用的结果。第一，当我们发现某一个儿童出现问题时，应该先从儿童自身找原因，然后，从环境中寻找形成这个原因的条件，最后解决问题，促进儿童的发展。第二，当我们发现某一个问题出现在许多孩子身上时，应该直接从环境下手，寻找原因，这样会更有效地解决问题，最后，从儿童身上寻找儿童自身的弱点。

（三）注意环境与人之间良性循环的形成

由于环境与人之间关系的密切性，培养儿童一定要注意环境的建设。良好的环境对儿童的发展至关重要，尤其素质教育更需要良好的环境去促进儿童的全面发展，而不仅仅是智力的提高。而且，儿童健康发展又有助于好的环境的形成，因为儿童健康本身就是良好环境的一部分。如果问题儿童太多，必将影响良好环境的形成。所以说，良性循环的形成是非常重要的。这就要求我们在日常的教育活动中注意良性循环的形成，让好的环境促进儿童的健康发展。

三、社会生态理论指导下的儿童文化建设路径

社会生态学理论在看待儿童的发展等方面，一致认定儿童的发展是与其生存的生态环境是不可分割的，特别是与文化不可分割。因为文化是人类社会中各种环境的集合，也是家庭、教育机构、社区、社会等运作的基础。根据这些生态取向的理论，世界上是不存在脱离生存环境的人以及人的发展的。因此，在普遍意义上"去背景地"研究人和人的发展是没有意义的，以此为基本理论基础的儿童教育是带有明显局限性的。

然而，儿童文化建设的现实却丝毫不容乐观，某种意义上，可以说今日儿童的文化生态环境面临前所未有的危机，应当引起文化教育工作者乃至全社会的思考，我们也有责任尽力营造一个真正属于儿童所要的文化生态环境。

（一）理性呵护，优化家庭儿童文化生态环境[①]

当一个婴儿呱呱坠地时，他的内心世界就是一张纯净的白纸，随着孩子的长大，以及和社会的接触，那张纯净的白纸逐渐会沾染上各种颜色，因此，一个好的家庭环境和社会环境对一个人的成长起着很关键的作用。

中国历史上就有一个"孟母三迁"的著名故事，孟子小时候很贪玩，模仿性很强。他家原来住在坟地附近，他常常玩筑坟墓或学别人哭拜的游戏。母亲认为这样不好，就把家搬到集市附近，孟子又模仿别人做生意和杀猪的游戏。孟母认为这个环境也不好，就把家搬到学堂旁边。孟子就跟着学生们学习礼节和知识。孟母认为这才是孩子应该学习的，心里很高兴，就不再搬家了。孟子得益于这样一个良好环境的熏陶，继承和发展了圣人孔子的儒家思想，终于成为了孔子之后的亚圣。孟母三迁说明家庭教育对子女成长起重要作用，良好的人文环境对人的成长和生活而言是十分重要的。

父母都是爱自己的孩子的，但是，爱，并不等于"溺爱"，溺爱的最后结果就是会使孩子变得任性、骄狂，这对孩子的成长是相当不利的。营造良好的家庭文化环境，为人之父母应该努力做到：

1. 要严于律己

家长是孩子的第一任老师，家庭就是孩子的第一课堂。家长的行为举止潜移默化地影响着孩子。所以，家长要严格要求自己，善于学习，给孩子树立榜样。在孩子面前，规范自己的行为，做一个有修养有文化的人。

2. 引导孩子看健康电视、上绿色网站、读高品位的书

家长要根据孩子不同年龄特点增加家庭藏书，并身体力行和孩子一起读书，帮助孩子养成良好的读书习惯，帮助孩子有选择地看电视、上网站。抵制诸如大款文化、金钱文化、追星文化、腐朽文化及不良资讯的侵蚀和渗透，使孩子从小就沐浴在健康文化的阳光下。

3. 尊重孩子的兴趣选择，平等地与孩子对话

不是命令、不是指挥，更不是呵斥，让孩子身心放松地学习和生活，让孩子学会自己走路。

4. 丰富孩子的业余文化生活

闲暇之余应带孩子进行健康有益的文化活动，比如陪伴、带领孩子进行有

---

① 万颖波：《对儿童文化生态环境的思考》，第51页，《现代教育科学》，2008(2)。

趣的文体活动,比如游览自然、文化古迹等,领略大自然的神奇,感受中华民族厚重的文化底蕴和内涵。

5.鼓励孩子与同伴交往,在交往中发展儿童文化

6.克服功利思想

成名、成家不是成才的唯一标准,要着眼于把孩子培养成一个对社会有用的人。

(二)精心设计,打造校园儿童文化生态环境

校园儿童文化研究旨在通过研究校园儿童文化,创造一种宽松、民主且具有一定儿童文化底蕴的校园氛围,来弘扬儿童文化,张扬儿童个性,挖掘出学生资源,开发学生潜能。通过研究学生的心理及学生文化,努力创设贴近学生认知情感世界的、儿童喜闻乐见的教育方式,让学生在积极体验中升华情感,培养学生的文化素质,提升学生的文化品位。

1.优化校园环境文化

在学校环境的建设中,以"儿童气息,人文精神,文化品位"为理念,着眼校园环境文化氛围对学生熏陶和感染,走进校园,一草一木都说话,各种园区各有千秋,打造儿童文化长廊、英语角等场景,在浓浓的校园文化氛围中,学生获得心灵的感悟。同时,从尊重孩子的个性出发,开设"心理咨询站"、"知心信箱"、"宁心屋"等特殊空间,引导学生自克自律,培养健康的心理素质。

2.把班级文化建设权交给孩子

班级是孩子文化的集散地,班级文化建设权应该属于孩子,应遵循孩子的需求、求知层次,建立"人文管理"模式。以班级管理为突破口,让学生自己取班名、拟班训、画班徽、写班歌,引导学生经历设计、征集、评比、确认的各个环节,让学生在自育的过程中长知识、强能力。孩子们也有孩子的苦与恼,当孩子们无法解决彼此的烦恼时,当孩子们发生冲突、需要发泄时,值日班长就可以让他去打稻草人,去听音乐,去乱涂随意画,去吐露心声,发泄不满,宁静心灵,适应孩子情绪宣泄的需要。

3.创设儿童文化舞台

儿童具有他们独特的游戏、交际、学习方式,大量调查和研究发现:孩子们相同的游戏爱好常常使他们形成共同交际圈,时下的电影、电视、新闻也能使他们形成中心话题。学校试着创设更多符合儿童文化的空间和舞台,培养他们的兴趣,融合他们的文化,发展他们的个性,培养他们的创造能力和实践能力。低年级同学课余时间读童话,续讲童话,并编演童话剧"游戏乐园";中年级学生把

收集的游戏分类、整理,并创造出新的玩法,并发布新闻,亲自表演,在游戏中学,在学中游戏,其乐融融。

(三)用心体谅,提升社会儿童文化生态环境

一个社会群体有属于自己的行为方式和相互认可的游戏规则,反映了社会群体独特的文化特征。儿童群体,他们拥有一个与成人世界不尽相同的世界,孩子们按着自己的价值观念和游戏规则生活着,有着与成人完全不同的快乐和哀愁、憧憬和企盼。

成人要多从儿童生态的角度出发,多一些儿童内心达成的认同,少一些"狭路相逢"的干涉,让儿童无论在物质环境方面,还是心理环境方面都有如沐春风的感觉。要做到这一点,成人应做到:

1. 理解儿童表达自己、认识世界的方式

儿童表达自己以及与他人、环境联系的方式是独特的、多样的,可以是词语的、动作的、绘画的、游戏的,还可以是雕刻的、音乐的等等。成人往往对儿童表达自己的愿望、情感、想象、需要的方式不甚理解,采取漠视的态度,而且回应不够。关注的仅仅是结果的外显形式,而不是结果的内涵。诸如:孩子表达的是什么思想、想象和创造。成人应走进孩子的内心世界,关注并呼应孩子的表达方式。

2. 关注支持儿童的想象和创造

儿童的想象和创造是异常丰富的,一根木棍他可以想象成奔驰的骏马,也可以想象为杀敌的刀枪,这些都是儿童特定的文化。成人应当以欣赏的、鼓励的眼光看待儿童的想象和创造,并及时给予关注和引导。儿童的关注正是他们的兴趣所在,是他们真正想探究、想了解的东西。对儿童关注的那些细微的、普通的,在成人看来是平淡无奇的,而在孩子看来是新异的、珍贵的、甚至是神秘的东西要给予足够的关注。要抓住教育时机而教,会收到事半功倍的效果。

儿童面临的文化生态环境虽然存在着一些不安全因素,也会对儿童文化的发展带来一定的负面影响。但是,只要家长和文化教育工作者关注并捍卫儿童的文化安全,注重营造适合的文化生态环境,儿童就能够实现文化发展,从而适应健康文化要求,成为一个拥有阳光文化的人。

3. 避免冲击,保卫儿童世界

儿童世界是需要保护的。在现实中,儿童文化往往会受到成人世界的侵蚀,所以儿童文化世界需要我们积极地去呵护,避免被过度地侵扰,从而避免儿童过早地成人化。在这方面,现代媒体(电视/报纸/网络)有着难以估量的庞大

影响。一个人过早地被规训,他实际上就很难触摸到儿童饱满的天性,他的发展就会因为过于早熟、世故而多了一份圆滑,少了一份激情与创造。

第二节　儿童文化建设与儿童诗性逻辑的关系

儿童携带着与生俱来的潜意识倾向,自在地向周围的一切释放着、投射着他们的本能冲动、欲望和需求。儿童眼中的万事万物,总是隐喻地被注入了儿童的生命意识、主观意愿和情感意识。那么,由诗性逻辑所决定而形成的外显表层文化现象以及内隐深层文化本质的综合体的儿童文化,我们就不能用成人的思维模式和价值观来衡量和苛求它,而是需要由儿童自己的独特语码来决定其特有的价值和标准。而且,"儿童文化中这种普遍而独特语码的存在,将孩子们紧密地联系在一起,也使得他们之间有了一种神奇的默契,甚至配合得天衣无缝"。①

那么,儿童诗性逻辑与儿童文化建设之间的关系如何?

一、儿童诗性逻辑是儿童文化建设的基本支点

要探讨儿童诗性逻辑与儿童文化建设的关系,我们首先面临的问题是哪一个是基本支点,是儿童诗性逻辑,还是儿童文化建设? 答案十分清楚,基本支点是儿童诗性逻辑。只有当儿童诗性逻辑与儿童文化建设发生关系时,即被儿童文化建设所反映时,才能够显示其存在的意义;而儿童文化建设作为"派生物",它也只有依赖于儿童诗性逻辑才能得以产生,并能动地反映儿童诗性逻辑,进而成为促使儿童成长的资源。由此可见,儿童诗性逻辑是儿童文化建设的基本支点。具体来说:

儿童诗性逻辑先于儿童文化建设存在,而且儿童诗性逻辑是儿童文化建设的固本之基,是儿童文化建设和变化之根,儿童文化建设出于它而又复归于它,因此它是儿童文化建设的依据和出发点,是基本支点。另一方面,若从儿童文化建设的发生来说,儿童诗性逻辑在前、儿童文化建设在后。但随着儿童文化的发展,特别由于人类越来越多地把握儿童思维发展的客观规律,儿童思维的具体本性、儿童文化的"预见性"或"前瞻性"功能会日益增强,就不能简单断言,

---

① 边霞:《儿童的艺术与艺术教育》,第 13 页,江苏教育出版社,2006。

儿童诗性逻辑永远在"前",儿童文化建设绝对在"后"。马克思曾经指出:"最蹩脚的建筑师从一开始就比最灵巧的蜜蜂高明的地方,是他在用蜂蜡建筑蜂房以前,已经在自己的头脑中把它建成了。劳动过程结束时得到的结果,在这个过程开始时就已经在劳动者的表象中存在着,即已经观念地存在着。"①毛泽东也曾说过:"一切事情是要人做的","做就必须先有人根据客观事实,引出思想、道理、意见,提出计划、方针、政策、战略、战术,方能做得好。"所以他称"做或行动是主观见之于客观的东西"②。在这里,他们所提及的"先后"关系,给我们的启示是儿童诗性逻辑和儿童文化建设"谁先谁后"的问题显然不是绝对的,随着条件、时间、地点或特定所指的变化,它们的"先后"关系是不断易位的。

讨论儿童诗性逻辑和儿童文化建设何者为基本支点,还要正确认识"谁决定谁"的问题。儿童文化的接受对象是儿童,儿童是与成人完全不同的人,他们有自己存在的独特感觉:他们对时间的理解、对空间的感受、对人生价值的把握等等都与成人存在着明显的差异,究其原因是儿童以诗性逻辑来把握世界。为此,我们应该站在儿童诗性逻辑的高度来思索儿童文化的建设,即儿童诗性逻辑决定儿童文化建设。于是,在儿童文化建设的进程中,"不是把儿童看作未完成品,然后按照成人自己的人生预设去教训儿童(如历史上的教训主义儿童观),也不是仅从成人的精神需要出发去利用儿童(如历史上的童心主义儿童观),而是从儿童自身的原初生命欲求出发去解放和发展儿童,并且在这解放和发展儿童的过程中,将自身融入其间,以保持和丰富人性中的可贵品质"③。况且就如里拉德所言:"童年期是人生的另一极,这在今天来说也是一个重要原则。我们的社会不顾一切地以急剧的步伐进行着生产和制造,迫切需要平衡,这种平衡也就是儿童眼中的世界。儿童像生物一样,有他自己的自然法则,认识这些法则,按照这样的法则调整我们的步伐是于成人有益的,因为成人在很大程度上失去了自然的生物节奏。尊重儿童的需要,将会帮助我们重新发现自己并使我们反过来对老年人的需要采取更宽容的态度。这样,人类的整个生命周期都会更加充满尊重和相互理解。如果我们像蒙台梭利所建议的那样,更经常地把目光注视着儿童,我们就不会对儿童、自然、对别人和对自己做出种种缺

---

①　《马克思恩格斯全集》第 23 卷,第 202 页,人民出版社,1982。

②　《毛泽东著作选读》(上册),第 228 页,人民出版社,1986。

③　朱自强:《儿童文学论》,第 37 页,中国海洋大学出版社,2005。

乏人性的事情了。"①既然儿童与成人是人生的两极,因此我们在审视儿童诗性逻辑和儿童文化建设这对概念时,我们应该要承认,儿童文化建设的确是不可以独立于儿童诗性逻辑之外的。

讨论儿童诗性逻辑和儿童文化建设何者为基本支点,还要正确认识"谁依赖谁"的问题。正如任何一棵植物的果实作为植物生命的成果,它的产生来源于种子的萌芽、成长、开花、结果一样,儿童文化建设发生、发展、繁荣、结果都将依赖于儿童诗性逻辑这一生命之根。历史上儿童文化观念的变化已经证明了这一点。不同历史时期不同形态的儿童文化观念的形成,与各个历史时期的儿童观存在相辅相成的关系,并与各个历史时期对儿童诗性逻辑的认识程度有着更为密切的关系。尤其是人类文明发展到今天,许多研究儿童的学者已经不约而同地意识到:儿童的诗性逻辑并非是无逻辑或反逻辑的,它有自身的逻辑、秩序或规律。"诗性的逻辑,即是感性知觉的逻辑,音乐性的逻辑,想象的逻辑,自由的逻辑,酒神的逻辑,审美和艺术的逻辑……儿童的这种逻辑和理性的、演绎推理的逻辑一道,共同构成人类完整的智慧。诗性逻辑为理性插上想象的翅膀,同时还承担着打破和救治技术理性的局限性的重任。"②于是,在成人看来也许不合逻辑的东西在儿童那里便是合逻辑的。在生活中,儿童常有意无意地将异质的要素进行组合、夸张或变形,从而使许多不合成人逻辑的东西呈现出独特怪异的风貌。儿童的诗性逻辑使矛盾、冲突和对立轻而易举的化解和消融了。感性与理性、梦想与现实、神圣与卑下、严肃与非严肃、生命与无生命等所有对立的属性惊人地统一在儿童那里,并自然而和谐地存在着。

二、儿童文化建设要彰显儿童诗性逻辑

心理学研究表明,个体的发展是人类的发展的复演,早期人类所拥有的诗性逻辑在儿童那里得到了最好的保存与显现。"儿童的世界是一个具有他们个人兴趣的人的世界,而不是一个事实和规律的世界。儿童世界的主要特征,不是什么与外界事物相符合这个意义上的真理,而是感情和同情。"儿童较少有"符合论"意义上的真理。他们以一种浪漫的、情感性的、以己度物的方式观照世界。因而,在儿童那里,似乎常常是"万物皆备于我",从而表现出明显的泛灵

---

① [美]波拉·波尔克·里拉德:《现代幼儿教育法》,第153页,明天出版社,1986。
② 边霞:《儿童的艺术与艺术教育》,第21页,江苏教育出版社,2006。

性,这也是一种童话的心态、神话的心态①。也就是说,在儿童身上,主体与客体、认识与生活、想象与存在往往是水乳交融的,他们把握世界的方式不是通过概念、判断、推理的逻辑理性,而更多地采用直觉、想象、综合等方式;他们有关事物的各种表象中充满了运动和情感的因素等。因此,在儿童文化的建设中需要凸现儿童诗性逻辑。

1.儿童文化建设要尊重儿童诗性逻辑的创造性特点

与原始思维相似,儿童的思维比我们的思维广阔,"它在一次里包括的东西更多。它的范围比较不严格,这使它能够把看得见的东西与看不见的东西,换句话说,把我们叫做自然的东西和超自然的东西纳入同个现实中,纳入这个世界中"。② 儿童的思维由此常常表现出一种童话的思维。"孩子的想象翱翔的大地并不是这化石般的神话,也不是这神话般的化石,而是他本身的神话。孩子是在自身的梦想中发现神话的,发现他不向任何人讲的神话。那时,神话即生活本身。"③因此,只有永恒的孩子才能把这神奇的世界归还给我们。在这种神奇的想象面前,儿童表现出惊人的创造性。儿童的这种创造性不仅表现在儿童思维的超现实性、泛灵性,更表现在儿童饱满的生命活力上。

记得曾经看到过这样一件事情:许多年前,在一家洗衣店里,一个还不满三岁的小女孩,她正看着母亲把洗好的衣服从烘干机中拿出来。母亲直起身来,头向后一甩。她那一头黑亮飘逸的长发,在阳光的照耀下闪闪发光,泛着红色的光泽,正从她的面前被甩到后面,再滑落下来。小女孩站在母亲身后,屏住了呼吸,然后轻轻说了声:"噢,下雨了。"与此同时,她伸出双手,手掌朝下,随着母亲身后波浪般垂下的长发而有节奏地挥动。小女孩的脸上充满了惊奇。这样富有诗意且充满儿童创造性的事情枚不胜举。其实,在日常生活中,我们常常发现,几乎所有的儿童,在受到鼓舞的时候,在没有规划和预先意图的情况下,都能创作一支歌、一首诗、一个舞蹈、一幅画、一种游戏式的比赛。因为是儿童的天真引发了创造的原动力,是儿童的好奇引发了创造的潜在力。

既然儿童具有旺盛的"原初创造力",于是作为接受主体是儿童的儿童文化,要体现儿童的价值观念、思维方式、审美趣味,要表现儿童的语言模式和行为形式。让儿童在走进儿童文化时,不仅可以获得知识、经验、信念、价值、态

---

① [美]杜威著,赵祥麟等译:《学校与社会·明日之学校》,第112页,人民教育出版社,2005。

② [法]列维·布留尔:《原始思维》,第476页,丁由译,商务印书馆,1981。

③ [法]加斯东·巴什拉:《梦想的诗学》,第149页,刘自强译,三联书店,1996。

度、宇宙观念等他们想获得的所有物,而且能在儿童文化这一特定的空间、特定的环境中感觉到是完全快乐的、无忧无虑的,完全可以自由自在地徜徉在创造的天地中。这样的儿童文化对儿童各方面的成长会起重要的作用,而且会激励孩子满怀热情地参与着知识的创造,并被它深深吸引。况且一个人从幼时起就受到创造性的儿童文化熏陶,他的信念、习惯、生活模式和举止言行都会在一定程度上受到创造活动的影响。正如席勒所说:"人丧失了他的尊严,艺术把它拯救,并保存在伟大的石刻中;真理在幻觉中继续存在,原型从仿制品中又恢复原状。正如高贵的艺术比高贵的自然有更长的生命一样,在振奋精神方面,它也走在自然的前边,起着创造和唤醒的作用。在真理尚未把它的胜利之光送到人的心底深处之前,文学创造力已经捉住它的光芒;虽然潮湿的黑夜尚存在于山谷之中,但人类的顶峰即将大放光辉。"[①]于是,经常接触这种洋溢着创造性的儿童文化,儿童会在不自觉中锻炼把分离的和各异的要素结合起来的创造力,从而进一步提升和发展他们的创造潜能。

2.儿童文化建设要体现儿童诗性逻辑的审美性特点

康德语:非功利而生愉快,而与非功利相对应的词是审美。也就是说,如果以审美的眼光来打量这个世界,我们就会感受到强烈的美感。儿童具有自然、浪漫、温情等特质,可以说天性是诗人,于是他们往往以审美的价值观来看待世界,对率真的生命体验给予诗意的反映。就如科波在《儿童想象生态学》中如此认为:儿童的世界、儿童的周围并没有分离为自然与人为……生活是儿童自身与他的环境相互的功能性的反应和相互影响。这种相互性对于儿童的生活,对他身体及大脑的形成既富有营养又富有成效。儿童对于自然的那种连续性的生态学的感受,并不像人们通常知道的那样很神秘。我相信,这在根本上是审美的,具备了一种既了解又可以化身进入的力量而充满欢乐。[②]正是儿童用审美的视角看待这个世界,于是,在圣埃克苏佩里的《小王子》一书中,小王子在评价点灯人的工作时说:当他点亮街灯,就好像催生了一颗星星或一朵花儿;当他熄灭街灯,就好像催眠了一颗星星或一朵花儿。这份差事真美妙,因其美妙,所以有益。这等奇思妙想恐怕只有在审美的意念中才能得以诞生!一盏毫不起眼的街灯,在小王子的眼里都充满了自我遐想的美丽。在描写看到漂亮的房子时,小王子并不是说我看见一幢价值十万法郎的房子,而是说我看到一幢漂亮

---

① [德]席勒:《审美教育书简》,第71页,冯至等译,上海人民出版社,2003。

② [挪威]让—罗尔·布约克沃尔德:《本能的缪斯》,第27页,王毅等译,上海人民出版社,1997。

的、粉红色的砖房,窗户上缀满了天竺葵,鸽子在屋顶上栖息。因此,儿童不以"理智"、"因果"、"利害"的律令相绳,"小孩子所见的洋钱,是洋钱自己独立的存在,不是作为事物的代价、贫富的标准的洋钱;是无用的洋钱,不是可以换物的洋钱。独立存在的洋钱,便是'绝缘'的洋钱"。① 这就是一种审美的、非功利的、无利害的精神,一种超越精神,一种超越之美。

如果说,文化是包括知识、信仰、艺术、道德、法律、习惯等,是作为社会的成员所获得的一切能力、习性的复合体,那么,儿童文化是儿童在社会化过程中获得的素质、能力与行为习惯。既然儿童用审美的视角看待这个世界,我们在儿童文化的建设中就应该顺应儿童的天性,建设适合儿童学习、生活、活动的儿童文化。我们要从儿童生态的角度出发,多一些与儿童内心达成的认同,少一些"狭路相逢"的干涉,让儿童在儿童文化环境中拥有如沐春风般的感觉。如果从儿童审美的诗意逻辑角度来建设儿童文化,那么这种文化是感性的、诗性的、直觉的、幻想的、浪漫的,是充满激情与活力的精神形式。而畅游于其中的儿童也许不会出现荷尔德林所感叹的情境:"哀哉! 我的同时代人在黑暗中摸索,/仿佛生活在阴曹地府一般,/索然无味。/光为自己的事奔忙,/在隆隆的作坊里全都闭目塞听,/蛮人般地挥动巨臂……"②相反,在某种意义上就不会丧失人的质朴灵性,诗意不会萎缩于物质利益的桎梏下,诗意不会消失于逐利经营中,这从根本上保存了人类个体生命原本具有的丰满与完整。

3.儿童文化建设要体现儿童诗性逻辑的游戏性特点

蒙台梭利有一句名言:"游戏是儿童的工作。"这句话一方面肯定了儿童游戏具有与成人工作同等重要的地位,另一方面也肯定了儿童游戏同成人工作一样的严肃、认真。弗洛伊德说:诗人所做的事情与儿童在游戏中所做的事情是一样的。每一个做游戏的儿童的行为,看上去都像是一个正在展开想象的诗人,你看,他们不是在重新安排自己周围的世界,使它以一种自己更喜欢的新的面貌呈现出来吗? 在神圣的游戏领域,儿童、诗人和原始人同在一处。而且"游戏就是梦想与日常现实之间创造了连续性意义的过渡之物",它使儿童的内在现实与外在现实之间保持着一种巧妙的平衡。正是内在世界与外在世界之间的这种衔接使儿童想象、梦想的翅膀得以自由驰骋。③ 可见,游戏是儿童认识世

① 丰子恺著:《丰子恺文集》艺术卷(二),第251页,浙江教育出版社,1990。
② [德]荷尔德林:《荷尔德林诗选》,第135页,北京大学出版社,1994。
③ [挪威]让－罗尔·布约克沃尔德:《本能的缪斯》,第44页,王毅等译,上海人民出版社,1997。

界的重要途径,是儿童通过实际行动探索周围世界的一种积极活动。在游戏中,他们沉溺于自我的世界中寻找快乐;在游戏中,他们沉浸于奇迹的创造中寻找自由,最大极限地发挥自己的智慧潜能;在游戏中,他们逃脱成人规则的约束,突破传统的束缚,努力追求个体生命存在的价值。所以,游戏式的存在是主体完满地实现自己的存在。在游戏中,占有式的、掠夺式的主体消解了,人在游戏中得到成长,人在游戏中与世界构成了意义的整体,世界也得以扩展和丰富。游戏精神的实质是对快乐、自由精神和个体生命价值的追求。

儿童游戏与文化是一个双向构建的过程。游戏是所有文化中儿童的一种主要活动,它既是文化的一个原因,又是文化的一种影响;它是特定文化的表现,是文化学习和传承的一个重要的背景和途径,也是儿童发展的指示器和反应器。既然儿童是游戏者,游戏在儿童生活中随时随地都可以发生,游戏是儿童生活和文化的一个自然的组成部分,而且儿童游戏就像成年人的娱乐活动一样,表达了一种文化价值观。所以,儿童文化的创造不仅要确立游戏作为存在,而且要描绘出它的外在显示、样式和意义。但是成人通过简单的观察不能完全理解儿童对世界的认识,只有理解了游戏的文化背景,才能理解游戏的性质以及从游戏中表现出来的儿童的知识、技能、行为和价值观。这要求我们在儿童文化的创造中,应当以儿童为主体,以儿童的心理特征、认识水平、接受能力、精神需要为标准,创造出具有游戏精神的儿童真正喜欢的儿童文化。比如:儿童需要的精神食粮必然离不开童话、神话、艺术等等饱含幻想、想象、充满超现实精神的"诗",我们就应该为儿童提供故事新奇的神话、童话故事;儿童喜欢开展丰富多彩的游戏活动,如角色游戏、表演游戏、娱乐游戏等,我们就不应阻止他们干这个,不许他们干那个,而应给儿童玩耍嬉戏、娱乐活动创设必要的平台。

第三节　儿童文化建设的基本内容

立足儿童文化建设的理论基础,并充分考虑儿童文化建设与儿童诗性逻辑之间的微妙关系,我们从以下三个方面提出儿童文化建设的基本内容,以求更好地为儿童营造健康、生态与充满儿童诗性逻辑的文化。

一、学校儿童教育：关注儿童生活，关注儿童生活质量

提高人们的生活质量是社会发展和进步的主要目的，关注和提高儿童的生活质量同样也是时代发展赋予教育的使命。学校教育是儿童生活的重要组成部分，教育要关注儿童对生活的主观感受，关注儿童作为一个发展的个体对自身生活的体验，关注他们在教育机构中的生活质量，这不仅是社会发展进步的需要，更体现出以人为本的社会对儿童真正的尊重、信任和爱。

生活质量简单地说就是生活状况的好坏程度，其实它又是一个复杂的多层面的概念，包含物质层面，同时也包含非有形的精神生活层面。评定生活质量的标准既包含主观因素，又有客观因素。1958 年，加尔布雷斯在其《丰裕社会》中首创"生活质量"的概念，世界各国掀起了研究热潮，在社会发展的不同阶段，生活质量的概念不断拓展，其内涵更加丰富。

1976 年坎布尔将生活质量定义为"生活幸福的总体感觉"；我国学者林南认为生活质量是"对生活各方面的评价和总结"，这些观点都倾向于生活质量的主观指标，认为生活质量应反映人们的认知、情感和反馈三个层面，即包括满意度、幸福感和社会积极性等。正如阿玛塔尔·森提出，经济的发展并不能自然而然的给全体社会成员带来生活质量的改善，对经济发展的最终检验，不是普通的物的指标，而是人的能力发展的程度，是人生活质量的提高程度。①

儿童是社会中的弱势群体，其个体的生活与生活质量很大程度上依附于成人，依附于其所属家庭的经济状况、与家庭成员的亲密关系，依附于社会经济文化发展水平，以及人们对儿童和儿童教育的观念和行为等等。今天儿童的生活质量与以往任何时代的儿童的生活质量相比确实有着明显的提高，所以今天的成人会断言："现在的孩子比起我们小时候生活幸福多了。"成人这种感受在很大程度上是成人以自身的经历与体验为基础的，是不是成人对儿童生活质量的感受就是正确的？今天的儿童是否感受到了生活的幸福与童年的快乐？儿童生活质量的高低不是仅以成人的评价分析为标准，也不能简单地等同于物质生活水平的提高与否，更不能片面地理解为儿童更早、更快地学习知识。儿童——这稚嫩的生命体有着更多的直觉和情感色彩，他们在现实中切实地体验着自身的生活，敏锐地感受着自身的生活和生活质量。儿童的生活质量是儿童从一个独立的个体视角去感受的生活品质，是主观生活质量和客观生活质量的

---

① 姚伟、关永春：《儿童教育与儿童的生活质量》，第 140—144 页，《东北师大学报》(哲社版)，2004(2)。

总和,是在其生活世界中所感受的生活整体质量。

　　教育,作为与人生、人的生活、人的价值生活实现相关联的重要实践领域,必须要关注儿童的生活,因为教育不仅是人口变化和人的发展的一个基本条件,同时也是改善生活质量的必不可少的工具。儿童教育必然要考虑儿童生活的特征、成分、性质,并表现出生活的某些功能。儿童教育与儿童生活是密不可分的,儿童教育必须要关注儿童的生活。

　　儿童教育关注儿童的生活,包括两层含义:第一层含义是要儿童教育关注儿童当时当下的生活,关注儿童当时当下生活的价值。关注儿童当时当下的生活,就要承认儿童期其独特的存在价值,教育要对儿童此时此刻的生活需求做出积极的回应,不要单纯以将来生活的要求规范儿童当下的生活,更不能为了未来而牺牲儿童今天的生活。"长大后做个钢琴家,现在就要苦苦练琴……""只有现在好好学习,将来才能不下岗……""一个好孩子只要好好学习,长大上个好大学,前途就光明了……"如果在未来光明到来之前一直是黑暗笼罩着孩子当前的生活,那么,美好前程的准备期就成了儿童的消极情感期、焦虑期,儿童一直为此付出代价,而且这种代价有可能是非常沉重的。当代心理学和教育学的研究以及无数的事实都已证明,儿童现在的生活与未来的生活有相同的价值,没有儿童今天的快乐生活就没有明天幸福的成年。

　　儿童教育关注儿童生活的第二层含义是关注儿童的日常生活。人的生活是一个总体,是物质生活与精神生活、日常生活与制度化生活的统一。日常生活是一种具有自在性特征的生活,这种生活与制度化生活相比更富有自主性、习惯性和情感性的特点。儿童的年龄特点决定了儿童的日常生活的重要性,这种日常生活中的每一种形式、每一个环节、每一个方面都是不可分割的。但是偏偏有许多老师把游戏和学习分清楚,把课上和课下分清楚,把语文课和艺术课分清楚,把儿童的生活按教师的规则分清楚。家长更认为各种兴趣班、补习班要尽可能地多上几个,认为课余生活如果安排得满满的,儿童的生活就理应是丰富多彩的了。家长花了大量金钱买钢琴,让孩子上钢琴学习班,孩子却希望钢琴能被小偷偷走,问孩子最愿意做的事情是什么?"玩"是最简单、最质朴的回答。高质量的儿童生活质量是客观物质条件和儿童对生活的主观感受的统一,包含着儿童的生活满意度,包含他们对自己生活的感受和评价。关注儿童的整体生活既要整合儿童的日常、非日常生活,又要在提高儿童物质生活条件的同时,关注儿童整个童年期日常生活的每一天、每一刻的感受与体验,让儿童每一天都是快乐的、幸福的。

在以人为本的社会中,儿童生活质量越来越需要教育的关注。这种关注不仅体现在教育会提高儿童未来的生活质量,同时也体现在当下的教育实践中,关注儿童个体在教育活动中的发展,关注儿童在教育生活中的学习方式,关注儿童在受教育的过程中对生活的快乐体验。

1. 关注儿童个体在生活中的多元发展

弗朗索瓦·佩鲁等人在20世纪90年代提出"以人为中心"的发展观,认为经济增长并不是发展的最高目标,发展的最高目标和最高要求是人,发展是为了一切人的发展和人的全面发展,人的发展是发展的原动力。从此意义上讲,关注儿童的生活质量就是关注一切儿童的发展和每一个儿童的全面发展、可持续发展。儿童接受教育的过程,也是儿童的生活过程,成人要注重儿童在生活中认知、情感、社会性、身体等多方面的协调发展,不要用过度的超前开发、超快开发得不偿失地教育儿童。评价儿童生活质量的关键是儿童作为个体在生活中获得发展的质量如何。加德纳的多元智力理论为我们对儿童的评价提供了更广阔的视野,提出人有语言智能、数理逻辑智能、视觉空间智能、音乐智能、身体运动智能、人际交往智能、自我认识智能等等,每个孩子都有自己的优势智能领域,没有笨小孩。传统上以逻辑数学、语言方面的能力作为评价"好孩子"的标准,实则是对儿童发展提出片面的高要求,忽视了儿童多元智能的其他方面,同时也使有其他领域智能的儿童成为"发展差的孩子"、"笨孩子"。关注儿童的生活质量就是要关注每个孩子发展状况,发现每个孩子的优势智能领域。成人要给予儿童更多的发展空间,尊重儿童的个体差异,不要用同一标准要求孩子,为了一切孩子能在其原有水平上得到发展而做出努力。

2. 关注儿童的学习方式

儿童的学习过程是儿童对周围事物全身心投入的探索过程,关注儿童的生活质量要正确地看待儿童的学习和学习方式。在很多教育机构中,儿童的学习往往是被动的、机械的、记忆性的学习,儿童在获得一些知识技能的同时,也失去了对他们一生的发展起动力作用的好奇心和探究精神。我们应该满足儿童探索的需要,而不是把成人世界中冷冰冰的知识塞给儿童。儿童的学习发生在儿童的生活之中,脱离儿童生活的事物不能引起儿童的兴趣,也不能引发儿童的探究欲望。关注儿童的生活质量,就要让儿童在生活中发现问题,引起兴趣,亲身面对事物,尝试靠自己的力量去操作、探索解决问题,成人支持儿童的探索学习,成为儿童学习的同伴。让主动的探究成为儿童主要的学习方式。关注儿童的学习方式,还意味着教师要为儿童营造宽松的心理环境和丰富有准备的学习环境,一味的灌输最终扼杀的是儿童对学习的兴趣和对世界的好奇心。

3.关注儿童在生活中的快乐体验

儿童应该是愉悦地徜徉在儿童的生活世界中,他们是喜欢玩,喜欢笑,喜欢故事、童话、音乐,喜欢幻想的孩子。儿童有自己的快乐和幸福。卢梭指出,在大人眼里是痛苦的事,而儿童却感到其乐无穷。我们常常看到"雪地上有几个淘气的小鬼在玩,他们的皮肤都冻紫了,手指头也冻得不那么灵活了,只要他们愿意就可以去暖和暖和,可是他们不去;如果你硬要他们去的话,也许他们觉得你这种强迫的做法比寒冷还难受一百倍"。这就是孩子的快乐。儿童期的快乐是自然赋予儿童的权利,"玩"是儿童天性的表现,只有儿童在生活中体验到了玩的快乐、与人交往的快乐、探索的快乐,甚至是无理由的快乐,我们才能说他们可能在享受着较高质量的生活。我们的学校,包括幼儿园应"以现代儿童观和教育观为指导",努力为儿童营造快乐的环境,让儿童舒展天性,感受快乐,让儿童在玩中观察神奇的世界,用自己的真实感受去面对世界,在快乐中生活,在快乐中成长。我们必须相信,童年的丰盈给予人们对美好人性和美好自然的许多感受、认识、领悟和记忆。有一个幸福的、快乐的童年是每个人的权利。当我们的教育在呼唤回归儿童的生活,回归儿童游戏的、童话的、梦想的、探索的生活世界的时候,我们也是在为提高儿童的生活质量作出努力,为儿童拥有一个幸福的童年做出我们应有的贡献。

4.以幼儿园的课程设置为例

儿童文化与幼儿园课程有没有关联?幼儿园课程应以什么价值取向,是成人的文化还是儿童文化?福利特纳曾指出,教师不理解学生的"自我世界"。这一"自我世界是儿童自己的世界,是儿童的世界",它是幼儿园课程开发的标准和过滤器。幼儿园课程就在于"培育、提升这一自我世界从而扩大儿童的理解视界"。

遗憾的是,目前幼儿园课程凸现的多是成人文化,课程内容是由成人文化的代言人教师选编的,一系列标准、规则是由成人制定的。失缺了儿童文化的幼儿园课程,非但不利于儿童发展,反而有害于儿童的发展。科学合理的幼儿园课程的构建应体现以下几个方面。

(1)课程开发的向度和开发主体之一———儿童

课程开发的向度是指课程目标和内容的基本来源,以及相应的课程编制的基本标准。一般认为,儿童、社会、文化是课程开发的三个基本向度。要实现课程的儿童化,儿童文化应该是幼儿园课程开发的起点、过滤器和主要向度之一。因此应该足够重视儿童的天性、本能、冲动和兴趣,并把儿童现有的经验作为课程开发的起点。

(2)课程的组织和实施——适应儿童文化

幼儿园课程的组织和实施是实现儿童发展的关键。首先课程组织要体现完整性,为儿童完整发展作准备。课程内容应是完整的、和谐的、生态的,而不是分科的、割裂的、肢解的,从而保证儿童经验的完整性和持续性。丹麦教育家帕尔森指出:"人类精神是一个完整的统一体,学习受这个统一体的制约,意识中不同的心理因素在功能上是相互关联的,学习中的每个事例,比如数学,都包含情绪和社会因素。如果在学习过程中各种因素不能和谐配合,它们就会妨碍知识的获得。这种制约不是因为智力机能不健全,而是因为意识的基本因素间的不和谐导致的思维的内在停顿。"其次在课程实施中,重视儿童的体验,尊重儿童的认知特点。教师要为儿童创造适合儿童认知特点的体验机会,支持、欣赏儿童的体验,为儿童创造艺术化、神话般的体验环境。再次,教与学的组织要为儿童创造进入儿童文化的条件。"孩子们已习惯于把和不同年龄、不同成熟程度及不同能力倾向的同伴们一起学习作为自己基本的动力。"同龄人的教育无疑比最好环境里那种以教师为主的教育更无限地接近儿童文化。最后,在课程实施过程中,教师要做到"儿童化"。教师的儿童化是指教师进入儿童文化,"忘却"成人文化,和儿童平等对话。在对话中理解儿童、理解儿童文化。教师的儿童化并非是成为儿童,而是要既能按成人的方式又能按儿童的方式认识世界。教师要能把人类的文化还原为儿童文化,并且在自己的生活中将儿童文化最基本的特征尽可能地转化为一种充满活力的现实,让儿童在这种现实中获得发展。

(3)幼儿园课程的任务之一——培育儿童文化

传统教育认为课程的主要目标是向儿童灌输知识,这种课程目的观无视儿童的存在,无视儿童文化的存在。造成的结果正如卢梭所言:"我们将会造成一些年纪轻轻的博士和老态龙钟的儿童。"幼儿园课程应着力培育儿童文化,让儿童文化成为幼儿园文化的主旋律。儿童文化的培育并不意味着听任儿童发展,一切以儿童为中心。每个儿童来自不同的家庭。由于家庭文化的良莠不齐,当儿童进入幼儿园后,一方面固然有利于儿童文化在多样性中交融发展,另一方面也不利于儿童文化的提升。幼儿园课程理应具有提升儿童文化的功能,正如杜威所言:"儿童是带着他们所生活中的家庭和邻近地区培养起来的兴趣和活

动,教师的任务就是要利用这些'原材料'对儿童的活动加以引导,以产生有价值的成果。"教师要充分利用每个儿童原有文化资源和人类文化遗产,在与儿童的对话中,提升儿童文化。①

二、家庭教育:哺育健全的儿童文化

国际安徒生大奖获得者安东尼·布朗在绘本《我爸爸》中这样写到:"这就是我爸爸,他真的很酷! 什么都不怕,连大野狼都吓不倒他。他一跳可以飞过月亮,还会走钢索(而且不会掉下来)。他敢和巨人摔跤,参加父亲运动会时,轻轻松松就跑了第一名。这就是我爸爸,他真的很酷! 我爸爸吃得像马一样多,游泳时像鱼一样灵活。他像大猩猩一样强壮,也像整天笑眯眯的河马一样快乐。这就是我爸爸,他真的很酷! 有时他又很温柔,就像我的泰迪熊一样。他像猫头鹰一样聪明,不过,有时候也会做点傻事。这就是我爸爸,他真的很酷! 我爸爸是个伟大的舞蹈家,也是个了不起的歌手。他踢足球的技巧棒呆了,还常常逗我哈哈大笑。我爱我爸爸,而且你知道吗? 他也爱我。(永远爱我。)"

在这个绘本里,首先,爸爸为什么总是穿睡衣? 一个人穿着睡衣,意味着轻松、随意。这是孩子眼中的爸爸,是温和而亲切的爸爸。其次,绘本中处处透露着一种夸张。在孩子眼中,父亲的行为可以和许多伟人相媲美。儿子眼中的爸爸亲切、温暖、幽默、风趣,是一个阳刚、伟大的父亲。第三,整个绘本的画面以金黄色为主,一种很阳光的颜色,充满了生命活力,给人积极向上之感。由此,这个绘本呈现出父亲三个鲜明的特点:一是随和、亲近,二是夸张、趣味,三是阳光,这也正是孩子世界丰富、温暖、阳光的真实写照。用教育学的话语来说,小孩子拥有一个健全、阳光的心灵世界,这正是我们的教育对儿童心灵世界应有的期待。儿童心灵世界如何被建构? 换言之,儿童的心灵世界为什么会显现这般形象? 父亲是如何在儿子面前显现父亲的世界? 其实,并不是父亲真那么能干,而是父亲以风趣、幽默、夸张的姿态显现在儿童的生命世界之中,以充满想象的生命姿态来尽可能地唤起儿童心灵世界的美好想象。"一跳可以飞过月亮",那是因为站在小孩子的视角,是在以适合他的方式扩大他的想象。显然,儿童心灵世界的品质,直接地取决于父亲如何向儿子打开他的生命世界。扩而言之,整个儿童心灵世界的建构决定于成人世界给他们提供的生命与世界的基本想象。这个绘本给我们的直接启示,就是一种以儿童为本位的积极健全的文

---

① 束从敏:《儿童文化与幼儿园课程》,第 10—12 页,《学前教育研究》,2001(8)。

化想象。我们当下的教育文化主体,是一种成人本位的文化,儿童是没有地位的,儿童不过是成人世界的延伸,是周作人所说的"小大人"。我们要么是因为溺爱而放纵了儿童,要么是因为严厉型的爱而压制了儿童,要么是因为爱的无界限,以至对儿童期望过高,把长辈的生活理想完全压在儿童身上,以至于他们不可承负。这使得我们今天始终缺少一种健全的、儿童本位的文化理念。而当我们与孩子平等的对话,去倾听他们,及时地了解、引导他们内心的需要时,实际上也是在悄无声息地引领一种儿童本位的文化理念。安东尼·布朗的绘本传达出来的以儿童为本位,以爱、温暖、丰富、阳光为基础的,以成就儿童心灵世界的美好为目标的文化理念,无疑可以给我们当前家庭教育文化建设以重要的启示。怎样在家庭教育中开启一种儿童本位的、健康、和谐、积极向上的儿童文化,与学校教育主流文化契合,甚至逐步引领整个社会健全的儿童文化,这可以说是当代家庭教育的中心与关键,是培育年轻一代健全的国民人格的重要基础。

三、社会教育和文化氛围:创造良好的儿童文化环境

儿童的天性需要从身边的事物中学习,以调整自己的行为,交流情感,形成乐观、合作、诚信、积极、主动的良好行为习惯、健康人格和进取精神。惟有生活才是最好的教育。然而反观我们的社会、我们的文化、我们的成人生活却有许多地方值得检点。我们的文化有些成分与人的天性作对,就是鲁迅所说的"逆天行事"。在现代社会里,一方面,儿童成长与学习的环境变得越来越复杂,大众传播媒介、社会转型时期人们对教育成才成功的固着和刻板观念、儿童成长环境的成人化等等,构成了儿童成长与学习完全不同于家庭和学校的更为重要和复杂的环境,且这种环境的教育往往是隐性的。另一方面,我国正处于社会转型时期,社会变化迅速而剧烈,突出的特征是新与旧、传统与现代的交织,各种社会问题重叠交错。而规范的冲突、制度的冲突、价值的冲突、理想的冲突,更是弥漫在社会生活的各个层面。客观地说,现实层面上发生的各种社会问题和丑恶现象,为儿童所耳闻目睹,甚至本身就已经成为他们的成长环境的一部分。如腐败问题,它恶化了儿童成长的社会环境,产生了极为恶劣的心理效应,使他们失去了积极进取、诚实奋斗的精神。如贫困问题,以及近年来愈演愈烈的教育乱收费,使得诸多贫困家庭的儿童面临失学的困境。每年数以百万计的失学儿童未能接受基础性的国民教育。再如影视节目中暴力内容过多的问题,某些影视片过度渲染武力、打斗、凶杀,这些内容所包含、透露出来的若干信息,诸如

通过暴力解决问题的方式、暴力伦理、暴力思维等,严重影响青少年的健康成长。还有如网上色情问题,从某种意义上看,网上的色情信息几乎无所不在、防不胜防。由于手机的普及,使得网络色情还可以随时随地浏览。网络色情对儿童的危害和侵害,其严重性怎么估计也不过分。

在这样的儿童成长环境中,童心自然而然会受到压抑和伤害。受到伤害有许多情形:把假的说成真的,就是所谓指鹿为马,这是伤害;把小孩子不喜欢的成人世界的东西硬灌给小孩子,就会伤害小孩子智慧的"脾胃",这当然也是伤害;小孩子本来可成长为一个保持天性的、自由的、富于创新的成人,文化却让他成为一个戴着精神的脚镣手铐、奴性十足、见人说人话见鬼说鬼话言不由衷的人,这也是一种伤害,甚至已经不能简单地说成对童心的伤害,实际上已经是对童心的败坏、毁坏和毁灭了。卢梭正是看到了文化对人的天性的禁锢与败坏,他认为出自造物主之手的东西都是好的,到了人的手里就变坏了;他意识到人的天性是自足的,所以他"发现了儿童";他认为人应当敬畏自然,敬畏天性,敬畏儿童的生活和生长,所以他提出了否定教育论。卢梭以后,一切现代教育理论都是对卢梭的进一步阐发和发展,裴斯泰洛奇、福禄倍尔、杜威、蒙台梭利、苏霍姆林斯基、马拉古齐都是如此。这些教育家试图解决的都是如何最大程度地减少甚至阻绝对自然——天性——童年的蒙蔽,都是为了进一步解放人的自然天性(human nature)。

教育儿童不仅仅是教育一个部门的事情,而是全社会的责任,社会应当为青少年的健康成长提供良好环境。正如1990年世界儿童问题首脑会议在《儿童的生存、保护和发展的世界宣言》中指出的:要使儿童得到最大程度的成长和发展,使儿童在一种支持性的、培育性的文化和社会环境中长大成人。所谓支持性、培育性的社会环境,也就是最有利于青少年成长的社会环境。

对信息社会冲击下儿童的各种不适应、甚至失去其本真的现象,我们应该找出不适应的环境因素,我们应该为孩子营造适应社会发展和变革的条件与环境。为此,我们在注意对家庭和学校教育进行全面改革时,更需要对整个社会(区)这一少年儿童成长与学习的隐性环境进行根本性的改革:协调大众媒介与少年儿童的关系;规范和改善媒介内容,发挥主要媒介对少年儿童良好道德行为习惯养成的引导作用;制定少年儿童媒介保护的政策、法律,完善少年儿童媒介保护的技术;积极主动地开展对少年儿童的媒介教育;完整地理解教育;形成公正、全面的学校评价观;重新定义"好孩子"、"好学生"和"成功"的标准;建设良好的社区文化;建构有利于青少年健康成长的社区监护和支持系统,把对少年儿童成长与学习的隐性和显性的知识形态进行恰当的加工,用一种适合于应用环境的方式表现出来。

　　正如前苏联著名的教育家马卡连柯所说:"教育儿童是我们生活中的一个最重要的方面。我们的儿童是我们国家的未来的公民,也是世界的公民,他们将创造历史。我们的儿童是未来的父亲和母亲,他们也将要成为自己儿童的教育者。我们的儿童应当成长为优秀的公民,成长为贤良的父亲和母亲。但是,这还没有概括一切,我们的儿童又是我们晚年的希望。因此,正确的教育是我们幸福的晚年;不好的教育是我们将来的苦痛、辛酸,是我们对其他的人们和整个国家的罪过。"

第四章　中国儿童文化建设现状透视

　　目前我国正处于社会转型过渡时期。社会转型时期最核心也是最突出的课题是人们的思想、文化观念等价值体系的重新勘定与建构。能够承担起这一重任的只有文化，因为"文化渗透并贯穿于政治、经济、精神生活等各个领域。非洲著名思想家桑戈尔认为，文化不仅是社会的核心，而且也是社会的细胞、躯壳和纽带，甚至是社会存在的理由。文化不仅是政治、经济发展的始与终，而且是人类一切活动的内涵和外延，是人类一切发展的始与终"。① 在这社会转型的特定历史时期，我国许多有识之士已经认识到一个民族的儿童必须有属于自己的独立世界，有能够养成自己梦想的适宜的土壤，"当下的中国更需要自己的文化坐标而不是任何偶像。文化偶像应让位于文化对话以及对生命的体认和对人的终极关怀的珍视"。② 而处在社会转型期的我国儿童文化现状究竟如何？这值得我们加以细细考察。

第一节　教育功利与儿童自然天性的冲突

　　李泓冰先生在 2007 年 4 月 23 日的《人民日报》上发表了《今天，我们真的愧对世界读书日》一文，文中提到：……在以课业负担之重闻名全球的中国，孩子们根本没有自由阅读的时间和精力……中国儿童能够独立阅读的年龄，比美国儿童晚了 4 年，阅读量仅及美国儿童的 1/6……43％的孩子"写不出"中国和外国著名作家各一位的名字。在这里，我们不禁反思：一方面，由于教育的功利

---

　　① 蔡志荣等：《我国社会转型时期内涵刍议》，第 6 页，《商业时代》，2008(8)。
　　② 王富仁：《把儿童世界还给儿童》，第 48 页，《读书》，2001(6)。

性目的,造成了书香在当今中国儿童的身上渐渐消散;另一方面,其实我们许多成人都已经意识到:儿童们在游戏机上厮杀,那并不精彩;他们用童声唱出成人世界的情愁爱怨,纯真的声音中传达不出童年的甜美;他们在电视屏幕上对那些永不停止的江湖追杀和拖泥带水的情爱故事流连忘返时,清纯的目光中显示不出童年的梦想。可是,造成儿童这种生存状态的现状,又缘自何因?

一、教育功利语境下的儿童文化现状描述

1. 什么是功利和教育功利

功利的含义有二:一是指功效和利益,二是指功名利禄。本文论述的基点侧重其功效和利益的含义。从这一意义层面出发,功利主义是指以功利、效用作为行为依据并进而作为道德评价标准的伦理学理论。它表现为强调功利价值,以功利为衡量现实生活中支配人们行为的心理趋向、价值观念以及事物价值尺度。

教育功利,是指一种以眼前利益的获得为价值取向的教育理念。教育的功利主义取向,最早可以追溯到古希腊的伊索克拉底(简称伊氏)。伊氏批评柏拉图及"其他的苏格拉底者",认为他们的哲学教育对日常生活无实际意义,哲学学校根本不能教给学生有用的知识。英国教育家斯宾塞进一步深化了伊氏的观点,他质问:"什么知识最有价值?"斯宾塞认为是科学,是个人能够证实并用于解决生活中的实际问题的科学知识最有价值。斯宾塞的主张到 20 世纪初获得普遍认同。1918 年美国中等教育改组委员会提出"教育的七大原则"以及1938 年英国的"斯宾斯报告"(Spens Report)等都突出教育在培养本国公民在发展经济效率和满足社会生活需要等方面的作用。这种强调社会生活、社会需要和社会效用的功利取向是 20 世纪教育发展的主流。①

放目中国的社会现状,许多地方推出"名校排行榜",一些公司打出"非某某名校免进"的招牌,一些企业拼命挖名牌、重点大学的毕业生等等。于是"名牌、重点大学"成了家长们为了孩子们前途而你争我夺的热门,家长们的最大愿望就是希望自己的孩子在考试中能多得几分,削尖脑袋想方设法地把自己的孩子往重点中学或重点班里送。所以,现在的孩子似乎不是为了"存在"而学习,却是为了学习而"活着",学习不是为了给生命带来精神充实和快乐,而是将生命变成了单纯学习的机器,结果使众多儿童在应试学习中找不到人生的价值、自

---

① 徐士强:《教育:跨越过度功利复归人性关怀》,第 67 页,《现代大学教育》,2002(4)。

我的价值,一个个鲜活的生命把自己变成学习的机器。他们感受不到天高云淡,对于大自然的美丽,视若不见。他们不需要阳光,不需要温情,他们只要分数和名次,他们成了一群迷失了自己的孩子。就像杨红樱笔下的"蜜儿"所说的:"谁都知道,好玩应该是孩子的天性。可是我惊讶地发现:人世间居然有好多孩子连玩都不会,真是太可怜了。"①其实,他们并不是不知道该怎样玩,而是长时间的压迫和学习让他们忘了该怎样玩。

2.教育功利语境下的儿童文化现状描述

儿童文化是儿童成长温暖而坚实的摇篮,每一个儿童在长大成人之前都要经过儿童文化的洗礼。不经过自己文化的陶冶而直接一步跨入成人文化的儿童,他们的成长过程是违背自然规律的,这些孩子在长大后往往会成为心智或性格方面的不健全者。②可是,儿童是否能够找到并安心地沉浸在属于他们自己的儿童文化领域中呢? 我国当今教育功利语境下的儿童文化现状又是如何呢?

各种学习用书(习题、试卷)摆满了新华书店的柜台,充斥着孩子们沉甸甸的书包。放眼于摆着儿童书的新华书店的柜台上,以小学语文为例,映入眼帘的各类辅导书是《小学语文当堂练新课时同步训练》、《小学语文同步阅读拓展训练》、《六年制小学语文最新同步综合训练 ABC》、《小学语文同步阅读与提优训练》、《小学语文自主学习课时训练》、《小学语文新课时周末同步训练》、《小学语文教与学新课时周末同步训练》等等;各类试题集有《小学语文 2 合 1 人教大纲版课课通单元试卷集》、《语文全国名牌小学毕业考试模拟试卷》、《××省小学毕业班语文分课时活页试卷/单元双测》、《语文(最新版)/小学毕业升学全真模拟试卷精编》、《语文优典试卷小学 AB 卷》、《小学语文各地期末试卷精选》等等,铺天盖地。

再如,配合儿童"读经"运动,出版了一系列国学启蒙书籍。本世纪初兴起了儿童"读经"运动,蒋庆先生认为儿童"读经"运动的文化意义在于培养中国人的文化自觉、自信,复兴中华文化,重新寻回中国的文化自我,重新确立中国的文化认同。而且,"儿童背诵中华文化经典,从小在心中埋下中国圣贤义理之学的种子,长大成人后自然会明白中国历代圣贤教人做人做事的道理,即懂得内圣外王、成己成物、知性知天的道理,从而固守之、践履之、证成之,将圣贤的教

---

① 杨红樱:《杨红樱童话系列》,第 66 页,贵州人民出版社,2005。
② 边霞:《儿童文化——儿童成长的摇篮》,《学前教育》,2001(9)。

海融入自己生命成长的历程。"①在这种观念的引领下,许多出版社出版了一系列的国学启蒙书籍。所以,当我们走进新华书店,我们发现精美的书架上摆满了琳琅满目的蒙学书籍,如《蒙学教育经典读物》、《中华国学启蒙经典》、《国学启蒙经典》等等。这些蒙学之书包括:《三字经》、《百家姓》、《千字文》、《弟子规》、《治家格言》、《增广贤文》、《笠翁对韵》、《幼学琼林》、《大学》、《中庸》、《论语》等。本是好事,但是"一统天下"之后就变成狭隘和强制的代言。

二、儿童自然天性对儿童文化建设的要求

1.什么是天性和儿童天性

天性(innate;quality;nature)是指人先天具有的品质或性情,即是一个人出生就具有的秉性,一个外界难以改变的心理感知特性及行为趋向,或称人性,本性。

作为人类的特殊群体——儿童,其生理、心理、精神层面与成人有着很大的区别,即其天性与成人有着明显的不同。就如皮亚杰所言:"儿童的心理是在两架不同的织布机上编织出来的,而这两架织布机好像是上下层安放着的。儿童头几年最重要的工作是在下面一层完成的。这种工作是儿童自己做的……这就是主观性、欲望、游戏和幻想层。相反,上面一层是一点一滴地在社会环境中构成的,儿童年龄越大,这种社会环境的影响越大。这就是客观性、言语、逻辑观念层,总之,是现实层。"②儿童的这种张扬主观欲望、沉迷于游戏和幻想的天性在日常生活中随处可见。比如,翻看孩子的课本,常发现孩子的课本插图进行了如下"加工":有的给未遇到王子前的灰姑娘穿上了漂亮的衣服、给稻草人添上一双可灵活行走的双脚、给关在鸟笼里的小鸟装上一扇能自动打开鸟笼的门、给扬科画上一把现代式的小提琴、为格林兄弟穿上中国古代的服饰……孩子的"杰作"千奇百怪。许多家长和教师对孩子的这种做法非常气愤,一味地把它与贪玩、调皮、不认真学习等量齐观。家长和教师碰到孩子这种"游戏"不必大动肝火,不妨静下心来与孩子交流,你就会惊异地发现儿童那丰富的想象力和创新意识。也许,他们是想让灰姑娘过上幸福的生活;让稻草人能赶走主人天地里的飞蛾;希望小鸟能张开翅膀,自由地飞翔在广阔的天地;希望小扬科能

---

①　蒋庆:《中华文化经典基础教育诵本·前言·读经:启蒙还是蒙昧》,第13页,上海华东师范大学,2006。

②　[瑞士]皮亚杰:《儿童的语言与思维》,第48页,傅统先译,文化教育出版社,1980。

拥有一把属于他自己的小提琴;让格林兄弟成为中国的作家,写出更多令他们爱不释手的作品……这类"杰作"无疑是儿童追求美好事物的独特表达,是丰富想象力驰骋的轨迹,是创新潜能破土而出的嫩芽。

在生活、学习中,家长和教师每时每刻都要善待孩子的天性,做到语言上多交流,心灵上多沟通,尤其对孩子看似怪诞实则别出心裁的举动不能置之不理,更不能压制、打击。

2. 儿童天性对儿童文化建设的要求

儿童文化的建设要重视儿童的感受,契合儿童的心理,顺应儿童的天性。儿童自然天性对儿童文化建设的具体要求可以从以下两个方面阐释:

首先,儿童文化建设要排除教育功利性的干扰。存在主义哲学家雅斯贝尔斯指出:教育活动关注的是人的潜力如何最大限度地调动起来并加以实现,而非理智知识和认识的堆积。杨红樱也曾经指出:"在学校,学习的目的应该是发现他们的潜能;行动的目的应该是发挥他们的潜能;教育的目的应该是鼓励他们善于运用他们的潜能。"①

事实上,学生负担过重的问题已成了中国教育的顽症。无论是上课的时数、作业的数量、书包的重量,还是课外补习班之多、辅导材料之重、睡眠时间之少,均列世界之最。教育功利语境下的孩子们好不容易熬到周末,可是盼来的并不是一个幸福的周末,在被家长匆匆接回去后,等待他们的是数不完的培训课。孩子们拖着疲惫的身心,强行撑着做自己不爱做的事。就如杨红樱所说:"我知道人世间的人都很忙,但我没想到小孩子会比所有的人都忙,连周末都在忙。其实,抢去他们周末的不是别人,正是他们亲爱的老师和家长。"②为配合教育的功利目的,新华书店的柜台上陈列着五花八门的辅导书、练习册、试卷……而由这些辅导类型的学习用书所形成的儿童文化现象,和这种大一统的求同式的辅导训练,"压抑了求异思维和创造性,从小培育了我们民族搞趋同化,搞小而全的劣根性。1997年上海高考中,80%的学生把自己的老师描写成因病坚持工作而倒在讲台上的模范"。这种求同的教育模式怎么能够达到国人所梦寐以求的"少年智则国智,少年富则国富,少年强则国强,少年独立则国独立,少年自由则国自由,少年进步则国进步,少年胜于欧洲则国胜于欧洲,少年雄于地球则国雄于地球"这种理想境界呢? 儿童文化建设要排除功利教育的干扰,放弃求

---

① 杨红樱:《杨红樱童话系列》,第208页,贵州人民出版社,2005。

② 同上,第57页。

同教育的文化复制,更多地注入有利于开发儿童求异思维的文化因子。不仅如此,因为儿童有"一百种语言",儿童文化应当唤起儿童所有的感官,应当遵循和顺从儿童的想象、比喻、象征、涂鸦、绘画、泥工等表达形式,使儿童通过玩、看、听、做、想等方式获取知识。所以,儿童文化的创造应该呈现精彩纷呈的局面,让儿童能够在儿童文化的百花园中自由地选择自己喜欢的读物,满足其独特的个性特征成长的需要,然后自己决定他们是谁以及想成为什么样的人。

其次,儿童文化建设要确立以儿童的发展为指向的文化观。根据卢梭的理论,儿童的成长呈现出不同的特点。从出生到两岁这个阶段,我们要对儿童进行体育,让婴儿的自然本性自然发展。从两岁到 12 岁这个阶段,儿童在智力方面还处于睡眠时期,缺乏理性思维的能力,因此,这一时期我们要对儿童进行感官教育,目的是丰富儿童的感觉经验,发展儿童感官,让他们从经验中学到东西,反对从书本中学到知识,也反对进行系列的知识训练。从 12 岁到 15 岁这个阶段,由于感官的感受和经验的发展,少年已具备了一些经验和进行智力训练的条件,因此要对他们进行智育教育。从 15 岁到 20 岁,人际关系成为这一阶段的主要问题,因此应着重对他们进行道德教育。我们的儿童文化的建设也应遵循儿童的心理、生理发展的特点,"大自然希望儿童在成人之前就要像儿童的样子。如果我们打扰了这个次序,我们就会造成一些早熟的果实,它们长得既不丰满也不甜美,而且很快就会腐烂"。[①]

我国儿童文化的建设情况可以说是令人悲哀。在漫长的历史发展时期中,由于"真正意义上的'儿童的世界'还未确立……与儿童相比,大人们的观念更得到优先"。虽然有识之士一遍一遍呼吁要"救救孩子",但处在"即使搬动一张桌子也要流血,而且即使流了血,也未必一定能搬动"的我国,要树立以"儿童"为中心的儿童文化建设观谈何容易! 不过,随着社会的前行,随着对儿童了解的逐渐深入和儿童观的进步,更多的成人已经意识到:在儿童文化的建设中,是以尊重儿童为前提的,不再是命令与服从的单一关系,而是给予儿童以自由选择的权力,鼓励儿童的独立自主性和创造性的发展。"天性是文化的根基和尺度,如果忽略了天性对人之生成和文化发展的规定和制约,那么人与文化便会产生异化。要想生成健全的人和健全的文化,我们必须尊崇天性。天性是人自身的自然,因而尊崇天性,就意味着看重人的身心发展的自然规律,就意味着尊

---

① ［法］卢俊:《爱弥儿》(上册),第 91 页。商务印书馆,1994。

自然、去枷锁、崇个性、尚自由,就意味着尊重科学和民主。"①"面向 21 世纪,社会要求儿童应成为具有创新和批判精神、有个性的积极主动的学习者、思维者。素质教育下,儿童不仅是一个具有极大发展潜能的生命体,更是一个具有独立精神生活的个体。"②所以,我们期待着在今后的儿童文化建设中,不要轻易按照成人的标准判断儿童对错,不要轻易扼杀儿童思维的主动性和创造性。我们的儿童文化应起到保护和促进儿童个性发展的作用。

总之,儿童有儿童的独立世界,儿童本身就拥有发现能力、思考能力、创造能力等自然能力,这并不是大人赐予的。儿童在成长过程中也许的确需要成人的协助,但儿童主要的和根本的是依靠自己的力量使自己长大成人的,这是儿童自然的发展,这是儿童天性的发展。

第二节　成人引导与儿童自由选择的矛盾

在儿童文化建设中,成人的引导是类似诗人索尔·贝洛先生的《自由与生命》一文那个鸟笼,而儿童则是关在鸟笼里的那只画眉鸟,既缺乏高翔的翅膀,也无高翔的本领,其最终结果可想而知。那么,成人引导下的中国当代的儿童文化建设现状到底如何呢? 儿童有无选择的自由? 这些就是本节探讨的问题。

一、成人引导下的儿童文化建设现状描述

谁都知道,圈里养不出千里马,苛求培养不出出众的人才。家长们的明智选择,就是放手让孩子在天空翱翔,在原野驰骋。遗憾的是,我们很多家长望子成龙望女成凤心切,不仅硬要孩子按照自己的思维模式发展成长,而且强行把成长在大自然的花朵移植为盆栽的花,超量"施肥"、"灌水",有的甚至"拔苗助长"。于是,在成人引导下的儿童文化是一种死气沉沉、缺乏活力,又违背儿童天性的文化。这种儿童文化建设在儿童们毫不具备反抗力量的时候,粗暴地剥夺了他们应有的自由生活、自由创造、自由选择的权利。以儿童剪纸、钢琴文化建设为例。

儿童剪纸是儿童美术的一部分,加强儿童剪纸技巧的学习指导与运用,对

---

① 刘晓东:《儿童文化与儿童教育》,第 225 页,教育科学出版社,2006。
② 卜玉华:《我国社会转型期的价值取向与儿童教育观》,第 9—11 页,《江西教育科学》,1995(4)。

于培养儿童的实践能力、审美能力和创新能力是非常必要的。可是,从目前各类教材中剪纸内容的设计和一些地方剪纸教学的实际情况来看,基本上是以学习成人剪纸技巧为主,缺少对儿童剪纸自身特点的研究。

当然,并不是说儿童剪纸不要向成人的作品学习,不要向丰富多彩的剪纸传统艺术学习,问题的关键是我们应该如何来看待传统剪纸艺术。作为我国悠久的文化传统的剪纸,它所表现的内容多是反映劳动人民的生活与思想的,风格也是或精巧或粗犷,丰富多样。但是,如果强制性地让儿童去学习这种精巧的传统剪纸艺术,它带来的后果可能就是:它不能给儿童任何一点力量,它既不能给儿童生命,也不能让他们呼吸,它关照的只是让儿童沿着固有的思维框架前进。这显然与儿童"信天游"法的剪纸思维法是相违背的。"信天游"的儿童剪纸中,并不强调儿童作画前的设计和运筹,而是发挥创作过程中对主体形象的畅想,渐次推出与之相关联的形象。这种随作者思维发展过程展开画面的手法,是围绕画面主体形象开始的,往往表现为主要形象较大,次要渐小,暗示出平面中的层次和空间。事实也正是如此。儿童在自由剪纸过程中,往往立体地体现形象,不拘泥于形象静态中的某一方面、某一角度、某一瞬间状态的局限。如:一棵树,可以有嫩叶、有花朵,又可以结满果实。儿童剪纸本身还具有拙的特点。拙,即朴拙,它是一种自然的表达之美。所以,如果在儿童学习剪纸技巧时,让孩子能充分发挥自己的聪明才智,独立完成剪纸作品,就能充分锻炼儿童的动手能力、审美情趣和创造精神。

再以儿童学钢琴为例。钢琴艺术起源于欧洲,已有300年历史(连同其古钢琴艺术在内),是西方专业音乐中最重要、影响最深广、取得了最高艺术成就的音乐艺术种类之一。欧洲钢琴艺术真正开始进入中国社会,是在19、20世纪之交。如今,钢琴再也不是富贵人家的专有品和摆设,在普通人家也是经常可见,而与钢琴相关的儿童文化也值得我们去深思。

首先,家长盲目地送儿童学钢琴。家长普遍的心态是:别人家的孩子都去上课外辅导班,我们怎么也不能让孩子落伍啊,人家学什么,咱也得跟着。人家学琴,咱也学琴。据1996—1997年中国青少年研究中心少年儿童研究所对城市独生子女进行的一次调查,有52%的独生子女学过乐器。在2007年,我们对湖州市某一所小学的抽样调查发现,有30%的孩子学过钢琴或正在学习钢琴。而绝大多数"琴童"的父母,并不知道孩子学琴究竟有多难,也不知道什么才是孩子学琴的内在动力。家长观念存在许多误区:以为只要孩子努力,琴就一定能弹好;以为学琴越正规越好,绝不能让孩子随便弹;以为孩子学了琴,就一定要参加考级。

其次，教师为儿童考级而教学。具有专业知识的钢琴老师总是认为：基本功训练要贯穿始终，孩子在初学阶段更要付出艰苦努力，才能打好扎实的基础。很多教师在教学中是为了不断迎合家长考级的心理，就要求孩子不断练习《汤普森简易钢琴教程》、《拜厄钢琴基本教程》、《车尔尼599》、《巴赫复调钢琴曲及初级钢琴曲》、《孩子们的哈农》等书籍；不断强化训练考级曲目：《音阶与琶音》、《钢琴考级曲目》。唯独缺乏的就是关注孩子的兴趣与独特心理。

再次，儿童为学琴而烦恼。我们发现儿童讨厌学习钢琴与重复练习有一定的关联。可以这样说，重复是钢琴练习的一种基本形态和形式。如：一首新曲在读谱阶段的目的就是把乐谱弹熟，把音符、节奏、指法按照乐谱的标记搞正确，在练习阶段又有新的目标，那就是解决技术困难（包括解决速度、快速跑动、困难的键盘排列组合、双音、八度、和弦、远距离跳动、强弱力度声音变化、声部层次、准确性、完整性等）和作音乐的艺术处理（包括对音乐风格的把握、音乐性质和特性的变化、乐句、呼吸、力度层次、意境形象的体现等等）。乐曲练习成熟，进入演奏阶段后，练习目标又不同了，尽管仍然以重复方式进行练习，但又有了新的目标和更高级的内容，演奏阶段的练习任务是完善技术、完善表现、训练演奏心理。在一首曲子从学习到完成演奏的全过程中，重复练习何止成百上千次。可是，儿童多半无法理解重复的意义，当一遍又一遍地练习曲目时，他们一定会觉得枯燥乏味，甚至希望弃琴而去。

二、儿童自由选择对儿童文化建设的要求

联合国《儿童权利公约》规定：儿童享有休息、自由选择文化生活和娱乐活动的权利。对于儿童来说，这一权利充分体现了他们的天性要求和自由愿望。我国《宪法》也规定："中华人民共和国公民有受教育的权利和义务。国家培养青年、少年、儿童在品德、智力、体质等方面全面发展。"与此相配套，国家颁布了《教育法》、《普及九年义务教育法》等。青少年儿童受教育的状况得到了全面的改善和提高。现实中的问题是：一方面儿童获得了受教育的权利，另一方面又丧失了自由选择和休息的权利。那么，何谓自由选择？儿童自由选择对儿童文化建设有何要求？

1. 何谓自由和儿童的自由选择

当人类走出自然界并获得自身的主体性时，"自由"这个令人神往的境界便开始困扰人类的心灵。康德认为"所谓自由是指意志除了道德法则以外再不依

靠任何事情而言的"；①黑格尔认为："精神——人之所以为人的本质——是自由的"②，"自由是心灵的最高定性"③，自由是人类实践的根本目的，是人的本质不断摆脱自然的和人与人关系的各种束缚而得以实现的过程。对人而言，自由源于其固有本性，因此，一种以人为目的的正义价值秩序，首先应该确立自由优先原则，这个原则意味着："只有自由的主张被满足之后，其他原则才能发挥作用。"④这些论述提示着我们：世界上的万物生灵都需要生活的自由，自由与生命连合在一起才会完美，才会快乐，才会活得更有价值，任何生物没有了自由，就如同走进了地狱之门。儿童当然也不例外。

在儿童文化建设中，儿童的自由选择是指成人根据儿童的个性特点，从他们的立场、已有的生活经验和可能达到的能力出发，使强迫性的建设方式转变为儿童内在的自觉方式，把成人规定的儿童文化建设要求转变为儿童自由选择的要求。

在儿童文化建设中，实行儿童自由选择的理论依据为阿莫纳什维利的自由选择的教学原则。1964年，阿莫纳什维利在小学开始了"没有分数的教学体系"的教育实验。其实验的中心点就是排除教学（方法）中的强制性，激发学生的内在学习动机，提倡人道主义教育，并提出了自由选择的原则。他认为，儿童渴望使自己的认识能力得到发展，并且渴望自由地施展自己的认识能力。为此他提出"在教学教育过程中，应该使学生始终伴有自由选择感"。也就是说，为了充分发挥学生学习的主观能动性，最大限度地发展学生的个性，教学要基于儿童自己的立场为出发点，把学生必须的学习任务转化为学生自觉自愿的要求。

虽然阿莫纳什维利的"没有分数的教学体系"的教育实验是针对前苏联传统教育制度、教学方法的种种弊端而进行的，但是如果我们用这种观点来透视中国当前的儿童文化建设领域，也有许多值得我们借鉴的地方。在我国当前的儿童文化建设中，儿童文化建设的目标、内容和方式是由社会决定的，成人出于为儿童的未来着想，对儿童提出与社会发展相一致的要求，为竭力实现社会所提出的儿童文化建设的目标、内容和方式，采取各种强迫方式，使儿童提前接近自己的未来。但儿童的兴趣主要集中在使自己得到快乐和满足的现实上，他很

① ［德］康德：《实践理性批判》，第6页，商务印书馆，1960。
② ［德］黑格尔：《历史哲学》，第56页，三联书店，1956。
③ ［德］黑格尔：《美学》第1卷，第124页，商务印书馆，1979。
④ ［美］罗尔斯：《正义论》，第192—194页，中国社会科学出版社，1988。

难认清自己未来生活的意义。因此成人操控下的儿童文化建设和儿童本人的愿望就势必会产生冲突。儿童是有能动性的、有自主意识的人，不是一块供人任意画写的"白板"，外在的影响必须通过他们内在的自主意识的加工才能奏效，因为儿童已经具备了一定的知识、经验、兴趣和爱好，尽管其知识经验可能片面，可能不正确，但是这并不影响他的自主选择。只有儿童文化建设的进行与儿童的自由选择感相吻合，才可能被儿童欣然接受。

2.儿童自由选择对儿童文化建设的要求

营造成人与儿童沟通的文化建设环境。意大利著名幼儿教育家蒙台梭利在她的《童年的秘密》一书中指出："正在实体化的儿童是一个精神的胚胎，他需要自己特殊的环境。正如一个肉体的胚胎需要母亲的子宫并在那里得以发育一样，精神的胚胎也需要外界环境的保护；这种环境充满着爱的温暖，有着丰富的营养，在这种环境中所有的东西都倾向于欢迎它而不会对它有害。"[①]所以，成人需要为儿童营造友好、互相信任和互相尊重的儿童文化建设氛围。况且"在个人（精神的胚胎）和他的环境之间存在着相互交换。通过环境，塑造个人并使其达到完美。儿童被迫跟他的环境达成某种妥协，结果必然导致他的个性的整合"。这提示着成人要根据儿童的兴趣丰富儿童文化建设，要尽可能创设没有强制的文化建设氛围，如借助游戏的方式激起儿童对文化建设的良好情绪，从而促使儿童和成人达到互相理解、互相尊重、互相帮助。在这里，儿童可以根据自己的兴趣爱好，自由地发言、讨论、提出自己的意见并能充分地发展自己的各种潜能，自由地形成自己的鲜明个性，进而促使儿童文化在丰富多彩的个性基础上达到和谐统一。

在文化建设中尊重儿童主体的自由选择。"一个婴儿有一种创造本能，一种积极的潜力，能依靠他的环境，构筑起一个精神世界。"[②]蒙台梭利的这个论断揭示了儿童作为人的存在，不仅是肉体的存在，也是精神的存在，而且两者是和谐、完美的统一。因此，儿童文化建设必须认识儿童，尊重儿童，理解儿童，真正以儿童为本位，以儿童为主体。这里包含着两层意思，一是儿童有其年龄特点，受其身心发展阶段的制约，如好奇、好问、好动、爱游戏等，有自己丰富的内心世界和文化活动，因此，在儿童文化建设中，成人不能扼杀孩子的天性，应尊重儿童主体的自由创造和自由选择。二是作为发展中的人，儿童应拥有自己的早期

---

① ［意］玛利亚·蒙台梭利：《童年的秘密》，第 45 页，人民教育出版社，2005 年。
② 同上，第 47 页。

生活。儿童期不只是为成人期作准备,它具有自身存在的价值。因此,我们不能把儿童文化建设仅仅看作是满足人的未来需要的一种工具,还应当看到儿童现时的各种需要,使儿童在文化建设的自由选择过程中也能得到成功、得到愉快,拥有自己快乐的童年。

成人在儿童文化建设中起着引领作用。成人应为儿童创设良好的环境,给儿童自由发展(包括体验、交往、操作、思考)的机会,防止把自己的价值观念、成人文化强加于儿童身上,使儿童成为一个枯燥的"小大人"。但是,儿童又是一个正在发展中的人,如果在儿童文化建设的过程中没有成人的指引,没有成人的文化传递,人类绝不可能成为今天这样具有高度智慧与文明的"万物之灵",因此,那种听任儿童像动植物一样发展的自然主义儿童文化建设方法也是不可取的。因此,儿童文化的建设既要顺应儿童个性的发展,又要在成人引导下把时代精神转化为儿童个体的真实成长,培养出适应现代化社会快节奏运行和多元化发展需要的、个性鲜明的、素质全面的、具有创造力的新儿童。

第三节　规范约束与儿童创造潜能的较量

在儿童文化建设中,仅凭规范约束和强制儿童在行动上遵照一定的社会规则,只能达到儿童文化建设的表面和谐,实则无法从根本上解决儿童文化建设深层存在的危机。那么,规范约束下的中国当代的儿童文化建设现状到底如何呢? 儿童潜在的创造潜能对文化建设有何要求?

一、成人规范约束下的儿童文化建设现状

儿童时期是孩子智力发展的重要时期,也是创新素质发展的关键阶段。每个儿童都蕴藏着巨大的创造潜能,但由于教师或家长在孩子的日常学习和生活过程中,设置了过多的规范和约束,从而使儿童的创造潜能不仅得不到充分的挖掘,反而萎缩消失。正如孙绵涛先生所言:许多事实证明,如果儿童时期孩子们的创造潜能受到压抑、摧残而逐步萎缩、泯灭,到了青少年后期至成人时期,本来可以开发出来的创造潜能也很难发展起来了![1]当我们仔细询查中国儿童文化建设现状时,会悲哀地发现成人的清规戒律对儿童文化的建设的负面影

---

[1]　孙绵涛:《教育政策学》,武汉工业大学出版社,1997。

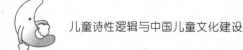

响,集中反映在从注重强制某一文化模式的养成到通过强化认同达到价值共识,从而抹杀儿童的创造个性。

1.什么是约束、规范

规范从广义上理解就是"社会中明文的或者不明文的规定,这些规定界定群体可以接受的行为范围,超越这个规定就要补救,否则就要受到惩罚"。① 规范规定了人们活动的方向、方法和式样,规范指向的是个体行为,借助的是惩罚或者嘉奖的手段,最终目的是使行为者不断修正自己的行为,内化这些规范,做出符合规范的一些行动。约束的本义:限制管束使其不超越范围。约束的近义词是束缚、限制,约束的反义词是创造、自由。规范和约束的本质均在于运用规训和控制的手段,力图通过外在强制实现对个体行为的整齐划一的控制。

我们这里所讲的规范约束是在儿童文化的建设过程中,成人根据自己的认识、情感、意志、信念,有计划、有目的地对儿童的身心、行动实施调节、控制,以达到儿童自觉地从无序走向有序、从不规范走向规范的目的。尽管儿童文化建设规范在形式和内容上是多样的,但是它们仍具有一些共同的特征:①标准性,主要是为儿童的行为提供了模式和标准的属性,规定了儿童在哪些条件下,哪些行为是可取的,应该给予鼓励的,哪些是不可取的,应给予禁止的。②强制性,是指在儿童文化建设过程中,成人把规范传授给儿童的同时,还根据他们的行为执行一些奖励和惩罚,从而实现对个体行为的控制。③导向性,尽管在儿童文化建设实施中总是伴随着奖励和惩罚的机制,但是儿童文化建设规范最终的落实还是要建立在儿童积累的关于规范的知识来指导和约束自己的行为。可是这种规范约束下的儿童文化建设看起来似乎颇能奏效,但恰恰忘记了"尊重孩子的自主性和主体性是一个重要问题……忘记了从孩子们的身心内部进行培养,这就丢掉了最重要的东西。当代孩子所得到的一切——电视节目、连环画、漫画、游戏等等——全都是大人制造出来的东西,因此,它只能是大人心目中的孩子世界,或者是全凭大人恣意安排的孩子世界"。②

2.规范约束下的儿童文化建设现状

半个多世纪以前,陶行知先生在批判旧教育时,就发出了"敲碎儿童的地狱,创造儿童的乐园"的呼声,提出要"解放儿童的创造力"。为此,他要求人们

---

① 社会学概念目录·规范,http://ihome. cuhk. edu. hk
② [日]池田大作《和孩子游戏》,慧洁编:《生命中的第一个宁馨儿孩子》,第 233 页,花城出版社,1998。

要把自己摆在儿童之中,成为孩子当中的一员,以"赤子之心去了解儿童,认识和发现儿童的力量,相信儿童的力量",只要深入人们之中去,便会"发现小孩子有力量,不但有力量,而且有创造力"。

可在我国当前的儿童文化建设过程中,成人喜欢运用一定的规范性内容——主要体现为对儿童言行方面"什么是应该的、什么是不应该的"具体要求——来影响和教育儿童。在具体的实施过程中,因为"规范"性的内容往往较为直观,不仅易于进行各种方式的监督检查或量化评比,还可以运用机制的力量使儿童参与监管;不仅易于见到成效,而且也能对儿童起到一定的激励或督促作用。但是,表现为"应该怎样"并不是代表它的勿庸置疑,也不代表它的一成不变,"任何个体不论什么理由总是可以怀疑一种规范甚至拒绝任何一种规范"①。这种规范性的约束,对于儿童来说,那将是个性的毁灭和创造潜能的湮没。我们以儿童书法文化建设作为案例,加以分析。

中国书法是中华民族审美经验的集中体现,是世界上最独特的"东方艺术"。它凭藉着点画的组合、线条的变化和笔墨的运用而具有无穷的韵味和独特的情趣,成为一门独特的艺术门类。它不仅具有悠久的历史,形成了各种书体、流派和许多独具风格的书法家,而且在发展中吸收了绘画、建筑、音乐、舞蹈等姐妹艺术的经验,丰富了自身的表现力。但是,近几年通过对书法之乡——浙江湖州的儿童书法的学习、教学和实践进行考察,从中发现了许多问题和弊端。

其一,在一成不变的书法教学模式中限制了儿童的自由发展。在我国书法教学的历史进程中,晋隋开始将正常的书写过程和作品确定为一门艺术,并重视书法教学,此时也是书法艺术最辉煌的时代之一。明清以来,逐渐形成了一种以书写间架结构和外在形式为考量标准的科举制度,迫使考生在写字过程中,注重笔画和结构的严谨和描画,最终导致书写形式和书写手法的千篇一律。此种方法和考量标准,被学者称之为"台阁体"和"馆阁体",一度使中国书法艺术陷入尴尬局面,书法艺术也呈现单一、浅薄、媚俗的境地。此种模式化的书法教学对后世产生了深远的负面影响。但时至今日,模式化的书法教学观念依然支配着整个书法教育领域。儿童书法教育模式是指在一定的书法教育思想或教学理论指导下建立起来的教学活动的基本结构或框架,表现书法教学过程的程序性的策略体系。人们对儿童书法才能的认定,就是以其书法形式与既有的

---

① 赵汀阳:《论可能生活》,第 74 页,三联出版社,1994。

典范形式的接近程度来作为评判尺度的。

那些已被实践证明并不符合书法艺术发展和创作规律的理论,仍被反反复复、约定俗成的积累下来,灌输给我们的下一代,从而导致当今儿童对书法艺术的误解。这种误解不仅影响到书法创作和表现,而且影响儿童对于艺术创作和审美规律的理解,影响儿童其他方面的行为规范。更为可悲的是,作为书法教育工作者,大多意识不到这种模式化教学和自身教学过程中的局限性和弊端,仍然一意孤行、固执己见地传播和强化这一模式,加上孩子家长也将孩子能够写一手漂亮的字作为练习书法的目标,诸因素集体助长了考量书法水平的标准模式,并最大限度地强化了这种规范。强化的过程,也正是损耗孩子天性、悟性、创作性的过程,规范强化越深,孩子的主观能动性就越差。

其二,在固定不变的书法模式化训练中抹杀儿童的个性。运用模式训练可使复杂的训练过程简单化、条理化、典型化,成为秩序井然、逻辑清晰的可控训练程序;运用模式训练可使人们对书法训练的认识和实施能摆脱模糊的,单纯定性分析和经验鉴别的盲目性,从而有效地进行书法训练。

在书法训练过程中,一般先从基本笔画点、横、竖、撇、捺、提、钩、折练起;再练笔画顺序;三练偏旁部首;四练字形结构;五练分行布局。因为一个字好比一台机器,基本笔画练好,等于把"零件"加工好;练好偏旁部首,就好比开始"组装";练整个字形,就等于进入"总装"。就是说,先学"分解",后学"连贯"。在书法训练过程中,讲究循序渐进的原则,先练楷,再练行,三练草。当然,这种书法模式化训练是教师在长期的教学过程中总结提炼出来的,是经过实践检验行之有效的固定的书法教学思路、教学方式。但是,如果囿于已有的模式,把模式看成僵化静止的手段,就像一头驴子绕着磨盘在走,永远也不能走出圈子,永远也不会有变化、有发展。书法本质上是一种十分抽象的空间艺术,它缺少绘画中那种可供模仿的具体物象,也没有具体的色彩去涂抹,它构成的空间情调完全有赖于各种流动的线条的挥写。按理说,在实际的儿童书法训练中,应充分考虑以形象思维为主的儿童心理特点,创造各种具体可感的方法让孩子接近书法。可事实恰恰相反,模式化的儿童书法训练在遵循固有的训练模式基础上,一遍又一遍地要求儿童临习传统名家碑帖,无法从根本上克服书法训练的程式化、单一化现象,无法增强儿童参与的主体性功能。我们目前缺少的就是充分放任儿童依照各种艺术价值高、生动自由的草书范本,自由自在地用"玩墨戏"做各种组合、分解空间的游戏,从而慢慢地形成自己的"初始图式"。

二、儿童创造潜能对儿童文化建设的要求

1. 什么是创造、潜能

何谓创造？创造是主体以独创的设想主动地改造现实世界，产生有社会价值的前所未有的新成果的活动。潜能，顾名思义，就是潜在的能量，与之相对应的英文单词为：potential；latent energy；potential energy。它与"可能性（possibility）"、接受力"（capability）、"能力（power）"、"趋向（tendency）"等概念有关联。也就是说潜能是人们生活发生变化的种子，只要给予合适的条件，它就能生根发芽、开花结果。

人作为创造的主体，凭借自己丰富的感觉和意识，通过一定的社会组织和结构，运用特定的工具能够把自己的生活活动本身变成自己的意志和意识的对象。这种活动是开放的、非特定化的，是在尊重外部世界客观规律的前提下充分发挥主观能动性的创造性的活动，也是按照美的规律来塑造的活动。创造力根植于儿童的自然生命，在儿童身上具备一种可以化身进入且充满欢乐的创造力感觉，因为"创造力来自于缪斯的世界，也就是说，缪斯天性是创造力的基础。如果没有这唯一属于我们自己的缪斯天性的表达，我们就不能把存在的原始材料塑造成人的生活。所有正常、健康的儿童也都有这种力量。每一天，他们都必须培养自己的创造力，在他们征服更广阔世界的坚定决心中开拓视野，以便超越昨天的成就"。[①] 由此可见，儿童把自己看作整个现存世界的主角和中心，而把自然界看作借以展开自己创造性活动的巨大舞台和背景，把形象万千的自然事物（物质）看作自己活动所必需的基本素材或质料，即每一儿童都拥有的一座待开发的创造潜能金矿，儿童正是通过自己的创造性的活动才自我确立为创造性的主体的，并抱着积极的心态去开发自己蕴藏无穷的创造潜能，从而拥有用不完的能量。

2. 儿童创造潜能对儿童文化建设的要求

荷尔德林洞悉了人的本性，他说："人的本质在于它的创造性，这一原始的精神活动就是'诗'。"[②]而儿童的诗性智慧是个体生命最初的智慧形态，是儿童诞生后认识、适应、创造世界时的一种智慧（或智能）或精神能力；是儿童把握世界的基本方式与基本生存状态；它是一种原始的创造性思维，是一种原逻辑的

---

① ［挪威］罗尔·布约克沃尔德：《本能的缪斯》，第274页，王毅等译，上海人民出版社，1997。

② ［德］荷尔德林：《荷尔德林文集》，第9页，商务印书馆，1999。

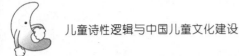
思维,是一切抽象理性发生、发展的源泉。这种通过想象来创造的智慧展现出一种超越逻辑和知识的灵性,其对儿童文化的建设提出如下要求:

首先,在统觉实践中激发儿童的文化创造潜能。赫伯特·里德将儿童艺术形象的普遍特征与荣格心理学中的原始模型象征符号等同起来,认为人类集体无意识中可伸发潜能,并认为"只有天性上平衡的儿童才能有较有组织的心象"①。这种平衡在于内在感官意识与外在环境的平衡,是心理的平衡,是一切平衡和智力统合的基础。他认为"在儿童心内,正和成人一样,有一种心理历程或活动发生于意识层之下,这种活动易于把有机体呈现的不规则或基本的心象组成和睦的形式"②,即统合的潜意识理论。而"教育和社会组织缺乏自发性是由于人格的崩解。人格之所以崩解是由于人格自然的生长受到阻挠——受到威压的训练和非民主主义的道德所阻挠——受到社会传统和机械式辛劳工作所阻挠"。要恢复社会和个人的和谐,文化的继续发展,则必须努力在心理生理基础上恢复"整个有机体的内在感觉行为"。而与儿童人格接近且并进的不是逻辑学者而是艺术家的心理结构。他发现儿童和原始人的心理都是遗觉、统整的,成人则是分离的。"凡过了儿童期仍保留有遗觉气质的人都是统整的,包括一切心理创造性类型的人,艺术家科学家均属此类。"

赫伯特·里德时常提醒我们注意儿童与生俱来的艺术能力,而且在儿童眼中,纷繁复杂的世界是一个整体,儿童总是会调动自己所有的感官去认识和体验周围世界,其中既有视觉的,又有听觉的,甚至还伴之以动觉,即他们是用整体的方式感觉世界并对世界作出反应。因此,在儿童创造自己文化的实践时,要鼓励儿童运用其统觉感受能力,在实践的过程中释放其主体创造潜能。赫伯特·里德的观察描述的儿童绘画过程就是一个很有代表性的例子,援引如下:"假如你给一个一岁左右刚刚能握住东西的孩子一只铅条,看着他天真地使用着,你会注意到一开始他只会划道和涂鸦。然后,才对铅条在纸上的运动感兴趣。下一步便表现为有节奏地摇晃着涂画出线条和圆圈,这些又逐渐地成为复杂而纠缠不清的东西,直到这幅儿童的'画'成了一片混乱的线。蓦然间,孩子从这混乱中发现一种巧合的形式;这儿一个圈,这儿一条线,那儿一条线,在孩子的眼里简直酷似他的父亲的形象。另一些线条则交织成一个屋顶的形式,只稍加一、两条线便成了房子,就这样通过偶然的方式创作一个再现的客体,于是

---

① [英]赫伯特·里德:《通过艺术的教育》,第190页,吕廷和译,湖南美术出版社,1993。
② 同上,第192页。

孩子产生了重新尝试的愿望——精心制作起他以前偶然得来的东西。"

其次,在自由引导中激发儿童的文化创造潜能。对于具有各种各样潜能的儿童来说,"游戏的一切形式(身体的活动、经验的反复、空想、环境的实现、生活的准备、团体游戏——这些是楼蕴菲博士的分类)是很多运动感觉的努力,以冀达成统整。从这一观点言,游戏是近乎原始民族的祭舞一样,可视为诗和戏剧的基本形式。这种基本形式和视觉及造型艺术的基本形式自然发生了关联"。① 基于此思想,我们可以得出这样的看法:儿童的文化创造和游戏一样是自发的,因而不能或不应该教,毕竟太多的"外在标准的运用,不论是技术或形式,立刻引起畏缩并挫顿了整个目的"。② 现实中应该允许儿童自由地去绘画创作,即自由的表达他自己。所以,儿童隐性潜能(hidden potentials)的发现与发展也是一个很重要的问题,我们要意识到隐性潜能"关键期"的存在以及在关键期适时引导的重要性。为增强儿童的文化创造潜能,激发儿童文化创造的意愿,我们需要用一种发展的观点来看儿童的文化创造,遵循感性—知性—感性的过程,从知性中反思问题再回到感性,实现创造。开始时,应当允许儿童尽量自然而然地去探索各种表现方式,此时儿童的创造潜能就会被激发出来。如:可以创设特定情境激发儿童的创造潜能,在一次以"插上想象的翅膀"为话题的活动中,我们先特设一个"最爱想"的小主人公,再画一对翅膀送给最会思考的儿童。孩子们在画翅膀、送翅膀的过程中,展开自己想象的翅膀:"我把翅膀送给面包,让它快快飞到世界上没饭吃的地方,让饥饿中的穷人,尝到中国的新鲜面包!""我把翅膀送给书籍,让书籍飞向外星,让外星人读到我们的书,不过我担心他们看不懂我们的文字。""我把翅膀送给老师,老师外出开会就不用坐火车和轮船了,这多节约时间呀!""我把翅膀送给自己,我要飞上月亮,看看月亮上是不是真的有玉兔"……不难看出,在特定的情境中,显示了儿童思维的广阔性、求异性、思维的灵活性与独创性等特点,儿童凭借创造性想象和创造性思维伸发了创造的潜能。

不过,赫伯特·里德认为,毫无抑制地从事工作或表达自己,外界对它毫无阻碍,这种心理活动不受抑制的具体化,乃为最底层的创造,是儿童感性的直观表达。的确,儿童需要自由表现,但亦须知能引导。若一味地自由表现,到一定阶段就无法表达心中所想,将对文化创造失去兴趣。因此,在儿童自由创造文

① ［英］赫伯特·里德:《通过艺术的教育》,第113页,吕廷和译,湖南美术出版社,1993。
② 同上,第209页。

化时,还需在儿童潜在的创造性突发表现出来之后,对其进行启发引导,促其进行新形象的多种组合,变机械的模仿为创造性的训练。如在儿童的书法训练中,在孩子不依规矩"胡涂乱画"的基础上(这是一个感性过程),辅之临摹一些传统名家碑帖等方法适时引导,孩子就会懂得一些基本笔法(这是一个知性过程),然后又能进入自由书写的境地(这是一个新的感性过程)。书法史上有许多例子可以加以证明。书圣王羲之先从卫铄学书,之后又多见先代名家钟繇等名著,遂改变初学。正是他,继往开来的把古朴的书体变成娇美流畅的今体,对楷、行、草书均有创造性的贡献。再说颜真卿,他初学褚遂良,后从张旭得法。他参用了篆书笔意,写出了端庄雄伟的楷书,是他开创了二王以外的新风格。

第四节　目标重塑与尊重儿童生命的对垒

我们的教育何以获得可持续的发展,很重要的取决于孩子的童年。孩子的童年如果是快乐的、是自由的,他就有无限的张力;如果他的童年是过于沉重、过于劳累的,他就会厌倦学习、厌倦生活甚至厌倦人生,他就封闭了、没有开放、没有发展。所以我们要允许孩子在童年有一段呆呆的、傻傻的、胡说八道的时光,看似没有发展,实际上在悄悄地、慢慢地进行着各种探索。童年的这些探索对人一生的发展意义重大。

原国家教委的副主任柳斌认为素质教育的目标首先就是把小学生给解放出来,要让孩子有一段梦想的时光,要让他们有一个自由发展的阶段。自由发展绝不是一片空白,孩子实际上是在默默地用自己的方式发展自己,探索着这个世界。

孙云晓先生认为儿童文化建设的全部使命是发现儿童、解放儿童,其实质是在于尊重儿童生命价值,即对儿童生命权利的维护、对儿童心灵的抚慰、对儿童个性的肯定,并在个性自由的基础上实现儿童的全面发展。那么,在社会转型之际,儿童文化实际上扮演了怎样的角色?它与目标重塑之间存在着怎样的关联?尊重儿童生命对儿童文化建设又提出了怎样的要求?

一、社会转型时期的儿童文化建设现状

1. 社会转型时期儿童发展目标定位

当今,改革开放带来的社会结构的全面转型使我国进入了一个新的历史时

期。今天的儿童成长于一个政治稳定、经济迅速发展、社会开放的时代,良好的社会环境为儿童营造了一个有利的成长环境。

中国政府不仅在国内不断地加强儿童的福利和教育工作,而且积极参与国际社会为发展儿童事业而采取的行动。1990 年 9 月 29 日至 30 日,联合国召开了世界儿童问题首脑会议,会议通过了《儿童生存、保护和发展世界宣言》和《执行 90 年代儿童生存、保护和发展宣言行动计划》两个文件。《宣言》庄严承诺"儿童幸福需要最高一级的政治行动……对儿童的权利,对他们的生存及对他们的保护和发展给予高度优先"。中国政府正式签署了上述两个文件,向国际儿童和中国儿童作出了庄严承诺,为法律上保护儿童权益提供了政治前提。我国教育提倡热爱儿童和尊重儿童,要求按照儿童的发展规律教育儿童,认为儿童教育的本质在于传递和创新文化以及促进儿童主体的全面成长发展。以上种种表明了社会转型时期儿童发展目标应该定位于:首先,儿童是人,他们具有生存权,具有人的尊严和基本人权;其次,儿童是一个不断发展的人,他们具有选择自由发展的权利;再次,儿童有其内在的精神生活,成人应该尊重这种独特的精神生活。

2. 社会转型时期的儿童文化建设现状

社会发展到今天,我国政府和有识之士已经形成了共识:关注儿童就是关注人类的明天,保护儿童就是保护人类的未来。而且,"人类的世界不是一种世界,而是有各种不同的世界。在知识技能的世界里,任何时代的成年人都优越于儿童……但在精神境界上,任何时代的少年儿童都优越于成年人。人类是在不断追寻少年儿童的梦想中实现自己的精神净化的"。[①] 可事实上,社会转型时期的我国儿童文化现状真的做到了对儿童生命的体认和对儿童的终极关怀的珍视吗? 答案也许并不令人满意。

我们以动画片作为例子来看这个问题吧。以动画片为考察对象,有其典型意义:首先,20 世纪 90 年代以来,中国社会是信息化浪潮背景下的数字化生存社会,多媒体、互联网、卫星通讯的广泛应用,为动画片的制作、传播奠定了坚实的基础。动画片是社会转型时期发展非常迅猛的一种儿童文化现象,它所形成的儿童文化产业与儿童生活息息相关。日常生活中,我们随处可见孩子们穿着米奇的衣服,背着维尼熊的书包,带着流氓兔的钥匙扣,用着凯蒂猫的洗刷杯,使着史努比的文具……可以说,儿童生活的每一个细节,我们都能找到卡通的

[①]　王富仁:《呼唤儿童文学》,第 92 页,《中国儿童文学》,2000(4)。

影子。其次,动画片用影像传达儿童的生命世界,是陪伴儿童生命成长的重要媒介。这一代的孩子是在看《樱桃小丸子》、《狮子王》、《新哪吒传奇》等动画片中长大的,不讲道理、贪吃贪睡、丢三落四的小丸子;聪明、强壮和富有正义感的森林之王——辛巴;闯过一道道艰难险阻却不谙人世的顽童——哪吒……这些可爱、勇敢、幽默的卡通形象,缓解着儿童平日紧张的情绪。在动画世界里,儿童找到简单、快乐、单纯的幸福,忘却现实社会的苦恼。因此,动画片是当代儿童接触最为频繁的媒介。

在我国,从"万氏兄弟"开拍中国第一部动画片——《铁扇公主》开始,动画片已经走过了八十多年的风雨历史。在社会转型时期,西方各种社会思潮纷纷涌入,于是,成年人"主动"承担了重塑民族精神的责任。我国动画片从编剧、导演到舞台设计,充斥的多是成人的思想,灌输的多是教化的理念,恰恰缺乏尊重儿童的个性生命成长。如由吴建荣总监制的动画片《天眼》,在每一集的结尾总要带上成人教育孩子的文字,在《天眼到来》、《初识冰激凌》、《家庭的成员》、《第一次亮相》等各集中,结尾处分别用文字告诉孩子:"临时抱佛脚,会出岔子啊"、"有梦想的孩子,才有可能实现梦想"、"宠物也是家庭一员,要好好爱护它们"、"做小事,也马虎不得"。其实在我国的动画片中,这样的处理方法并不是个别现象,而是随处可见。即使是具有极高声誉的大型科普动画片《蓝猫淘气三千问》也没有跳出这种固有的模式,在每一集的开头由猫大哥和小淘气担任主持人,探讨目前教育孩子的一些热点问题。在 82 碟中涉及的科普知识有:"天球的南极——南极座"、"仙鸟之王——凤凰座"、"苍蝇的眼睛——苍蝇座"、"浮游太空的水蛇座"。每个科普故事约 8 分钟,可是每集开头由主持人组织的对孩子的教育就达 4 分多钟。

早在"五四"时期,周作人在《儿童的文学》里就提出:"我们承认儿童有独立的生活,就是说他们内面的生活与大人不同,我们应当客观地理解他们,并加以相当的尊重。"[①]可是,中国文化树人的使命意识与生俱来,且根深蒂固,主流的儿童文化始终注重教化,忽略的是对儿童生命价值的认可。于是,成人总是按自己的标准规范世界,同时还把这套规范通过各种媒介强加给儿童。在动画领域中如此,在儿童书籍领域中亦如此。我们看到成人为儿童写书的现象是:"成人们写的书,总是记载着成人自己的事,而且是根据自己的属性和感觉去写,也

---

① 周作人:《儿童文学小论·儿童的文学》,第 39—40 页,河北教育出版社,2002。

就是一些知识的、伪善的书。"①这种局面带来的后果犹如法国著名文学史保罗·亚哲尔所言:"它把自动自发的灵魂压扁了,就像春天的冰雹一般,会打伤幼苗",而且"长久以来成人压迫着儿童",这个压迫既包含成人为了某种目标直接对儿童心灵的束缚,也包含成人通过书籍、动画、电视、音乐等媒介间接束缚儿童的天性发展。

二、尊重儿童生命背景下的儿童文化建设要求

儿童观是人们对儿童的总的看法和基本观点,或者说,是人们在哲学层面上对儿童的认识。从儿童观中,我们可以透视出一个时代、一种文化对作为个体人的地位和价值的基本看法,我们甚至可以这样说,从一个时代或某一文化的儿童观中,可以大致看到处于该时代的人类,或处于该文化的种族其自我意识发展到了何种程度。而对儿童生命的尊重是某一文化背景下儿童观的最根本层面的体现。因此,探讨社会转型期儿童文化的建设,就必须尊重儿童的生命价值,儿童文化建设的目的"应致力于唤醒儿童的生命意识,激发儿童生命潜能的力量,引导儿童理解和探寻生命的意义,奠定生命可持续发展的基础"。②

首先,尊重儿童的生命,是对儿童生存权利的维护。中国儿童中心于2006年12月8日发布了《中国儿童的生存与发展:数据与分析》,这份报告共分为儿童的数量和生存与发展环境、学前期儿童、学龄期儿童和青春期儿童四个部分,系统介绍了我国不同年龄段儿童的生存与发展状况,专题讨论了儿童健康、教育、权利保护等问题。整体而言,近几年我国儿童的生命权、健康权和医疗保健获得权都已得到了明显改善,然而,存在的问题依然十分突出:儿童发展的整体水平仍然需要提高,儿童发展的环境需要进一步优化;地区之间、城乡之间儿童生存、保护和发展的条件、水平存在明显差异;贫困尚未解除,仍有数百万儿童生活在贫困中;随着流动人口数量的增加、城镇文化水平的提高和农村人口的转移,这些人群中儿童的保健、教育、保护问题亟待解决;艾滋病病毒携带者和艾滋病患者中的儿童数量呈上升趋势;侵害儿童权益的违法犯罪行为时有发生。

尊重儿童的生命,其核心是对儿童生命权的关注。《儿童权利公约》第6条指出:"每个儿童享有固有的生命权。"我国声明将在遵守《宪法》第25条关于计

---

① 　[法]保罗·亚哲尔:《书儿童成人》,第27页,傅林统译,台湾富春文化事业股份有限公司,1997。
② 　孙云晓:《捍卫童年》,第205页,江苏教育出版社,2007。

划生育的规定及符合《未成年人保护法》第 2 条规定的前提下履行在第 6 条下的义务。儿童的生存权（Survival Rights）包括生命权、健康权和医疗保健获得权，其中生命权是最基本的权利。对于每一个儿童来说，只有一次活的机会，生命是最宝贵的东西，这一点是毫无疑问的，并且生命是人生所有其他价值的一个前提，没有生命其他价值根本无法谈及。而令人寒心的是，在社会上漠视儿童生命权的现象比比皆是。这种漠视儿童生命权的现象，既体现在对儿童生存环境的忽视，也体现在对儿童生命存在的忽视。曾在《留守儿童生活环境糟糕王铮亮资助姐弟整年学费》一文中，我们读到了留守儿童行走在狭小破旧的楼道，生活在潮湿昏暗的屋子，大多数没有喝过盒装的牛奶，没有听过《世上只有妈妈好》这首歌……曾看到一则来自四川的报道：有一天，一个公安部门掌握的女吸毒者，她把三岁的女儿放在家里，独自出去买午餐。一出门就被警察抓了起来，要把她送去强制戒毒。她哭诉着说孩子在家里，让我回家叫我的姐姐来照顾她。警察说不行，她说那你给我姐姐打电话吧，警察也不管，押送时路过她家门口，她哭着要进去，警察也不让。17 天之后，邻居闻到臭味，打开她家的门，孩子早就死了。

可见，每一个儿童的生命首先是一个生物性的存在，是有血有肉的自然生命个体。儿童的自然生命是他们精神生命的前提和基础，没有了生命肉体的存在，就谈不上生命意义的理解和探寻。因此，洛克在《正负论》里认为政治社会的目的就是保护天赋人权，就是保护老天给每一个存在个体的生命、自由和财产权利。生命是最基础的，要保证生命的权利。宋耀良在《艺术家生命自力》中认为："艺术更重要的意义在于观照生命。科学与文明不断地使生命从自在走向自为，而文学与艺术却努力将生命从自为复返为自在。"[1]因此，社会转型期的儿童文化建设的首要条件就是要尊重儿童生命存在的权利，保护儿童免受任何形式的身心摧残、伤害、凌辱、忽视或虐待。

其次，尊重儿童的生命，是对儿童心灵的抚慰。王富仁在《把儿童世界还给儿童》中如此说："儿童文学就是在自然的情况下儿童最喜爱的文学作品，因为它最最符合儿童的心理特点，最最符合儿童的审美需要。它没有儿童与成年文学的那种更大的心理距离。"[2]其实，儿童文化何尝不是如此？人的生命是自然生命和精神生命的统一，是身体和心灵的和谐。心灵的追求是一种内心的追

---

① 宋耀良：《艺术家生命自力》，第 37 页，上海社会科学院出版社，1998。

② 王富仁：《把儿童世界还给儿童》，第 68 页，《读书》，2001(6)。

求,是一种价值上的追求,这种对意义的追求,也是人特有的,是人的生命区别于其他生物的重要依据。对于儿童来说,感受生命的情感、体味生命的意义、探索生命的价值,是实现生命完整性的重要内容。因此,在儿童文化建设中,尊重儿童的生命,就是要"尊重生命的完整性,关怀儿童的心灵世界,帮助儿童建立积极的生命情感,发展健康人格,并使其能够享受童年生活的乐趣"。①

　　纵观我国儿童文化发展历程,遗憾的是:中国的儿童文化建设往往忽略儿童享有童年快乐的权利,更多的是与社会责任联系在一起。自古以来,有识之士们总是把儿童当作是未来祖国建设的栋梁,总希望儿童承担起民族精神重塑的重任,并以此为缘由来剥夺儿童今天的快乐。于是,我们看到《三字经》、《百家姓》、《千字文》等儿童启蒙读物,蕴涵着历史、道德、教育意义;梁启超、黄遵宪等人倡导的儿童诗歌,是以灌输爱国主义、民主主义思想为目的;自叶圣陶的《稻草人》奠定了中国童话创作的现实主义方向后,王统照、应修人、张天翼、陈伯吹等人自觉地把儿童文学与反帝反封建、抗日战争、解放战争等时代精神结合起来;新中国成立以后,儿童文学的教育功能一度被强调到绝对化的程度,认为有教育性的儿童文学作品才有思想性;而在社会转型的今天,儿童文化建设中,依然存在忽视儿童的兴趣、情感、意志、抱负等内容的倾向,仍然存在着模式化和'一刀切'的现象,企图把多种多样的个人心灵抽象化乃至把它们压缩成一个单一的心灵。

　　童年本是生命中最美好、最快乐的时光,虽然周作人早已在《儿童的书》里强调:"空灵的幻想与快活的嬉笑,比那些老成的文字更与儿童的世界接近。"②在《童话略论》里申明:"今以童话语儿童,既足以厌其喜闻故事之要求,且得顺应自然,助长发达,使各期之儿童保其自然之本相,按程而进,正蒙养之要义也。"③周作人的这种"以儿童为本位"的儿童观,强调"顺应儿童本性"与"尊重独立个性"的观点,把批判的锋芒指向以儒学为中心的封建传统文化及其儿童观,清晰地闪烁着尊重儿童享有童年快乐的光芒。儿童文化建设"如果抛开了现实的当下需要,一味地进行不是基于人的生命的、虚幻的、纯功利性的理想性需要教育,不仅无助于个体生命的健康成长、不利于社会的发展,而且是非常有害

---

①　孙云晓:《捍卫童年》,第208页,江苏教育出版社,2007。
②　周作人:《儿童文学小论·儿童的书》,第57页,河北教育出版社,2002。
③　周作人:《儿童文学小论·通话略论》,第8页,河北教育出版社,2002。

的"。① 因此,在儿童文化建设中,尊重儿童的生命价值,"关注的是当代少年心灵在日常生活流动中的独特生存和展示方式"②,即应该关注儿童的现实的当下需要,关注儿童在真实的生活中所面临的尴尬、压力、恐慌,并帮助他们切实地解决,从而真正做到从儿童的心灵出发,对儿童的心灵进行抚慰,积极培育儿童的健康人格和生命情感,促进儿童身心的和谐发展。

再次,尊重儿童的生命,是对儿童发展的关注。儿童是一个宽泛的概念,它囊括了生命个体从出生到成熟的整个时期。这个时期,一般要经过婴儿期(0 至 3 岁)、幼儿期(3 至 6 岁)、童年期(7 至 12 岁)、少年期(13 至 15 岁)和青年初期(15 至 18 岁)。各个时期的语言能力、想象能力、感受能力和理解能力等方面存在明显差异,但是,他们都正处于成长发育阶段,他们对外界事物的感知、理解和判断正处于由简单到复杂、由表象到本质的渐变时期,思维正处于由单一到繁复的过程中——他们的思想水平、理解能力和欣赏水平还没有完全成熟。

儿童文化担负着对儿童的思想、知识、审美等方面的引导作用,因而需要"注意刻画年幼一代在生命成长过程中所必须经历的心路历程和所关心与感兴趣的话题,及其凸现其中的社会文化文脉"。③ 既然儿童阶段的认识能力的展现是依赖于特定的客体,而且是以其熟悉的、具体的客体为依托的,那么,以推动儿童成长为己任的儿童文化建设,它需要倾向于表现儿童的生命、生存、人性等人类普遍性话题,同时给儿童以清新的审美视野、道德视野,加深他们对同龄人的了解、沟通,促使他们实现正常的社会化过程。既然每一个儿童都是自身生命发展的主体,拥有自主发展的潜能,那么尊重儿童生命的儿童文化建设,就是尊重生命的自主性,关注儿童自我发展的内在动力,激发儿童发展的潜能,让儿童成为生命发展的主人。

然而,长期以来我国的儿童文化建设,往往以成人的意识替代儿童的意识,以成人的标准要求儿童,并且"在这个标准化的过程中,儿童的生命过程本身却被忽略了……甚至于我们的媒体表现儿童的天真,也是为了装饰成人社会,表达成人所要表达的思想"。④ 于是,我们看到:动画片中,到处充斥着脱离故事情

---

① 刘慧,朱小蔓:《多元社会中学校道德教育:关注学生个体的生命世界》,道德教育论丛:第 2 卷,南京师范大学出版社,2002。

② 方卫平:《艺术探索与读者接受——80 年代以来少年小说创作略论》,第 6 页,《浙江师范大学学报》(社会科学版),1998(1)。

③ 王泉根:《现代中国儿童文学主潮》,第 225 页,重庆出版社,2000。

④ 杨宁:《幼态持续发展的原发性和早期教育》,《西北师范大学学报》(社科版),2006(4)。

节自然发展的教育内容,成人借此把自己的道德理念灌输给儿童;儿童剧中,处处可见勤劳、善良、勇敢等字眼,成人以此来塑造儿童成为自己理想中的人;儿童书籍中,"成人们甚至把一些杂乱的、像关节不灵活的那种书,胡乱塞给儿童",①成人以此来培养儿童成为将来社会所需的标准的成人……所有这一切儿童文化建设的主张都并不是从儿童的现在发展需求出发,而是从儿童的未来角度来考虑的,即未充分地关注儿童当下的发展。杜威曾说:"生活就是生长,所以一个人在一个阶段的生活,和在另一个阶段的生活,是同样真实、同样积极的,这两个阶段的生活,内容同样丰富,地位同样重要。"②因此,儿童文化建设要尊重儿童的未成熟状态和儿童的发展,为儿童提供生长或充分生活的园圃,而且"我们希望这种对更广大、更遥远前景的重视是从内部发展起来的,而不是如陈旧教育的通常办法,是从外部强加于儿童的"。③

总之,人"是利用符号去创造文化的动物"④,儿童作为成长中的人,他们需要去获取各种文化符号,才能在长大后创造出全新的文化。在儿童文化建设中,我们就是应该透过思想文化选择的层面深入"人之为本"的深度。这里所谓"人之为本"就是指儿童究竟是什么,儿童究竟是一种什么样的人。只有上升到如此高度,我们才能抓住儿童文化建设的根本所在,才能把儿童文化建设与儿童的人生价值、人类的终极意义、社会发展的终极目标等问题联系起来。

---

① [法]保罗·亚哲尔:《书儿童成人》,傅林统译,第 27 页,台湾富春文化事业股份有限公司,1997。

② [美]杜威:《民主主义与教育》,第 29 页,《现代西方资产阶级教育思想流派论著选》,人民教育出版社,2005。

③ [美]克伯屈:《学习的现代理论》,第 55 页,《现代西方资产阶级教育思想流派论著选》,人民教育出版社,2005。

④ [德]恩斯特·卡西尔:《人论》,甘阳译,第 4 页,上海译文出版社,1985。

第五章　中国儿童文化建设方略

　　童年是什么？那是一个无数答案结集在一起的集合体。可是，在众多答案中，有一个集合点，那就是：童年是一个梦，是人类所能做的最好的梦：恬静、美丽、单纯。儿童文化无疑是儿童健康成长的主流基地，需要成人精心呵护，为儿童维护一个无忧无虑、健康成长的空间。在这一空间中，儿童表现出极大的创造性、原发性和好奇心。这一文化领地潜伏着一种结构，一种文化性的向心力，以此制约着儿童哪些可以干哪些不可以干，即同其他的文化一样，儿童文化也有着自身的一套规则，由此规定着这个圈子内所有成员的行为。所以，儿童"与儿童文化之间的联系可以称之为一种共生交流，这两者就如同风和天气的关系一样，是融合在一起的。一方面，儿童文化为孩子的智力发展和自我意识的形成提供支持和结构；另一方面，每一个孩子也是其中一个基本的、活生生的因素，每一个孩子接连不断的参与，使儿童文化所有的独特性和多样性得以保存和更新"。①

　　既然，不论在什么地方，只要有两个或两个以上的儿童聚集在一起，我们就可以看到存在于他们游戏规则中的秘密语码——儿童文化。而且每一个孩子谁也不可能生活在儿童文化以外，儿童文化是儿童通过参与而生存发展的必经之路。我们应该冲破长期禁锢儿童精神的枷锁，为他们创造起适合儿童自由、茁壮成长的儿童文化。可在我国，由于受"不把儿童当人看、不把儿童当儿童看"的传统儿童观、"万般皆下品，唯有读书高"的传统教育理念、社会转型期和信息时代面临的挑战等因素的影响，今天的儿童文化建设矛盾重重：教育功利与儿童自然天性之间存在冲突、成人引导与儿童自由选择之间存在矛盾、规范约束与儿童创造潜能之间存在较量、目标重塑与尊重儿童生命的对垒。那么，

---

　　① ［挪威］罗尔·布约克沃尔德：《本能的缪斯》，第 24 页，王毅等译，上海人民出版社，1997。

如何来破解这些矛盾,真正有效构建起充满儿童诗性逻辑的儿童文化,在以下章节中,我们将一一加以探讨。

第一节　正确的儿童观是儿童文化建设的先导

在漫长的历史进程中,人类曾有两千多年没有发现儿童,只把儿童当作未来的成人或缩小的成人看待,这种传统的儿童观是制约儿童文化发展的根本因素。

一、儿童观决定、引领儿童文化建设

儿童观"是成人对儿童生活和心灵世界进行观照而生成的对儿童生命形态、性质的看法和评价,是成人面对儿童所建立的人生哲学观"。[①] 换句话说,儿童观是指人们对儿童所持有的一组比较固定的观念。它涉及很多方面,从对儿童出生的接纳态度到儿童服饰的安排、游戏的选择等等。某一特定时期的儿童观不仅反映出当时人们对儿童身心发展规律的认识,它还直接影响着人们的养育方式以及与儿童有关的习俗、礼仪。日本著名儿童文学作家、理论家秋田雨雀在《作为艺术表现的童话》一书中认为,人类在进入现代社会以后,主要有两种对立的儿童观:"一种观点是成人把成人的世界看成是完善的东西,而要把儿童领入这个世界;另一种观点是,意识到自己和生活的不完善和不能满足,而不想让下一代人重蹈覆辙。""从前一种观点出发,便产生了强制和冷酷;从后一种观点出发,便产生了解放和爱。"[②]

纵观东西方儿童观的演变过程,从中可以梳理出以下几点。

(一)儿童观是儿童文化建设的支点

儿童观是儿童文化理论体系建立的重要出发点,是建构儿童文化具体实践方案的基本依据。它是儿童文化的理论、实践不可缺少的根本指导思想,人们持有什么样的儿童观,即对儿童采取什么样的态度,不但决定了儿童文化的发生与发展,而且直接制约着儿童文化的美学倾向和艺术风格。

---

① 朱自强:《中国儿童文学与现代化进程》,第 215 页,浙江少儿出版社,2000。
② 朱自强:《论中国当代儿童文学的儿童观》,第 185 页,《东北师范大学学报》(社科版),1988(4)。

在"童心主义"盛行的时期,英国"湖畔派"诗人科勒律治把儿童的幻想和民间童话中的神奇性,作为有价值的东西给予肯定。他认为,幼儿所具有的能力包含着与神相似的创造性和内宇宙,这种能力尽管随着长大而逐渐失去,但在生命结束之前还会有些留存。也就是说,儿童是人类的原型,成人不过是儿童的变化,这正如他的诗句"儿童是成人之父"。在这种儿童观的影响下,英国巴里的《彼得·潘》和米尔思的《小熊温尼·普》,这两部童话中的人物一个个天真无邪,童心可掬。彼得·潘在回答他的对手问他是什么时说:"我是青春,我是快乐。我是从蛋壳里跳出来的一只小鸟。"这正是对童心最形象的赞美。又如20世纪90年代,我国一批年轻的学者以自己富有个性的理论思维,建构"儿童反儿童化"的儿童观。他们提出:正因为在儿童身上存在着许许多多的"小",才促使儿童视角渴望着许许多多的"大";正因为儿童身上存在着许许多多的"弱",才导致儿童视角追求许许多多的"强";也正因为儿童本身状态的"幼稚",才产生出儿童的精神投射强烈地指向成人化的"成熟",指向窥探成人社会生活的未来实践……现象已明示我们:吸引儿童读者的魅力所在,并不在对儿童状态的反映,而恰在于对儿童状态的摆脱。[①] 在这种儿童观的影响下,出现了一批远离儿童审美经验、兴趣的"少年探索小说",并遭受了少年儿童读者的冷落。

可见,儿童文化建设的内容除了要结合儿童内在的自身经验之外,更取决于成人对儿童的认识即儿童观,儿童观为儿童文化的建设提供了目的、内容、方法及评价等的依据。

(二)儿童观对儿童文化建设起着引领和促进作用

儿童文化能使儿童的能力得到发展,内在潜能得到激发,兴趣和情感得到培养,生机勃勃之个性精神得到张扬,生命意识得到觉醒;儿童文化能使儿童获得未来谋生的资本和知识,以增进儿童对生活的理解和加深他们对个人独特生命意义的感悟,从而帮助儿童更好地进行生活。受不同儿童观的影响,人们对儿童文化建设的理解也就不同,儿童观直接制约着儿童文化建设的全过程,并起着引领和促进作用。

随着历史的前行,人们逐渐意识到儿童是人特定的发展阶段,其生理、心理有它独特的价值,人的任何其他发展阶段都不能取而代之。儿童有未成熟性、

---

① 班马:《中国儿童文学理论批评与构想》,第33—36页,湖北少年儿童出版社,1990。

可塑性、开放性、独特性，他们具有发展的潜力、学习的潜能、教育的可能。儿童有自己的世界、兴趣、需要、独特的人格，他们有自己观看世界、理解世界的方法。儿童期的确认，扭转了以成人社会的要求来对待儿童的观念和态度，儿童开始有了自己的世界，与之相适应，有了儿童的教育、儿童的文学、音乐以及儿童自己的生活方式，儿童的服装、鞋帽、食品等等。更重要的是，人们除了关心抚育儿童外，出现了种种儿童法，以保障儿童的生存和发展等权利。

以游戏为例，人们意识到用科学的儿童观来指导幼儿游戏，可以更好地发挥游戏在幼儿学习和全面发展中的价值。首先，在游戏中儿童是独立的个体。游戏对于幼儿之所以魅力无穷，是因为幼儿的自主性可以在游戏中得到充分体现和发挥。在游戏中，活动的自由度较大，幼儿可以自主自愿地从事自己喜爱的活动，支配控制自己的行为。而且游戏是幼儿学习的一种独特途径和方式，是他们认识世界、发展自我的媒介。我们应为幼儿提供充分活动的机会，确保游戏时间，最大限度地开辟发挥实际效用的游戏空间。依据游戏计划，为幼儿提供充足数量和种类的游戏材料也是保证幼儿充分活动的物质条件。其次，在游戏中意识到儿童是完整的个体。儿童除了有健全的身体外，还有丰富的精神世界，必须高度重视其身体、认知、品德、情感、个性等方面的全面发展。要实现对游戏的有效指导，要学会识别孩子的情感并接受他们的情感，营造起一种宽松和谐的人际环境和心理氛围，让他们无拘无束地游戏，使他们产生愉快的情感体验，增强活动的兴趣，使他们在游戏中树立自信心和自尊心。在游戏中应用提问或建议的方法去影响幼儿的游戏行为，而不要一味地命令或责备他们。再次，在游戏中意识到儿童是正在发展中的个体。由于受遗传、环境、生理特点等因素的制约，每个幼儿在发展上都有其个性特点、个体差异。作为教师，应遵循其身心发展规律，承认个体差异，充分发掘其潜能，成为幼儿游戏的"援助者"和游戏环境的"创造者"。在组织和开展游戏时，教师应促使幼儿以他自己独有的方式表达自己的能力，帮助他们在他们自己印象的基础上进行游戏，并通过在游戏中观察，了解不同年龄幼儿有哪些生活经验，感兴趣的是什么，最乐于干什么，从而日后为他们创设更好的游戏环境。

二、我国当前儿童观的主要代表观点

儿童观作为社会组织系统内的一个相对独立的子系统，它随着历史的前进而生长着，不同的历史时期对"儿童是什么"的问题有不同的答案，自然形成了不同内容的儿童观。如在西方，古代认为"儿童是小大人"，中世纪认为"儿童是生而有罪的",启蒙时代有"白板说"等等。如果我们对当前中国本土文化中的儿童观进行梳理的话,发现其主要代表观点为以下三方面。

(一)儿童是祖国的花朵

"花朵论"强调儿童是国家最宝贵的财富,是国家最有潜力的资源,是未来的接班人和建设者。就像《中国少年先锋队队歌》所描绘的一样:"我们是共产主义接班人,继承革命先辈的光荣传统,爱祖国、爱人民,鲜艳的红领巾飘扬在前胸,不怕困难、不怕敌人,顽强学习、坚决斗争,向着胜利勇敢前进,我们是共产主义接班人。"

"花朵论"其实是"预成论"的发展。在原始社会里,儿童仅仅被简单地看作种族延续的一个手段,儿童的生长发育同部落的生存需要、经济和宗教等紧密相连。人们认为儿童存在的重要不在于他们自己,而在于"终极的目标":男孩——潜在的战士;女孩——生育未来战士的工具。美国文化史家 L. 桑代克在其《世界文化史》中曾这样描述希腊的儿童:所有生下的儿童由诸长老决定其体格适于生存与否以定弃留,儿童的父母不得参与。7 岁时便使离开其母,置于军营中练习抢掠粮食、体操、吃苦和自己发表意见以及学习一定数量的音乐和诗歌。而所教的音乐和诗歌,大半都偏于军事性质的,在斯巴达可以看见儿童,而听不见儿童。雅典人以有礼的态度、谦和与音乐训练其儿童,与斯巴达相似。他们学读、写和弹琴,他们须熟读荷马史诗,他们在角斗场上受体格的教育。而在中国封建传统文化中有一个重要的社会根基:家庭宗法血亲传统。在这个观念影响下,婚姻、生育成为家族传宗接代的需要,将来能从事生产的儿童就成为父母年老的保险费,所以"所有小孩,只是他父母福气的材料,并非将来的'人'的萌芽",[①]这一切,似乎说明儿童在中国传统文化观念中地位不低。可事实恰恰相反。由于这种地位不是建立在对儿童精神特点和独立人格的理解和重视的基础之上,所以这种"重视"反成为对儿童自然天性、生命活力的一种窒息、摧残和扼杀!所以,和"预成论"一样,"花朵论"所看到的儿童只是"未来的成人"、"未来的国民"——"国民"属于"国",不属于儿童自己;是"以国为本位",而不是"以个人为本位"、"以儿童为本位",它要求儿童承担起救国救民的重任,要求儿童承担起重塑民族精神的重任。

---

① 鲁迅:《热风》,第 6 页,人民文学出版社,1973。

(二)儿童是早晨的太阳

毛泽东同志曾说过:"儿童就像早晨七八点钟的太阳。"太阳是生命、希望、光明的象征,于是,儿童也就成了人们心目中美好事物的代名词。这类学者有感于现实社会的黑暗混浊,流露出一种反社会情绪与厌世避俗的感喟,于是他们站在成人立场来赞美儿童,把儿童状态与儿童世界作为一种人生理想与社会理想来描绘,试图在追求儿童心理、儿童生活中的妙趣中寻觅一方精神上的"净土"和"乐园"。就如丰子恺在《儿女》中所描绘的:"近来我的心为四事所占据了:天上的神明与星辰,人间的艺术与儿童,这小燕子似的一群儿女,是在人世间与我因缘最深的儿童,他们在我心中占有与神明、星辰、艺术同等的地位。"[①]

"太阳论"其实是"儿童崇拜"和"儿童中心论"思想的延续。在西方持这种观点的学者较为普遍。如当皮亚杰的理论风行日内瓦时,他将学校的标志——一个成人引导一个儿童改为一个儿童引导一个成人;蒙台梭利也强调是儿童在建筑着人类,儿童是成人之父;杜威承认儿童作为人的独立意义和价值,强调儿童思维有别于成人思维而具有兴趣性、情感性、多变性、流动性、新奇性和幻想性。由此生发:反对传统的书本中心、教师中心的教育,主张站在儿童的立场上,从儿童自己即时的本能、自发的兴趣和需要出发,以儿童自身的活动为教育过程的中心。在当今中国,几乎所有的家长都将自己的儿女视作心肝宝贝,所以,"太阳论"形象地描绘出中国独生子女在家庭中的地位,表明儿童的地位、儿童的权利是至高无上的。这种中心的转移"是一种革命"。"这是和哥白尼把天文学的中心从地球转到太阳一样的那种革命。这里,儿童变成了太阳,而教育的一切措施则围绕着他们转动,儿童是中心,教育的措施便围绕他们而组织起来。"[②]于是,种种不切实际的幸福光环都笼罩在下一代身上,造成儿童不敢直面儿童现实生活,耽于幸福的幻想里无法自拔。

(三)儿童是一个拥有各种权利的个体

新时期以来,有许多学者意识到儿童是一个拥有各种权利的个体。这种儿童观的产生受两件大事影响。一是 1989 年第 44 届联合国大会通过的《儿童权利公约》;二是 1991 年七届全国人大通过的《中华人民共和国未成年人保护

---

① 慧洁编:《生命中的第一个宁馨儿孩子》,第 5 页,花城出版社,1998。
② 赵祥麟、王承绪编译:《杜威教育论著选》,第 37 页,华东师范大学出版社,1981。

法》,同年中国政府宣布加入了《儿童权利公约》。联合国《儿童权利公约》体现了人类社会对儿童与儿童权利有了更合理性、更为全面的认识。《公约》对儿童的理解是:儿童生下来就是一个权利的主体,他们拥有生存权、发展权、受保护权和参与权等基本权利。儿童是人,是走向成熟的人,是终将独立的人。社会应为儿童享受自己的权利创造更好的条件。

"权利论"其实是"儿童本位"思想的传承。在我国,20 世纪 20 年代,进步学者倡导以人道主义思想解放被封建思想禁锢了两千年的中国儿童,呼吁"把儿童当人看"(儿童不是父母的私有物,他是一个完全独立的个人,具有与成人同等的人格)、"把儿童当儿童看"(儿童不是缩小的成人与不完全的小人,他有不同于成人的内外两方面的生活)。鲁迅说:"孩子的世界,与成人截然不同;倘不先行理解,一味蛮做,便大碍于孩子的发达。所以一切设施,都应该以孩子为本位……""儿童本位说"注重的是儿童心理、儿童情趣与儿童的需要,是尊重儿童独立人格与精神世界的现代儿童观。这种观点在今天仍有借鉴、指导意义,它发现并强调了儿童作为生命主体的独特的心理世界和精神需求,为中国儿童观的现代自觉提供了观念上的巨大推动。它"体现了现代社会最进步、最文明、最科学、最合理的儿童观",①它是以儿童身心发展的基本规律为出发点的,是以社会发展的需要和社会对未来一代的期待为引导的。它至少包涵以下几个主要的观点:儿童是稚嫩的个体,身心各方面尚不完善,需要科学的、合理的照顾和保护;儿童是独立的个体,应有主动活动、自由活动和充分活动的机会和权利;儿童是完整的个体,必须高度重视其在身体、认知、品德、情感、个体等方面的全面发展;儿童是正在发展中的个体,除了有充分的发展潜能,还存在发展的个体差异,应遵循其身心发展规律,尊重个体差异,充分发掘其潜能;儿童是成长在一定的自然、社会、文化环境中的个体,应注重给他们提供指向环境的体验、交往、操作、思考的机会。

三、我国当前儿童观语境下的儿童文化建设倾向

儿童观是儿童文化建设的哲学基础,有什么样的儿童观就会演绎出什么样的儿童文化建设现状。对应以上各种儿童观,我们发现当前我国儿童文化建设主要呈现三种不同的倾向。

---

① 王泉根:《儿童观的转变与 20 世纪中国儿童文学的三次转型》,第 71 页,《娄底师专学报》,2003 (1)。

1. 儿童文化建设的"社会化"

在我国长期的传统文化发展历程中,中国人对"人"的定义是"仁者,人也",只有在"二人"对应关系(包括:君臣、父子、夫妇、兄弟、朋友)中,才能找到作为个体的人存在的价值,而"孤零零的个人——亦即是不受人伦与集体关系'定义'的个体——就很容易被当作是一个'不道德的主体'"。[①] 中国文化突出的是一种集体主体性的精神特征,这种通过个体与群体的认同、沟通、完善,达到整个国家、民族和集体的完善,早已深深根植于大众并左右着人们的是非观念。所以中国的人伦关系里,一向看重群体意识。这种追求"社会化"的传统文化,在我国政治经济制度、社会伦理习俗和文化心理各个领域都积淀了丰厚的文化底蕴,从而带给人们的是对传统文化根深蒂固的认同,即使"当一种文化受到外力作用而不得不有所变化时,这种变化也只会达到不改变其基本结构和特征的程度与效果"。[②]

在《九十年代中国儿童发展规划纲要》中有这样的表述:"今天的儿童是二十一世纪的主人,儿童的生存、保护和发展是提高人口素质的基础,是人类未来发展的先决条件。""儿童的健康成长关系到祖国的前途命运。为了培养有理想、有道德、有文化、有纪律的一代新人,党和政府一向关心和重视儿童的生存、保护和发展,把'提高全民族素质,从儿童抓起'作为我国社会主义现代化建设的根本大计,在全社会倡导树立'爱护儿童,教育儿童,为儿童做表率,为儿童办实事'的公民意识。"从这段文字表述中我们可以发现,在我国当下的政治和社会语境中,基本上还是从社会本位的角度来理解儿童、看待儿童、发展儿童的。既然儿童还只是"祖国的未来",扮演的只是一个"接班人"的角色,还没有"成为儿童自己",那么,在儿童文化建设中自然就会把儿童的社会责任承担放在其首位,强调儿童文化建设的"社会化"。如:全国少工委办公室〔2006〕10 号文件《关于进一步发挥中少期刊作用加强少先队文化建设的通知》明确规定:《中国少年儿童》、《中学生》、《我们爱科学》、《儿童文学》、《中国少年文摘》、《中国卡通》、《小主人》、《知心姐姐》等中少期刊是在共青团中央、全国少工委领导下,直接面向少年儿童并深受广大少年儿童喜爱的优秀少儿刊物。长期以来,中少期刊紧密配合共青团、少先队的工作大局,努力用先进文化陶冶少年儿童的情操,竭诚为少年儿童的健康成长服务,在传播少先队文化理念、教育引导少年儿童中发

---

① 孙隆基:《中国文化的深层结构》,第 14 页,广西师范大学出版社,2004。
② [美]托马斯·哈定:《文化与进化》,第 44 页,浙江人民出版社,1987。

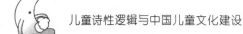

挥了不可替代的积极作用,成为展示少先队组织风貌的重要窗口。在大力发展和谐文化、全面构建社会主义和谐社会的新形势下,要进一步发挥中少期刊的作用,更好地在少年儿童中传达党的声音和要求,宣传社会主义核心价值体系,传播社会主义先进文化,大力倡导和谐理念、弘扬社会正气、塑造美好心灵,这是少先队组织认真贯彻党对少年儿童工作的新要求,切实巩固党执政的少年儿童群众基础的必然要求。

由此可见,在大部分人眼里,儿童总是处在一种向被社会认可的成人期过渡的准备状态,只是国家未来的公民。古往今来,我们历来相信"一个守规矩而可靠的人,会被中国人称为'老实',如果一个人待人处事都很得当,就会被称为'老练',一个人'老成持重',是一种为大家称道的德行。因此,对中国的青少年来说,'少年老成'是一个可欲的状态,它为大家所推崇,并没有'未老先衰'的意思"。① 似乎只有通过"成人化"的儿童文化建设,儿童才能从没有能力的人变成成熟的、有能力的成人。于是,无论是政策的制定者,还是为儿童提供服务的各类工作人员,或是为儿童创造的各种文化,往往忽略了作为现在时的儿童和童年期以及现在时的儿童所具备的各种特点和能力。

2.儿童文化建设的"母胎化"

从家庭文化层面去考察,我们惊讶地发现我国当前的儿童文化建设还有一种"母胎化"倾向。儿童文化建设的这种"母胎化"倾向即认为儿童文化是阳光文化,应该更多地赞美生活中阳光的一面,避免生活中的苦难呈现。持这些观点的学者没有真正走入儿童的心灵世界,没有从博大的视野中看到苦难在儿童生活中的重要,没有意识到过多的诗意、阳光、明媚描绘非但不利于儿童的健康发展,反而会让儿童失去诸如珍惜、诚实、进取、耐劳等优良品质,他们往往囿于想象的美好世界中,经不起任何现实的撞击,这种人文精神的衰落,只会造就"垮掉的一代"。当然也有些儿童文化建设者深深地意识到:要走出人生的困惑,要实现人生的价值,最重要的不是去寻找传说中的象牙塔,关键的是要像琵琶甲虫一样走出洞穴,只有经历漫长而艰难的人生追求,才能奏响生命之曲,才能闪现人生价值的辉煌。冰心曾说:"儿童的食物有多种多样,他们吃着富有营养的三餐,他们也爱吃些点心和零食,有时还需要吃点'药'。"②《光明日报》在2001年10月10日也曾发表了王泉的《儿童文学:应直面苦难的缺失与手法的

---

① [美]孙隆基:《中国文化的深层结构》,第212页,广西师范大学出版社,2004。
② 吴虹飞:《郑渊洁——一个著作等身的文盲》,《南方人物周刊》,2004(4)。

单调》一文,文中明确指出:"儿童不同于成人,他们有与生俱来的孤独感,他们的心灵格外需要慰藉。但是这种慰藉绝不是一味地哄、捧,也不是仅仅夸大幸福、允诺光明,而是应当让儿童通过扩大视野,来了解世界的多样性,在感受他人他事中得到一种认同感和抚慰感。"是的,不能老是让儿童吃"甜"的,沉浸在无污染的世界里,因为在这种熏陶下成长的儿童是脆弱的,他们对生活的认识是单一、片面的,这样就会造成孩子们无法理解长大之后看到的现实世界。

　　我国当前儿童文化建设的"母胎化"的倾向,与我国的传统文化有着必然的联系。在中国的传统文化中,对于母亲的依赖自古有之,如在关于大舜的神话中,舜用逆来顺受式的方式与想谋害他的父亲保持着表面的和谐关系,而当他受不了虐待时,就逃到旷野里号哭,并呼唤亡母的名字。由此表明,"中国人之间容或有父子之间的冲突,母子之间的关系却是倾向于融洽的,中国人的下一代与'严父'之间所保持的或合容或有忍隐的成分在内,与'慈母'的感情却往往是自然的——这种感情可以是一种'亲近',也可以是一种依赖感"。① 这种对母亲的依赖感造就了我国儿童人格上的"母胎化"倾向。"母胎化"倾向还与我国当前独生子女的家庭结构有着密切关系。在当今的中国,大部分家庭响应计划生育的国策,只生一个孩子,父母、祖父母都围着这个"小太阳"转,与过去相比,儿童享受着更多的资源,包括物质资源、爱的资源等。成人对儿童持有这样的共识:孩子是未成熟的,在他们所处的年龄阶段应受到最妥善的教养与保护;孩子的童年应是纯净的,应免于外在世界的诱惑与胁迫……②

　　3.儿童文化建设的"科学化"

　　儿童观的演变与社会变迁是密切相连的,人们的心智结构、思维结构与其所处的社会结构具有一种嵌入性的一致性。在不同的历史阶段,儿童身上所具有的文化符码是不一样的,有的时候承载的是平等和自由,有的时候承载的是罪孽和危险,有的时候承载的是纯真和可爱。人们因其特定的社会需要赋予儿童特定的文化内涵,并使这种内涵通过涵化的方式被儿童认同和传递。

　　在我国当前,随着社会经济、文化的发展,专家、学者们在哲学、心理学、教育、社会学等各领域的研究所得出的对儿童的看法已由分歧而日趋接近统一、科学。科学的儿童观体现在对儿童本质有一个正确认识:承认和接受儿童期的存在及其价值;对儿童的发展规律和影响发展的诸因素有一个全面正确的理

---

　　① ［美］孙隆基:《中国文化的深层结构》,第 203 页,广西师范大学出版社,2004。
　　② 赵郁秀:《当代儿童文学的精神指向》,第 174 页,辽宁少年儿童出版社,2002。

解;对待儿童的正确态度。在这种科学的儿童观的引导下,人们认为童年应有独立的文化形态。周作人早在"五四"时期就认为:"我们承认儿童有独立的生活,就是说他们内面的生活与大人不同,我们应当客观地理解他们,并加以相当的尊重。婴儿不会吃饭,只能给他乳吃;不会走路,只好抱他:这是大家知道的。精神上的情形,也正同这个一样。儿童没有一个不是拜物教的,他相信草木能思想,猫狗能说话,正是当然的事;我们要纠正他,说草木是植物,猫狗是动物,不会思想或说话,这事不但没有什么益处,反是有害的,因为这样使他们的生活受了伤了,即使不说儿童的权利那些话,但不自然的阻碍了儿童的想象力,也就所失很大了。"他还认为:"我们又知道儿童的生活是转变的生长的。"①而当代儿童文学界的学者朱自强更是强调:"我认为,应该把儿童看作独特文化的拥有者,应该在承认儿童在成长的路途上与成人世界存在着紧密联系的同时,最大限度地划清儿童与成人之间的界限,建立起相对独立的儿童王国。"②以上观点,其实都确证了童年文化的独立性。

在这种观念之下,成人普遍认为儿童生活在"纯朴的世界",他们的世界是简单的,与成人的世界不同。于是,有识之士认识到"现在我们发现自己处于新时代的转折点,必须既为成年人工作,也为儿童而工作。我们开始建立一种新的政治秩序,它必须为它的国民提供两种完全不同的社会环境:一个是为了成年人,另一个则是完全为了儿童"。③他们特别关注区别于成人的独特精神个体的儿童世界,开始研究儿童的语言、儿童的游戏、儿童的文化、儿童的生活……尤其是心理、生理、医学、教育、哲学、文学、社会学等工作者,他们的实践和研究,开辟了儿童工作的专门领域。当然,任何个体的发展,都不是与世隔绝的,儿童也一样,他们在一定的文化场中生活,他们的成长和发展,也必然同时受到学校、家庭、社会的影响。

综上所述,历史的变迁在儿童身上打下了许多文化的印迹,儿童是一个自始至终的文化承载者。因此,在儿童文化的建设中,我们要承认儿童是个体人生发展的特殊阶段,既要看到其发展的取向,又要看到其作为一个完全的人的独立存在的意义和价值,又应当把儿童心理发展的阶段性与连续性、独立性与可变性辩证统一起来,并依此确立科学的儿童观和儿童文化建设观。

---

① 周作人:《儿童文学小论·中国新文学的源流》,第 39 页,河北教育出版社,2002。
② 朱自强:《儿童文学论》,第 31 页,中国海洋大学出版社,2005。
③ [意]玛利亚·蒙台梭利:《童年的秘密》,江雪译,第 16 页,天津人民出版社,2003。

第二节　家庭是影响儿童文化发展的源头所在

由于童年期的脆弱与漫长,从出生伊始,儿童就必须接受成人的照料。因此,在儿童文化后天生长的过程中,成人文化发挥着至关重要的作用。儿童出生不久,父母和孩子之间的嬉戏与交流就拉开了儿童文化生长的序幕。儿童在家庭氛围中逐渐确立起其初步的社会信任。其后,儿童生活的范围不断扩大,越来越多的接触到社会生活的各个领域。古德曼认为儿童文化与其说是教来的,不如说是学来的。[①] 成人文化对儿童文化的影响包括有意识与无意识的。前者主要体现为正规的教养濡化,后者则主要通过成人与儿童的日常交往以及环境对儿童的渗透而发生,正所谓"蓬生麻中,不扶自直"。人类学家广泛发现儿童高度关注身边世界的证据。如研究显示,不同环境中成长的儿童,在 5 岁左右就会显示出语言文化的特色。例如劳动阶级和中产阶级的孩子分别使用"限制编码"和"精细编码"。[②]

1979 年,布朗芬布伦纳提出了一种新发展理论——人类发展生态学。他把发展定义为个人感知和应付环境的方式的持久变化。他认为"影响行为与发展的,是被认知到的环境,而不是'客观'存在的环境"。[③] 从生态学的观点来看,儿童发展的环境可以分为层层相套的一系列结构,"一个套着另一个,就像一组俄罗斯的套娃"。这些结构中最核心的就是微观系统——一种多重即时环境,儿童在其中直接和别人发生交往,如家庭,教室等等。在这个生态结构的核心——儿童生长的微观系统中,布朗芬布伦纳认为分析的基本单元就是"二联体(dyad)"——二人系统。下一个系统则超越了单个的环境,是关于那些即时环境之间的联系。

布朗芬布伦纳坚信这些联系比那些静态的环境还要重要几分。他说:"一个小学低年级的孩子的阅读能力,与其说是取决于他是如何被教的,不如说是取决于学校和家庭之间的纽带的存在及性质。"第三层结构则把我们带得更远。

---

①② Goodman,Mary,E.(1970). The Culture of Childhood: Child's-eye views of Society and Culture. New York:Teachers College Press.

③ Bronfenbrenner, Urie. (1979). The Ecology of Human Development. Cambridge: Harvard University Press. P7.

他说:"个人的发展深深地受到那些个人甚至没有介入的环境的影响。"例如,父母的工作单位或工作环境。最后,每个社会或文化系统构成了这个个体发展最外围的生态结构。在一种文化或亚文化圈里,某类微观环境会倾向于接近或相似,而在不同的文化中,它们可能是迥异的。① 这些环境与关系无时无刻不在渗透和改变着儿童文化。

由是观之,今日中国的儿童文化建设当务之急是处理好家庭、学校、社会三大领域的各自安排,确保儿童成长的生态环境始终处在健康良性当中。

一、儿童家庭教育的现状

当今时代,物质文明的高度发达、多元文化的冲击、信息时代的到来、独生子女的增多等都使我们的家庭教育面临了许多新挑战、新问题。大部分家长不懂得教育子女的科学方法,教育观念相对滞后,教育内容偏颇、教育方法不当,致使家庭教育陷入了误区,从而制约了家庭教育的长足发展。与此同时,美国人家庭教育儿童的理念与方法却与我国有很大不同。笔者希望在领略中美儿童家庭教育不同的同时,反思不同文化背景对儿童观的巨大影响。

(一)中国家庭教育存在的问题②

1. 家庭教育观念落后

这主要表现在家长的养育观、教子观和成才观上。一些家长把孩子视为自己的私有财产,把教育子女当作家庭私事,把教子成才仅仅与孩子个人前途、家庭荣誉和幸福联系在一起。更有甚者,一些父母由于育人观念陈旧,缺少正确的方法,对孩子由"望子成龙"、"盼女成凤"逐渐演变为"逼子成龙"、"逼女成凤",结果剥夺了孩子独立性、自主性,抹杀了孩子的独立人格和主动精神,使孩子成为家长的"隶属"和"附庸"。这类家庭教育往往将注意力只放在知识传授上,始终把应试教育与升学作为教育的出发点和归宿,忽视了对子女兴趣、理想、性格等非智力因素的培养。这些家庭教育观念中存在的传统的、专制的、保守的落后成分,是当代家庭教育发展的主要障碍。

2. 家庭教育内容的片面性

家庭教育内容的片面性在实践中集中表现为一些家长对子女的教育:重智

---

① Bronfenbrenner, Urie. (1979). The Ecology of Human Development. Cambridge:Harvard Univecsit y Press. P3—15.

② 杨智军:《我国家庭教育存在的问题及其对策探析》,第 311 页,《法制与社会》,2009(2)。

力教育,轻德育培养;重知识学习,轻实践锻炼;重身体素质培养,轻心理素质培育。

首先,重智力教育,轻德育培养。深受"学而优则仕","知识能够创造财富"等观念的影响,我国大部分家长都把孩子的智力教育放在了家庭教育的第一位,甚至部分家长直接把孩子成绩的好坏来作为衡量家庭教育成功与否的唯一标准。他们为了能让孩子取得好成绩,考名校,不惜花大量金钱为孩子添购辅导丛书、配电脑、请家教,而在孩子的德育上却不舍得花钱,费心思。事实上,孩子的道德品行、行为习惯等的养成对孩子的健康成长是极为重要的。一个人即使知识再丰富、个人能力再强,不具备良好的道德修养,也只是"金玉其外,败絮其中"。

其次,重知识学习,轻实践锻炼。由于受到封建遗留思想的影响,大部分家长信奉"万般皆下品,唯有读书高"。在这种思想的支配下,很多家长不惜花一切精力来抓孩子们的学习成绩,给他们布置了很多课外作业,请家教帮他们辅导,送他们上各种各样的培训班,甚至部分家长限制孩子的外出活动、交友、参加社会实践。这种做法致使孩子们的独立生活能力差,缺乏适应环境的能力,缺乏团队意识和社会责任感。殊不知,青少年只有经过社会实践的锻炼,将书本上的知识和实际情况紧密结合,才能经受住各种挫折,磨炼坚强的意志,形成良好的个人品性,获得真正的成长。

再次,重身体发育,轻心理健康。家长们深知"身体是革命的本钱",知道健康的体魄是孩子学习和生活的坚实基础。因此,孩子身体的好坏成了家长最牵肠挂肚的事情。为了锻炼孩子健康的体魄,很多家长舍得投入,添置运动器材和服装,而在心理健康方面却重视不够。其实真正的"健康"不仅是指身体素质方面,更包括心理和精神状态方面。我国目前正处于社会转型时期,多元文化的冲击、社会竞争的加剧,各种思潮的泛滥使得青少年在人生的十字路口裹足彷徨或是不知所措,已酿成了不少人间悲剧。这个时期的青少年更需要健全的心理健康辅导。

3. 家庭教育方式的非科学性

(1)娇宠型。主要表现为家长不重视子女自理能力、劳动习惯的培养。他们把孩子放在家庭的中心位置上,把孩子视为掌上明珠,对孩子的要求百依百顺、言听计从,对他们缺乏管束,使他们形成好吃懒做、任性放纵、缺乏独立生活自理能力等不良品性。父母对孩子的娇宠表面上看是无微不至的关怀,实际上是剥夺了孩子对人生的正常体验,影响孩子生存技能和自制自理能力的培养。

（2）专制型。主要表现为家长往往以自己的想法来代替孩子的想法,想当然地给孩子准备一切。他们对孩子高标准、严要求,以牺牲孩子的自由时间为代价,以限制孩子的发展为成本,滥用家长职权,按照自己的意愿精心为孩子打造一切,没有把孩子当作有人格、有思想的独立个体平等对待。他们还奉行"棍棒底下出孝子"的思想,往往采用暴力的方式对待孩子。

（3）放任型。主要表现为家长对孩子明显缺乏责任心,缺乏对儿童和青少年进行正确、及时、有效的管理和照顾。本着"树大自然直"的原则,对子女教育放任自流,学习上不过问,生活上不关心,品德上不教育,对子女的成绩不表扬,对子女的缺点不批评,一味地让其自由发展,久而久之将导致子女性格上的缺陷,形成扭曲的心态,甚至产生严重的心理健康问题。

（二）美国家庭教育的具体做法[①]

在国际夏令营的活动中,美国孩子胆子特别大,他们不怕天黑,不怕单独外出,不怕山高水急,也不怕昆虫野兽;说话"冲",善交际,一般也较有主意,敢想敢闯;不需要大人陪伴,也从来没出过什么险情。在这方面其他国家的孩子就不如美国孩子,为什么会这样呢? 富有 20 年儿童教育经验的辅导员、日本的冈崎喜子为此访问了美国 215 个具有代表性的家庭。经过研究,她得出这样的结论:美国家庭重视对孩子认识自然和社会环境的教育,注意从小培养孩子的自立自主精神,并注重培养孩子的交往能力和在各种环境中的自我保护能力。具体做法有以下几点。[②]

1. 自立训练从幼儿开始

美国很多孩子从婴儿时期就独居一室,孩子长到三四岁,有了害怕的心理,家长就给买一种很小很暗的灯,彻夜亮着,以驱逐孩子对黑夜的恐怖。晚上睡觉前父母到孩子房间给孩子一个吻,说句"孩子,我爱你! 晚安! 做个好梦!"就回自己的卧室了。孩子就抱个布狗熊、布娃娃之类的玩具安然入梦。

2. 绝不总是围着孩子转

美国人很爱孩子,但不会总是抱着、盯着孩子。六七个月的孩子就自己抱着瓶子喝水、喝奶,大一点就自己学着用刀和叉子吃饭。孩子常常把食物撒在桌上、地上,但父母绝不喂,让孩子自己吃。孩子做游戏也是自己一个人做或跟

---

① 杨智军,《我国家庭教育存在的问题及其对策探析》,第 311 页,《法制与社会》,2009(2)。

② 创慧:《美国家庭的儿童社会适应性训练》,第 40—41 页,《家教指南》,2004(3)。

小朋友一块做,很少缠着父母。父母外出旅游,把很小的孩子就交给祖父母或花钱寄放别人家,请人带几天。家里办晚会或去参加别人的宴会,也看不到家长总牵着自己的孩子。

3. 让孩子接受锻炼

工程师杰姆斯带着 3 岁的儿子到城外 10 公里的乡下看望父母。吃过晚饭,天已黑,进城的公共汽车已经停开。如果住下,明天再回城也合乎情理,而杰姆斯却带着儿子步行回城。儿子走一段,他背儿子一段,就这样摸黑回家。为什么这么做? 杰姆斯回答说:为了使儿子从小熟悉黑暗和吃一点苦。

4. 教孩子使用工具

美国家长教孩子从小认识和使用各种工具及电器。父母经常对孩子说:"你应学会用这些工具,有什么东西坏了,你就可以自己动手去修理。"工具包里有手锯、刨子、锉刀、螺丝刀、钳子等。父母教给孩子这些工具的用途、性能,让孩子掌握操作要领,并鼓励孩子在日常生活中使用它们。五六岁的孩子,父母就要教他们使用煤气灶、电炉和洗衣机。家里东西无论哪里出了毛病,父母都鼓励孩子大胆尝试自己修理。

5. 教孩子适应环境

约翰·柏拉姆夫妇假日常带着 8 岁的儿子与 5 岁的女儿到山区旅游。每遇山涧需渡过时就叫儿子观察水势,寻找最浅、水流较缓的涉水点,然后由父母决定是否可行。如果选择不当,就讲明道理,并教孩子怎样识别水深及流速。上山时,他们从不乘坐缆车,而由孩子选择登山路线。途中遇到陡崖峭壁,让孩子判断有无危险,可否攀登,并问孩子该怎样保证安全。经过多次跋山涉水的实践,孩子自然不怕山高水急,也敢冒险了。

6. 进行自我保护训练

时装设计师密契尔有一个 10 岁的女儿和一个 7 岁的男孩。他带他们上街时随时随地地教孩子交通规则并嘱咐其他注意事项,说明怎样走危险,怎样才安全。许多家长还叮嘱孩子记住必需的电话号码,如:父母的单位电话、警察局电话、消防电话、医院电话等。

二、现代家庭教育的具体应然措施

第一,顺应儿童的天性。天性是文化的根基。因此,教育必须要以儿童的天性为依据,才能起到应有的功用。天性是不可教的,也是无法改变的。人之所以为人,就是以人的天性为根基为前提的。天性的生成是由生命的进化历史决定的,是经过自然选择的,因而是自在的、合规律、合目的的。教育的出发点应当是人的天性,教育应当尊重天性。儿童文化习性的塑造,首先应当了解儿童,了解儿童之所以为儿童的需要与成长的规律。蒙台梭利将儿童的需要视作来自生命的呼唤,认为孩童成长为大人是借助于一种神圣的力量。所以在这个奇妙的过程中,教师与成人所做的干预必须是"间接的",是一种充满敬意地等待儿童成长的过程。她说"让我们'释放'这个生命去成长,只要是对他好,让我们当个安静的观察者"。① 因此,顺应儿童天性,家长首先应当是一个观察者,一个儿童发展需要的研究者。家长任何随意的"拔苗助长"或"放任自流"都是极端错误的。

第二,更新儿童成长的微型文化场。儿童成长的文化场是一个大的教育空间,广义上包括正式教育空间、社区教化空间和家庭教养空间。当下的社会文化使得原有的文化场以及其间的文化关系发生了巨变,昔日一元、静态与封闭的文化场,成为多元、动态与开放的文化场,文化间关系由疏远、隔离与封闭走向了开放、沟通与互动,这些变迁导致原有大教育空间的震荡,对一直以来习惯于自在状态下的儿童文化习性的获得产生了重大影响。针对新的世界文化格局下不同文化间关系的变化,雷德菲尔德(Robert Redfield)1956 年在《乡民社会与文化》一书中提出"大传统"(great tradition)与"小传统"(little tradition)的概念,②大传统指的是精英文化,小传统指的是乡民的生活文化,以此强调不同文化间应当互动互补、和谐共荣。当下儿童成长于其中的文化场是一个"大传统"与"小传统"共同作用下的文化场,包括了托幼机构、学校、社区和家庭等。社会文化与包括家庭在内的各级生态系统存在着内容和形式上的一致,并通过微观生态系统影响儿童的行为。③ 家庭生活中的物理环境与心理—社会环境,尤其是家庭的社会关系是影响幼儿的重要因素。因此,就家庭而言,更新幼儿成长的文化场应当从这些对儿童产生重要影响的因素着手,关注其中文化关系的变化及其对儿童成长的影响。

第三,提升家庭的文化适应与文化选择能力。儿童文化习性的塑造,与家庭自身的文化适应力与文化选择能力有直接关系。文化的变迁不仅对大的教

① [意]玛利亚·蒙台梭利:《蒙台梭利幼儿教育法》,第 165 页,蒙台梭利教育研究组编译,兰州大学出版社,2001。

② 李亦园:《人类的视野》,第 144 页,上海文艺出版社,1996。

③ 朱家雄,华爱华:《幼儿园环境与幼儿行为和发展的研究》,第 55 页,世界图书出版公司,1996。

育空间带来重大影响,更重要的是对原文化生态的生存与发展提出了新的挑战。这给家长也同样带来文化经验的差异、价值感的分歧及文化认同的精神困境。因此,家长自身应当提升文化自觉,以民主、尊重、宽容、平等、自由的文化观看待本民族的文化和他文化,增强在跨文化语境下对传统与现代作出合理选择的能力。如同19世纪德国教育家第斯多惠向教师强调的那样:"你要说,要想,人是我的名字,德国人是我的绰号。"家庭自身文化适应与文化选择能力的提升是儿童文化自信心与文化适应力发展的重要保证,否则,儿童文化习性的塑造将成为一纸空文,文化的传承与发展会由此失去继续和传承的根基。

第三节　学校是影响儿童文化发展的中坚力量

究其根本而言,中国当代儿童文化是一种成人本位的文化,这种文化理念一直延续至今,以若隐若现的方式表达出来。尽管我们的社会中也似乎把儿童的地位抬得很高,但我们要么是因为溺爱而放纵了儿童,要么是因为严厉型的爱而压制了儿童,要么是因为爱的无界限,而对儿童期望过高,把长辈的生活理想完全压在儿童身上,以至于他们不可承负。这使得我们始终缺少一种健全的、儿童本位的文化理念。所以,我们今天很重要的任务就是培育一种儿童本位的、健全的文化。

教育的本质就是以文化人,教育对儿童施加的影响是以文化的方式浸润儿童的心灵世界,教育中的行为始终体现着一种文化的渗透。表面上是教师对学生一句随意的训斥、命令、颐指气使,背后都是在传达一种成人本位的文化理念。相反,当我们与学生展开平等的对话,更乐于去倾听他们,及时地了解、引导他们内心的需要时,实际上我们也是在悄无声息地引领一种儿童本位的文化理念。文化就是人的生存方式,教育培养人就是在孕育人如何生存的方式,一个人在教育中接受的文化陶冶越广泛,一个人生存的空间、生命的姿态就越丰富,一个人就越有可能成为有教养的人。当有知识而乏教养成为当前儿童发展中一种可怕的倾向时,怎样立足儿童世界,培育积极健全的儿童文化,实际上乃是引导儿童生命健全发展不可或缺的重要命题。

在学校教育中,以教师为代表的成人文化始终处于强势地位,儿童文化常常是在夹缝中求生存。于是,如何正确理解学校中成人文化与儿童文化的关系,如何在学校的主战场——课堂——实现两类文化的协调发展,就成为今日学校开展儿童文化建设的重要课题。

一、共生:儿童文化与成人文化的内在联系

儿童文化"是儿童表现其天性的兴趣、需要、话语、活动、价值观念以及儿童群体共有的精神生活和物质生活的总和"。① 它既是远古沉积的,又是新生娇嫩的,联结着历史、现实和未来。不能把儿童文化与成人文化看作是跷跷板的两个顶点,一方靠着压制另一方而获得上升的位置。在文化的视阈中,儿童与成人是共生的。

"共生(conviviality)"一词最初来源于生态学。"共生"关系起先是指某种封闭的共存共荣的系统,例如圣甲虫与羊的关系。人文社会学者把"共生"这一概念引入人类社会中,象征异质者之间的关系和结合方式,如异文化之间的沟通与互惠。②

儿童文化与成人文化的"共生"首先意味着这二者之间确有质性的不同。儿童文化虽然总在不断向成人文化转化与演进,但其独立价值不能简单地被成人文化取而代之。对"孩子掌权"世界的担忧,如鲁迅所说,不过是"杞人之虑",没什么要紧的,因为孩子的心和大人不同。首先,孩子的心"会进化,决不会停留在一点上,到得胡子老长了,还在想骑了巨人到仙人岛去做皇帝"。③ 其次,儿童心思纯净,根本没有控制成人与社会的欲望与"野心"。倒是成人的世界需要孩子这样清澈、透明的心灵来拯救。成人要学习耐心品味儿童文化,保持一份纯真和好奇的赤子童心。和谐共生的儿童文化与成人文化,就仿佛是"落霞与孤鹜齐飞,秋水共长天一色"的动人画卷,景致悠远而柔美。

儿童文化与成人文化的共生还意味着两者之间通过不断的相互转化形成了一种互惠关系。儿童的心理逻辑与成人的学科逻辑具有共同的经验性质,由前者到后者是一个自然而连续的生长过程。因此,儿童文化的目的地是成人文化,前者总在不断向后者转化、演进,后者的发展就是在前者基础上所进行的持续不断的经验改造过程。而成人文化汇聚成为人类总的精神文化,通过儿童文

① 刘晓东:《论儿童文化——兼论儿童文化与成人文化的互补互哺关系》,第42页,《华东师范大学学报》,2005(2)。
② [日]尾关周二:《共生的理想——现代交往与共生、共同的思想》,第116—120页,中央编译出版社,1996。
③ 鲁迅:《集外集拾遗补编》,第310页,人民文学出版社,1980。

化而复演和传承,得以生生不息、代代相传。老子在《道德经》里说:"常德不离,复归于婴儿。"马斯洛也曾经对许多高峰体验者进行了调查,发现这些成熟的大人反而有许多孩子气的、幼稚可爱的地方。成人文化的最高境界展现了孩童式的浑然天成,这不是个体发展的倒退,而是一种回归。从这一点来说,成人文化的目的地又是儿童文化,前者也只有通过适当方式被儿童吸收之后,才真正找到自己永恒的安居之所。就像苏联教育家阿莫纳什维利在其著作《学校无分数教育三部曲》中所说,孩子们"从我身上看到了他们的成长,我从他们身上看到了我的童年"。

二、合作与探究:走向文化共生的课堂教学

共生是儿童文化与成人文化的内在联系,关注儿童的需要、兴趣、话语、行为……不仅是为了每一个孩子自身的发展,也是为了人类共同的未来。但是,为满足社会需要、传递成人文化,以往的课堂教学多为成人一统天下,儿童文化反被人为剥离了儿童的学习生活。蒙台梭利不禁叹息道:"儿童是什么? ……是成人制造出来的物品。为此成人也把儿童当做是一件私有财产。没有一个奴隶被主人拥有能像孩子被父母这样完全地拥有",而家庭中的这种情况在学校的学习环境里有过之而无不及。学生在外界制约下不知不觉中沦为"被压迫者",但身为"压迫者"的成人也没有得到更多的权力。相反,他们对儿童文化的压制使自己也丧失了自由。为了创建一个更加民主和文明的社会,课堂教学应该以合作与探究为核心,鼓励儿童文化与成人文化共生、互济,让缺失的儿童文化重新回归儿童的生活。

(一)把课堂变成教师与学生合作的场所,重构文化共生的课堂教学

杜威曾经把教学比喻为出售商品,"教"与"学"的关系就像"卖"和"买"的关系。教学是由教师和学生共同完成的过程,很难想象一个教师"不问学生学得了什么东西,而径自认为他们做了良好的日常教学工作"。[①] 合作的课堂教学要求教师用心倾听儿童的声音,在一个"科层化"的社会中,教师的声音往往因为传递知识而特权化,而儿童的经验被贬低,儿童的声音——不管他们多动听,也要经由教师认可才会被欣赏。然只有重视学生的声音,教师才能了解他们是如何建构自己的经验,如何使自己成为自身的主宰和创造者。如弗莱雷所言,每

---

① [美]约翰·杜威:《我们怎样思维·经验与教育》,第29页,人民教育出版社,1991。

个人都有权利说他自己的话,为他自己的世界命名。儿童没有不重要的问题,也没有愚蠢的表达,他们的话语都是有意义的。"风不吹,它睡了吗?""我怎么能知道明天早晨我真的能够醒来,并且没有人会忘记我呢?"这样的问题背后隐藏着儿童的好奇、需要、经历、幻想和担心。① 排斥儿童声音、拒绝对话的教学将儿童文化与成人文化人为割裂了,把儿童文化从儿童生活中剔除了出去。

合作的课堂教学还要求教师与儿童之间进行平等的交往。交往行为总是"以达到理解为指向的行为",②因此"理解"是交往的核心。以"理解"为核心的交往不是训练儿童用大人的眼光看世界,或一味让儿童迁就成人的标准,更不是"把孩子时代的理想等同于整个人类的理想"。别忘了"教育问题的根本解决,第一步绝不应该针对儿童,而应针对成人教育者"。③ 恰恰是成人理应尝试去"童心"看世界,满足儿童的正当需要、顺应儿童的身心特点,用适合儿童的方式和他们进行互动,儿童与成人的文化才有共生的可能。英国思想家霭理斯以形象的语言表达了这方面的看法:"我们手持火把,沿着道路奔向前豁不久,就会有人从后面来,追上我们。我们所有的技巧便在怎样将那光明涸定的火炬递在他们手内,那时我们自己就隐没到黑暗里去。"④

(二)重视探究的意义,重构文化共生的课堂教学

儿童文化是"诗性的、游戏的、童话的(或神话的)、梦想的,是好奇的、探索的,是从本能的无意识的逐步迈向有意识的,是历史沉积的因而是复苏的,是转变的生长的"。⑤ 探究性是儿童文化的基本特征之一,孩子清澈的眼眸里总是充满了对万事万物的好奇。新课程改革注重教学过程的探究性和儿童学习的研究性。无论是儿童自身的和谐生长,还是整个民族的科技创新都离不开探究。然而,传统的"灌输式"教育方式在今天的课堂教学中仍然占主导地位:"教师教,学生被教;教师无所不知,学生一无所知;教师思考,学生被考虑;教师讲,学生听—温顺地听;教师制订纪律,学生遵守纪律……"⑥课堂上的控制和被控制

---

① [德]阿明·克伦茨:《儿童提问的背后》,后记,王怀成译,华文出版社,2003。
② [德]哈贝马斯:《交往与社会进化》,第81页,重庆出版社,1989。
③ [意]玛利亚·蒙台梭利:《发现孩子了解和爱孩子的新方法》,第94页,中国发展出版社,2005。
④ 周作人:《苦口甘口》,第79页,辽宁教育出版社,2002。
⑤ 刘晓东:《论儿童文化——兼论儿童文化与成人文化的互补互哺关系》,《华东师范大学学报》,2005(2)。
⑥ [巴]保罗·弗莱雷:《被压迫者教育学》,第25页,顾建新等译,华东师范大学出版社,2001(5)。

关系由此可以一览无遗。教学过程也因此异化成为强制性、武断性的"布道"，变成一种"文化霸权"的过程。

好奇心既是个体扩展经验的基本要素，也是形成反省思维的胚芽中的最初的成分。在儿童时期，孩子探究周围世界的需要和兴趣就像东风吹拂下的杨柳枝条，向四面八方伸展着柔嫩的手臂。然而，这种好奇、探索的天性若不加以珍惜和引导，将会随着时间的流逝而退化、消散。列夫·托尔斯泰不无遗憾地说："在儿时，刚步入人生，抓住了它的所有秘密，感到生活远不止是我们的感官告诉我们的那些，后来我们丧失了这种超前感觉，以及对生活的深度的事后感觉。"①课堂教学应该顺应儿童探究与好奇的天性，让儿童在教师的引导下探究自己真实而生气勃勃的生活，进行积极主动的学习。

课堂教学必须关注儿童的需要，让儿童文化重返儿童的学习世界，为儿童文化与成人文化的共生提供肥沃的土壤、自由的空气与广阔的空间。教育事业是促进人的发展的事业，"人即目的"。到底"儿童是成人之父"还是"成人是儿童之父"？对这一类的问题已经没有争辩的必要。若要让儿童和成人彼此"相看两不厌"，成人只有放下自己的架子，承认"你中有我，我中有你"。在合作、探究的课堂教学中，儿童文化和成人文化血脉相连、心心相印。

第四节　社会是影响儿童文化发展的关键因素

过去，成人文化对儿童文化的影响主要体现为家庭养育和学校教育，而今，这一影响越来越多地被大众文化与媒体环境替代。"媒体文化"在 20 世纪最初几十年里作为一个发展中的概念锋芒毕露。著名学者马歇尔·麦克卢汉（Marshall McLuhan）、沃尔特·荣（Walter Rong）、詹姆斯·凯里（（James Carey）都曾考察媒体环境以及它们如何改变人们日常家庭生活、工作和休闲的方式，成人文化通过各种媒介对儿童文化发挥作用，例如电影、电视、电脑游戏、报纸杂志、网络、广播，甚至广告牌等。

目前，我国从学校、教师到社会对儿童文化和教育的认识都存在着偏颇。对教育系统而言，存在着"教育是教育系统内部的事情，是教育专业人员的事情"的观念；对家长、社会公众来说，存在着"孩子到了学校里读书，一切都由老

---

① ［德］阿明·克伦茨：《儿童提问的背后》，后记，王怀成译，华文出版社，2003。

师负责"的观念;"应试教育"积重难返的根本原因,就是不当的人才观在作祟。学历的盲目崇拜、用人单位都希望招聘高学历的人才、家长们都希望自己的孩子能考出高分……这样的社会文化氛围在日益强化着,学校不得不片面追求升学率,老师、学生、家长眼里最看重的就是学生的考试分数,素质教育步履艰难。无数事实表明,我国儿童文化建设与其说在家庭和学校,不如说社会才是儿童文化建设的关键因素。

在今天,人们已经普遍认识到,要搞好儿童文化建设,提高办学水平,仅凭教育行政部门和学校的力量是远远不够的,必须充分发挥学生家长和社会各界的作用,联合学校、政府机关、社会公众协同攻关。因此,强化社会教育功能已成为儿童文化建设的一大发展趋势。社会教育的目的在于吸纳学生家长和社会各界参与儿童文化建设的各项活动,争取社会公众对儿童文化各方面工作的关心、支持与配合,共同构建儿童文化与社会方方面面良好的伙伴合作关系。

一、电视媒体:儿童文化建设最基础的社会影响因素

西方学者对媒体的研究迄今为止可以分为三个阶段。[①] 第一个阶段是 19 世纪 50—60 年代,北美对儿童与媒体的大规模考察主要集中在电视、收音机、唱片、印刷品和电影上。到了 80 年代,考察对象开始增加,出现了广播、有线电视(卫星电视)、录像、报纸、电脑游戏、有声媒体和越来越多的针对儿童的书刊杂志。进入 21 世纪后,媒体的队伍继续庞大,出现了大量针对儿童的电视频道。音响媒体和电脑游戏的体积更加迷你与便携,个人电脑都带有 VCD 或 DVD 光驱,并和互联网的门户相连,人类拥有的全部信息几乎唾手可得。技术的进步还使得儿童和他们的同伴可以借助于手机、短信、邮件或寻呼机即时联系。随着手机与互联网的连接技术日益纯熟,媒体信息的大爆炸几乎就在眼前。

而对儿童文化冲击最大的当数电视和网络。如美国心理学家瓦特所言:"儿童在学校和家庭完成的社会化过程已经或正在由传媒,尤其是电视取代了。"自 1950 年电视开始普及后,引起了许多研究者的关注。英国学者赫敏威(Himmelweit),奥普哈(Oppenheim)和维斯(Vince,1958)以及美国学者施拉姆(Schramm),赖尔(Lyle)和帕克(Parker,1961)等都对电视在儿童生活中的

---

① Roberts, Donald F., & Foehr, Ulla G. (2004). Kids and Media in America. Cambridge: Cambridge University Press. P3.

角色与意义进行了研究。他们发现,电视对儿童的一日生活和户外活动的组织产生了深远的影响。另外两部重要的著作是韦恩(Winn,1977,2002)的《药》(*The Plug-In Drug*)和曼德(Mander)的《取消电视的四种争论》(*Four Arguments For the Elimination of Television*)。在书中,他们反对电视的普及,认为电视已成为一种类似安眠药的东西,正在逐步麻木和瓦解儿童的创造力。尼尔森(1988)说:"电视的隐性课程中最糟糕的部分大概就是它对想象力的破坏或腐蚀。"

威廉曾经做过一个著名的实验。她在加拿大一个化名"没电视"(notel)的小城进行了两年的跟踪实验,并和其他两个地理位置很相似的小城"一个台(unitelz)"和"许多台(multitela)"进行了对比。研究表明,"没电视"城的孩子在创造力测试中得分远远高于另外两个城市的孩子。两年后,随着电视的引进,"没电视"城的孩子得分也开始下降。[①] 2000 年,美国和平组织的一位教师去往俄罗斯东部一个偏僻的小镇,那里没有电脑,更没有互联网。那里的学生甚至从来没有见过真正的美国人。尽管如此,学生们却对"谁是世界上最美的女人"了如指掌:美国歌手"小甜甜"布兰妮![②]

还有研究者甚至认为,电视和其他大众媒体目前正在瓦解社会文化意义上的"童年"阶段。美国纽约大学教授尼尔·波兹曼在《童年的消逝》一书中说:"童年不同于婴儿期,是一种社会产物,不属于生物学的范畴。至于谁是不是儿童,我们的基因里并不包含明确的指令。人类生存的法则也不要求对成人世界和儿童世界进行区分。事实上,如果我们把'儿童'这个词归结为意指一类特殊的人,他们的年龄在 7 岁(比如说)到 17 岁之间,需要特殊形式的抚育和保护,并相信他们在本质上与成人不同,那么,大量的事实可以证明儿童的存在还不到 400 年。"

这一时间和卢梭发现儿童的时代基本一致。不过,波兹曼认为是印刷技术导致"儿童"这一概念真正出现。波兹曼认为中世纪童年缺失,是因为当时的传播环境不能够把儿童与成人分离。16 世纪以前,6～7 岁以上的儿童被认为与成人没有什么不同,因为在当时大家是以口语来交流的。"在口语世界里,成人

---

① Gotz,Maya,Lemish,Dafna,Aidman,Amy&Moon,Hyesung.(2003).Media and the Make-believe Worlds of Children. 12.

② Steams,Peter N.(2005).Growing Up:The history of Childhood in a Global Context. Texas:Baylor University Press. P41.

的概念并不存在,因此,儿童的概念就更不用提了。"在这样一个口语世界里,当一个儿童学会如何说话的时候,他就变成了一个成人,可以全面参与社会活动。儿童生活在一个跟成人一样的社会范围,儿童有机会接触该文化中几乎一切行为方式。"他们在一起过同样的生活,从不分开。"①波兹曼认为是印刷术。

首先,印刷的发明和普及创造了一个新的成年定义:"成年人是指有阅读能力的人;儿童则是指没有阅读能力的人。"在这样一个环境里,儿童要成长为成年人就必须接受文字教育。其次,印刷使儿童远离了成人社会的秘密,这才产生了童年,儿童文化与成人文化也因此成为两个既联系又有区别的概念。因此,"童年这一概念是文艺复兴的一项伟大发明,也许是最为人道的一项发明"。② 然而,童年既然在一定的社会条件下产生,也会在一定条件下消失。无论是童年的产生还是"消逝",首先都是文化—符号环境的产物。符号传播方式的变化打破了隔离儿童于成人世界外的屏障。随着电子技术的发明与出现,首先是广播,然后是电视,现在是网络……正在动摇和破坏童年。"由于电子媒体肆无忌惮地揭示一切文化秘密,它已对成人的权威和儿童的好奇构成了严重的挑战。"从 20 世纪 50 年代起,"影像革命"导致了一个由图片、漫画、海报和广告所构成的视觉符号世界。儿童和成人一样共同居住在电子环境里,变成了"大众社会人"。

童年的消逝必然会影响到成人概念的存在,因为"儿童"是与"成人"并存的概念。波兹曼认为一个崭新的儿童化的成人概念开始出现。"虽然电视上也出现语言,而且有时候也很重要,但是支配观众的意识、传达重要意义的是影像,而非语言。用最简单的一句话表示,人们观看电视。"最重要的一点是,电视让每个人都有机会观看它,"这就意味着电视节目不需要以'儿童'和'成人'来进行分类……出现这种情况,不只是因为电视的符号形式在认知方面毫无神秘可言,而且是因为电视机不能藏在柜子里或放在架子上束之高阁,让儿童够不着:即电视的外在形式,跟它的符号形式一样,不能使它具有排他性"。由此,"我们可以断定,电视侵蚀了童年和成年的分界线。这表现在三个方面,而它们都跟电视无法区分信息使用权密切相关:第一,因为理解电视的形式不需要任何训练;第二,因为无论对头脑还是行为,电视都没有复杂的要求;第三,因为电视不

---

① [美]尼尔·波兹曼:《童年的消逝》,第 22 页,吴燕莛译,广西师范大学出版社,2004。
② 同上,第 1—18 页。

能分离观众"。①

电视把成人文化与儿童文化之间的分界无形中消融了。《美国免费电视》中介绍,一个普通的美国孩子现在每年花在学校里的时间是 900 小时,而泡在电视机前的时间则为 1,460 小时。2～11 岁的儿童平均每周看电视 23 小时,到高中毕业时,他们平均已经看了约 2.4 万的电视节目,还不包括看电影和上网。与此同时,他们在学校的时间才不过 1.2 万小时。并且,儿童观看电视在多数情况下是放任自流的。《2000 年度电视报告》中称年龄在 6 岁至 17 岁之间的美国孩子有一半在自己的卧室里有电视。研究还显示,一般情况下儿童和青少年习惯收看早间节目,特别是星期六;但是他们也同样喜欢看下午及黄金时间播出的显然涉及更多成人内容的节目,并且乐此不疲。这种不加鉴别的滥看会使良莠不齐的成人文化无孔不入地渗透到儿童世界中,导致了许多不良后果。

虽然美国政府 1990 年就颁布实施了《儿童电视法》,但美国国家有线电视协会的研究发现,每周看 2 小时卡通节目的孩子,每年接触约 500 次高危暴力表演。一个普通的美国孩子小学毕业时将从电视上看到将近八千起谋杀;18 岁前从媒体上目睹的暴力行为将有二十万桩。② 得克萨斯大学传播学院的埃伦·沃特拉认为所有年龄段的观众都可以逐渐学会攻击性的态度和行为方式:他们也变得更加感情用事,对现实世界的暴力麻木不仁,而与此同时心中不断滋长自己会成为暴力犯罪的牺牲品的日甚一日的恐惧,出现"邪恶世界综合征"等问题。

在中国,现在所有的市级以上电视台都有少儿节目。以 2003 年 12 月 28 日央视少儿频道开播为起点,2004 年全国共有 24 家省级电视台设立了少儿频道;2006 年包括 19 家省级台、8 家副省级城市台、3 家地市级台在内,全国已有 36 个专业少儿频道开播。③ 电视越来越深地走进了儿童的生活世界中,看电视成为中国儿童最主要的课余休闲方式,并影响着儿童的价值观、世界观。一位爸爸问 6 岁的儿子:"你长大了要干什么? 老师? 科学家? 医生……""我长大要做大的们!"儿子毫不犹豫地答道。"大的们是什么?"爸爸一时不明白儿子的意思,心想这个"大的们"一定是了不起的大英雄角色。儿子说:"大的们就像孙悟空那样,下面有很多小的们,小的们都要听大的们的话。所以我长大了要做

---

① 〔美〕尼尔·波兹曼:《童年的消逝》,第 114 页,吴燕莛译,广西师范大学出版社,2004。
② 衣新发:《世界儿童电视的最新发展与走向》,《中国电视》,2005。
③ 黄勇等编:《2006 年中国广播华视发展报告》,第 130 页,社会科学文献出版社,2006。

大的们,很多小的们都要听我的话。"①再如某地区小学生流传的一段儿歌:"包青天,开飞机,展昭挂着 BP 机;张龙、赵虎吃烤鸡,王朝、马汉开面的。"②儿歌中都体现了成人文化的影响。在幼儿园大班的一个文学活动"七色花"中,老师组织孩子进行讨论:"如果你有七色花,你有什么愿望?"孩子的回答是:"我想有个聪明的大脑。""我要买跑车。""当画家,画得好能卖钱。""我要做医生,我妈妈讲能赚许多钱。"许多研究者认为,传播成人文化的媒体正在导致儿童文化的"道德危机"。

艾柯特(Gisela Eckert)③以儿童看电视的习惯为切入点,研究了成人是如何控制儿童的。儿童的选择和判断要符合成人的标准,这在一定程度上压制了儿童文化。儿童文化直到近代以后才真正从历史的黑暗里浮出,却又在今天的文明过程中遭遇到"消逝"与"褪色"的危机。美国著名传媒大师施拉姆指出:"究竟人类能否享受电视文化的好处,主要决定于人类运用他的智慧能否与发明它的智慧并驾齐驱。"成人文化与成人社会的技术理性日渐侵蚀着原初的儿童文化。在人类发展的阶段中,似乎演变成了一头是婴儿期,一头是老年期,中间是"成人儿童"期。可以说,儿童文化的确处于危机之中。

现在,美国至少有 48 个州开始把媒体素养教育内容结合到英语语言艺术、社会历史学、健康学的课程结构中。澳大利亚的昆士兰州,2002 年颁布了艺术课程提纲来支持媒体素养教育的开展,使媒体素养教育作为艺术教育的五大领域之一。英国是最早一批开展媒体素养教育的国家,把"媒体素养教育"当做国家核心课程之一。

二、网络——儿童文化建设最具挑战性的社会影响因素

网络也日益成为城市儿童生活中的一部分内容。2003 年,总部在硅谷的雅虎公司把年度峰会主题之一定为"与生俱网"和"数字儿童"。④ 根据罗伯特等人对 3104 名 2～18 岁美国儿童的调查,不同年龄段儿童拥有电脑的比例在

---

① 黄健:《叮当的理想》,《青年报》,百姓·故事,2007 年 5 月 13 日。

② 陈华:《谈大众文化对儿童世界的影响与渗透——以"灰色童谣"为研究对象》,《和田师范专科学校学报》,2007(46)。

③ Gisela Eckert (2004):"If I Tell Them Then I Can"-ways of relating to adult rules, Childhood, c, Vol (1),p9—26.

④ Montgomery, Kathryn C. (2007). Generation Digital. Cambridge: The MIT Press. 11.

58%～79%之间,有一半左右的儿童都可以使用互联网。① 我国互联网上网人数已经达到 1.62 亿,其中 18 岁以下的儿童人数超过两千万;未成年人上网的比率高达 85.21%,而他们的父母上网的比例只有 66%。② 迪斯尼频道早在1996 年就注意到网络的力量,于是进军互联网,开设了网络儿童频道。到 2004年初,网上浏览量已经超过了 330 万人次。

随着时代的发展,网络道德问题将越来越受到人们的广泛关注和高度重视,对网络道德问题的研究也越来越迫切。用光缆、导线联接起来的网络社会,尽管为人与社会的道德进步以及自由全面发展提供了前所未有的巨大可能性,但是,毋庸讳言,这样的社会还并不就是我们理想的道德社会——一个真正合乎人性、使人能得到自由全面发展的道德社会。诚如 1999 年 7 月就任欧盟主席的芬兰总统在演讲中指出的,如果仅从科技的角度考虑,信息社会没有价值。这从另外一个角度启示我们,作为一个现代人,我们必须从人性的角度去思考科技的价值与意义。网络社会的价值,就在于用网络科技使人们生活得更好、更有效率,教育在其中应该发挥其应有的独特作用。"在一个科学技术日益深入个人生活和社会生活的世界里,教育不仅在传播科学技术知识方面,而且在发展使人类掌握和利用这些知识的行为方面发挥重大作用。教育还应该承担的任务是:在作为方法的科学技术与作为人类生活与行动目的的价值观之间建立了平衡。"

儿童素质如何,无疑在人类社会的未来走向中起着不容忽视、举足轻重的作用。可见,网络社会下的儿童文化建设究竟应该怎样进行,是很值得深思的。就网络时代的儿童道德教育我们认为有两点值得重视。

1. 发展主体性:网络社会儿童道德教育的终极目标

在传统社会中,儿童作为受教育的对象,一直被视为接受知识的容器,道德教育亦不例外。从某种意义上讲,传统道德教育是一种"无人"的道德教育,其突出表现就是忽视儿童的主体性,无视儿童的人格尊严,不尊重儿童的自主选择,片面强调通过灌输等手段来造就"无我"、"顺从"、"听话"的下一代。道德,归根到底是人的道德,是人的一种源自于生活而又高于生活的"向善的本能",脱离生活谈道德,无异于缘木求鱼,南辕而北辙。培养人的主体性,意味着要尊

① Roberts, Donald F, & Foehr, Ulla Cx(2004). Kids and Media in America. Cambridge: Cambridge University Press. P191.

② 许苏琴:《网络媒体与儿童发展》,《新闻实践》,2007(9)。

重人的本性——主动性、自主性、选择性和创造性。新的道德应该是合乎人性需要的道德,新的道德教育应该是,也只能是培养和发展儿童主体性的道德教育,以培养具有自主、理性、自律的道德判断和道德实践的个体,形成健康强大的人格为终极目标。在网络社会,儿童所面对的是一种虚拟的世界,从某种意义上讲,此时的儿童已经处在一种无人监控的时空当中。这对儿童的自主、理性、自律的道德判断和道德实践的要求不是低了而应该是更高了。美国人埃瑟·戴森说得好:"网络赋予个人强大的权力——能够赢得全世界的观众,能够获取关于任何东西的信息。但是随着运用或滥用权力的本领日益强大,个人需要为他们自己的行动以及他们所创造的世界担负起更大的责任。"

2. 教会选择:网络社会儿童道德教育的必由之路

发展儿童的主体性,绝不意味着放弃价值引导,这是因为教育(特别是主体性道德人格教育)作为文化—心理过程,所关注的是理想个体的生成与发展,它有两个相互制约、相互联结、相互规定、对立统一的基本点:价值引导和自主建构,二者在网络社会显得同样重要。网络社会是一个无中心的资源共享、多元价值共存的社会,各种道德的、非道德的、反道德的信息充斥着网络空间,在毫无监督和约束的状态下,如果缺乏道德自律,很可能会放纵本我欲念,偏离道德的轨道。因此,教育儿童学会选择,使其明白能做什么、不能做什么、应该做什么,是网络道德教育的核心问题。在网络社会中,儿童面对的是一张上天入地的网络,正义、美善与邪恶、丑陋充斥其间,吸纳什么、认同了什么全都有赖于儿童的自主选择,否则儿童则难免会陷入道德的迷惘。然而,儿童的自主选择并非是天生的本能,它主要有赖于教育的引导和儿童自己的生活实践。这里的引导,显然不是脱离儿童生活实践的生硬灌输,而是紧密联系儿童生活、尊重儿童自由意志和独立人格的真正意义上的教育。

教会选择,作为网络社会儿童道德教育的根本任务和必由之路,在这里有两重含义:其一是价值选择,即通过如前所述的价值引导,教会儿童能够自由自主地进行合情合理的价值选择。网络本身不过是一种技术层面的东西,然而它所负载的内容却往往包含有很强的价值性,需要儿童作价值判断和价值选择。网络既可以教人学好,也可以教人学坏,这一切均取决于网络的使用者——儿童自身的素质。网络社会自身的先天不足——活生生的人在交往中退到终端以后,交往时双方所看到的只是屏幕及其所呈现出来的符号,人们的交往是在"不在场"的情况下进行的。作为交往中的社会成员无法知晓和监督正在与其进行电子网络通讯者的所作所为,交往双方显然难以感受到对方的反应及其与自己的利益关系。人们受好奇、无知、展示创造性等等原因的诱使,往往会做出一些在物理空间难以做出甚至根本就无法做到的事情。

其二是网络选择,即通过教育,引导和帮助儿童适时地走进和走出网络。网络技术和网络的迅速发展,为人的自由全面的发展创造了前所未有的条件。因此,我们应该教会儿童学会选择,做网络社会的主人,一方面要勇敢而大胆地走进网络。不要因为网络上存在这样或那样的不足,就视网络如洪水猛兽,惟恐避之而不及,应该充分利用网络对人的发展提供的有利条件,最大限度地发挥其对人的发展的价值;另一方面,又要适时地走出网络。因为至少在目前,我们毕竟还不能脱离传统的现实社会而完全生活在虚拟的网络社会——电子空间中,网上世界尽管十分精彩,但它毕竟不是我们生活的全部。沉迷于网络,走不出网络,就必然会导致自我的迷失,甚至患上像毒瘾一样的网络瘾症。为此,我们呼唤"教会选择"的教育,但"教会"绝对不是包办、训导和代替,也不是越俎代庖,关键在于作为教育者不能无视儿童的主体存在和主体需要。

三、素质养成:儿童文化建设中社会文化的终极目的

做一个社会主义现代中国人,究竟应该具有或形成哪些重要的思想观念,才能适应当代中国社会的生活?才能如鱼得水般的比较顺利,去迎接各种挑战和机遇?儿童文化建设必须着眼于此,使每个人的生活都能有较好的适应,整个国家社会也才能达到全盘的和谐稳定。根据研究与观察,作为一个社会主义现代中国人,必须具有下列的思想、观念及行为特点。

1.遵纪守法的行为

"特权主义"或"特殊主义"很有市场,总有人喜欢凌驾于法律之上,喜欢法外施恩、托人关系、特殊待遇,致使纪律法规得不到彻底的执行。作为社会主义现代中国人,就应把过去的特殊主义的心态与行为彻底根除,真正形成一种遵纪守法的普遍态度与普遍风气。一方面执行法纪的人要坚守法纪规定,决不因人而异;另一方面,普通公民也应主动遵纪守法,不存另走捷径的企望,或另想别的办法,以规避法纪制裁。

2.设身处地的能力

所谓设身处地的能力,就是心理学家所说的"同理心"(empathy),它与同情心不一样。同情心是指:当我们看到一个人做出某一种行为或表现某一种情绪时,我也跟他做同一或类似的行为或情绪,但是我却不一定了解他为什么会有这种行为或情绪。同理心不一样,它是指:我不一定跟你有同样的行为或情绪,但是我却知道你为什么会有这种行为,会有这种情绪。它就是设身处地,就是要我们能够站在别人的立场,去了解他的情况,他的感受,他的情绪,他的行为,而不是只站在自己的立场,以不变应万变地去看一切。同理心能力越强,越容易适应当今社会的环境。

3. 理性分析的习惯

由于当今社会事务复杂,碰到的情况千变万化。那种以为养成某种习惯而固定的行为模式就可以应对一切的想法和做法显然已经很不适应了,需要我们自己运用头脑,很冷静地作理性的分析与判断,然后再根据事理转为行为,这样才能较快地去适应复杂多变的社会生活。假如能以理性为出发点去看待任何事情,很多不理性的行为便不会那么容易发生了。

4. 尊重他人的胸襟

在一个开放的社会里面,每个人的成长背景各不相同,接触的环境不一样,所受的教育也不一致,对同样的事情,会有各种不同的意见、看法及想法。没有一个人可以用武力、权力或其他方式强迫别人改变意见,去顺应迁就你的意见。我们应该尽量容忍别人的意见,承认不同的事物各有其存在的价值与意义。只有如此,才能适应和建立起一个异中求同,和而不同的现代社会。总之,尊重他人的胸襟与习惯,它是我们社会主义现代中国人所应该具有的一种思想及行为模式。

5. 自我改进的努力

当代社会变化迅速,不光是知识科技的更新很快,而是社会的整个环境也变得很快。工作的环境、生活的环境、甚至休闲娱乐的环境,都经常在快速地发生变化,我们以往所学到的观念、知识及技能,随时都有"失效"的可能。我们要经常设法去做自我改进的不断努力,更多地追求新的技能知识和新的科学观念,不断去做自我改进的努力,才能跟得上工作与生活的进展,才能适应当代社会。

6. 操之在我的态度

在现代社会要充分确认自己的前途只能是靠自己的努力,也就是说,个人未来的前途是完全把握在自己的手里,是跟自己的行为与努力有密切的关系。这种"操之在我"的观念,在心理学上称之为"内控态度",即觉得个人未来的前途,主要是控制内在的个人因素(如能力与努力)。在传统社会里的人们则更多的是偏向于"外控态度",认为个人未来的前途,主要是受控于外在的因素(如环境、机遇和命运)。这种态度上的差异与不同对个人行为与工作、生活的影响很大。作为社会主义现代的中国人,培育操之在我的内控态度,也是值得我们不断努力的一个重要方向。

7. 沟通与参与意愿

在我们这样一个时代里一个人是没有办法关起门来过活的。把自己孤立起来,不跟人打交道,不跟外人接触是极不可能的。在日常工作学习、家庭生活及休闲娱乐活动中,每个人都要经常跟随很多不同的人接触,要跟别人建立种种不同的关系。由于彼此接触的时间往往很短,所以必须要有一种随时主动跟别人沟通的意愿与尝试,较为乐意准确地把自己的想法或意见表达出来;同时,也给对方机会清楚地表达出他的想法或意见,这样彼此就会很快获得了解,然后才能基于了解并加以判断进而采取适当的行为。

8. 自处慎独的功夫

"慎独"本来是我国传统文化中非常强调的一点。就培育我国人民的心理与行为模式而言,我们不但不应放弃这种功夫,而是更要发扬光大,不仅要加以保留,更要继续推进。我们谈及的自处慎独的功夫,最重要的莫过于自我了解、自我接受、自我欣赏这一心路历程的逐步完成。要学习如何跟自己相处而不觉得厌烦,不觉得寂寞;要善于自处、能够自处,善于慎独、能够慎独,最重要的当然是要充分了解自己,接受自己和欣赏自己。一个人如果对自己都不能了解,不能接受,不能欣赏,当然就更无法与别人和谐相处。

四、文化场:儿童文化建设的基本途径

作为现代中国人的一员,儿童必须从小就注重上述素质的养成。儿童文化习性的获得,是外在文化环境在儿童内心投射与内化的结果,是个体与家庭、学校、社会互动的结果。从文化的视域看,儿童生活于其中的家庭、社区、托幼机构及学校等是其获得文化习性的重要场所,这些场所不仅具有实在的物质性,同时也具有社会的和概念的抽象性,由特定时空中各文化元素之间的相互作用组成一个综合场,它是文化的一种存在形态,是一个有向心力的、动态的、有机的系统。它有其特定的边界、区域、场力与向量,有其内在的运行规则及动力系统。各种力量之间相互作用,对儿童文化习性的获得产生影响。这个文化场包括了从古至今积淀下来的宗教信仰、价值取向及生活方式、生活习俗等。文化场中的各个组成因子相互作用,形成一个有机的整体,规范、调节着儿童的文化观念和行为习惯,影响着儿童的价值取向、思维特征与行为方式。

1. 家庭

从儿童期的特点看，家庭是儿童文化习性获得的最重要的文化场。家庭是以婚姻关系和血缘关系为纽带而建立起的社会生活的基本单位，儿童不仅从这里获得基本的物质需要，也从这里获得对外界的初步认识。因而，家庭是人的一切发展的根基，是人一生中精神世界及行为方式的第一源头。家庭对儿童文化习性获得的影响主要表现在民族传统文化的基本内核的熏陶与继承，包括民族的宗教信仰、图腾崇拜、伦理观念、风俗习惯、思维方式、心理素质、价值观念等。由于家庭对人的影响的首发性、直接性、深刻性和长期性特点，家庭成为了儿童文化习性获得的第一影响源。

2. 学校和社会

当儿童学会走路，他的活动范围即从家庭迈向了社区，参与社区的文化活动，比如节日庆典、宗教礼仪等。但这时儿童是作为边缘人、旁观者的身份参加的，他对文化的感受与理解，更多的是通过模仿和熏陶而获得的。当长到一定年龄后，儿童便进入托幼机构或学校等专门的教育机构学习，这时，儿童的身份与以前不同，这时他是作为学校的主人和学习的主体参与到学校各项活动中去的。学校则通过引导、灌输、规约、自我修炼等手段帮助儿童获得相应的文化习性。另外，从一定程度上讲，社区与社会是儿童文化养成的最为关键的文化场，社会因素（类似电视、报纸、网络、社区活动等）不仅无孔不入，而且社会化的过程中对于与之不同的言行文化有着潜移默化的杀伤力，往往令家庭和学校的某些说教捉襟见肘。

究其儿童文化的最终形成，个体的人格倾向、主观的文化体验以及文化选择，规定着个体与外在文化环境互动的水平与结果。一般而言，个体与外在文化环境互动的水平可分为自在与自觉两个层次。儿童心理发展的水平，决定了儿童个体与外在文化环境互动的水平处于由自在向自觉水平过渡的阶段。在当代中国，如何充分发挥好家庭、学校和社会在儿童文化建设中的三方良性互动，尽快让儿童从文化自在走向文化自觉，无论对于个人还是群体而言，无疑是亟待解决的当务之急。

结语　合力建设充满儿童诗性逻辑的中国儿童文化

　　从 20 世纪 70 年代末开始的社会转型尚在以渐进方式持续展开之中,应当承认,儿童教育与儿童文化在这一过程中得到了有目共睹的发展,无论是 80 年代"主体性教育"的提出、"完整儿童"教育理念的确立,还是 90 年代"人的解放"旗帜下"尊重儿童主体性发展"、崇尚幼儿教育回归生活,到本世纪初倡导的"幼儿建构学习方式",都对中国儿童教育与儿童文化作出了具有历史意义的贡献,积淀了多元且丰厚的社会、哲学和文化意蕴,已经成为当下中国儿童文化发展的历史与思想遗产。

　　但勿庸讳言的是,当下中国儿童教育距理想状态还有较长的距离,尚待整个民族从理念到行为上的持之以恒艰难推进。一种以文化的缺失为标志而形成的儿童教育观依然主导着当代中国社会、学校与家庭的思维与行为,严重阻碍了儿童的健康成长与个体发展。其中尤以应试教育对儿童个体发展伤害最甚。根据中国校友网的一项调查结论:所谓"高考状元"未必就是社会顶尖人才。这项调查针对 1999 年到 2006 年全国各省、自治区、直辖市(除西藏、港澳台地区外)共 560 位历年"高考状元",他们当中有一半选择进入北京大学求学,有近三分之一选择进入清华大学深造,另有很小部分进复旦等名校。调查显示,"高考状元"的成才状况与人们的想象反差很大,有相当一部分走出校门后泯然众人,与之相反的是,不少走出大学校园成为社会精英者的高考成绩排名从未上过第一名。这项调查说明,如果缺乏创新思维、冒险意识、独立个性、怀疑精神,那么即使考试成绩排名第一,也仅只体现为纸面解题技能,而非社会实际能力[①]。今天的青年出自昨天的幼儿,今天的幼儿教育指向明天的中考与高考,"高考状元"并非必然地指向顶尖人才的现实告诉我们,文化的缺位、人的主

[①]　王华超:《关于应试教育的反思》,第 33—34 页,《淮海文汇》,2007(6)。

体地位丧失、工具理性片面强化,必然地导致教育价值人文精神的沦落。本质上看,成人文化中人文精神的失落,在本书论述中即体现为儿童诗性逻辑的沦丧。

如何重建充满诗性逻辑的儿童文化,扭转当前儿童教育的功利主义取向,是摆在全社会每一个公民面前的重大课题。从微观的个体上说,它事关每一个体的素质与品质,与个体的幸福与发展息息相连,从而深层次地影响家庭和谐与社会成功;从宏观的世族群体上看,民族的发展落脚点在于人的发展,只有每一个人的全面发展才会有群体的生机蓬勃。按照马克思的全面发展理论,理想状态中的个体与群体、种族与民族发展,既互为主体,又互为客体,既互为前提,又互为结果。个体与群体之间必须是一个文化共同体之中的历史因果链条,处于良性整体互动之中,彼此相依,相向推进,共生繁荣。

当代社会转型的特殊性处于一种马克思·韦伯所谓的"现代性吊诡"之中。一方面,市场化的经济文化政治建设,消解着传统的农业文明所带来的文化专制主义与道德理想主义对人的压迫,带来了近代以来中国人梦寐以求的现代主义价值重建。另一方面,世俗化、市场化、商品化大潮又裹挟着资本对人的解放力量的反动,甚至连工具理性等现代性维度元素也在成为人自身异化的力量,造成了对人的压迫与宰制。考之于当下的教育,近30年来的教育发展显示,从尊重知识到尊重人才直到人本身,作为这个时代的主旋律一直高扬着人的解放这一主题,其实绩有目共睹。但是,正是以高考为代表的一整套考试制度本身,造成了教育目的与手段倒置,形成了对人的异化和教育的反动。在这一"吊诡"时代背景之下,儿童成为最大的牺牲品。因此,讨论儿童文化的重建,意义与价值是不言而喻的。

带着一份对儿童的情感、带着一份对儿童文化的热爱、带着一份对社会的责任,我们开始了对儿童文化的研究。从2006年以来的三年多时间内,我们搜集并研阅了大量的儿童文化文献、资料,进行了大大小小不下百次的儿童教育场域调研,请教国内外许多著名的儿童文化研究专家,终于写成了今天这本小册子。我们期望通过本书的研究,向整个中国儿童教育界提出一份基于儿童诗性逻辑的重建儿童文化纲要。

首先,基于诗性逻辑的自由性,培养儿童的自由主体性,营造自由创造的儿童文化场域。

诗性逻辑下的儿童文化是自由的文化。作为诗意者的儿童,他们的原始思维中充满了超逻辑、非常规的诗性直觉,通过先验主体的积淀与承传,满溢着一种反常态的诗性经验,并驱使着儿童作为体验的自由活跃于儿童的整个生命之中。因此,必须让儿童自由地言说、自由地行动、自由地想象,在彻底颠覆现有幼儿教育理念前提下,让幼儿教育和幼儿教学转换成一种自由自在的游戏与体验。

谨以儿童的自由言说为例述之。语用学研究表明,儿童存在于语言的言说之中,儿童的主体性首先立基于言说的主体性,言说是儿童存在的家园,是儿童想象的场所,儿童正是通过高度个性化的方式来表达和创造自我生存的世界①。无论是家庭,还是学校,甚至是社会,必须建立听任儿童足之蹈之,手之舞之,自言自语,哼哈嬉笑,听任其自由本性的发挥与扩张。从而推动儿童作为自由创造主体的体验与生成。当儿童处于无意识的体验活动之中,其主体运动的本质特征所指向的价值就是自由与创造。

尤值一提的是,教学活动中的儿童主体,当他们以开放的心灵体系,全方位地迎合与体验着教师精心组织的期待视界,知、情、意呈现为一种受动、激活和新质生成状态。这种状态是自由的,更是创造的。一方面,儿童对认知进行着主体的整合,本身就是对儿童再造性的培养。另一方面,儿童不自觉地通过模仿进行主体自我创设与自我建构,这是一种对儿童自我创造的深层人格召唤。②

在自由创造的儿童文化中,儿童作为创造主体的创造能力与创造人格不断地趋于生成,特别是在非智力因素创造人格方面,儿童文化的自由性,可以导向"成功教育"义域,使教育面向全体儿童,推动儿童在自我肯定、自我欣赏、自我创造方面健康发展。

其次,基于诗性逻辑的情感性,培养儿童的合作主体性,营建博爱平等的儿童文化氛围。

诗性逻辑下的儿童文化是以爱为主核的爱的文化,沐浴在爱这种高尚情感之中,儿童的身心处于安全、放松、肯定之中,并通过爱的情感体验来获得人类共通的情感需要,积累健康心灵元素,并将这一情感推及身边的他人,以至整个社会。

营建博爱平等的儿童文化,当务之急是必须重建对儿童尊重理念。必须明确尊重是最好的爱,不仅需要尊重儿童的独立人格,而且还需要尊重儿童的权

---

① 卜玉华:《解读"儿童中心观"》,第 7—10 页,《学前教育研究》,2002(4)。

② 沈健:《体验性:作为学生主体参与的一个重要维度》,第 56 页,《中共宁波市委党校学报》,2001(2)。

利,同时还必须尊重儿童的个体差异性与心灵自由性。在当下的中国语境中,落实《儿童权利公约》和《中华人民共和国教师法》中有关尊重儿童权利、人格的条款亟需落实。特别是应试教育下儿童的休息权、休闲权、游戏权、嬉戏权等等,如果得以切实保障和全面落实,我们认为就是整个成人社会给予儿童最大的爱。营建这一文化氛围,也许还任道而道远。

由此而深入,我们呼吁家庭、学校和社会大力弘扬博爱情感,扬弃“以阶级斗争为纲”时期形成的怨怼与暴戾,汲取传统文化甚至宗教文化中的有益经验,创新建国后友爱教育的方式与传统,从而真正形成一种以爱为主旋律的儿童文化氛围,滋育儿童肉身,浸润儿童心灵,从而齐心合力地将儿童培养成全面发展的健全的人。

且以儿童的情感体验述之。生物学研究表明,即使是动物也具有强烈的情感体验需要,如庇护、安妥、慰藉、肯定等,作为符号的动物——人类尤甚。儿童在情感体验中,其作为主体的体验具有一定的先验性,即文化承传的本能性,当他处于积极、肯定、健康即爱的情感之中,其情感必然呈正相关效应,爱的要素日渐获得强势地位,从而成长为爱心满溢的健全之人,在家则与家人充分合作,在学校则与学校充分合作,在社会则与社会充分合作。

特别值得指出的是,在教育过程中,儿童体验性的情感特征是显而易见的。即教师通过一定的教育策略,个体化地选择并创设独特的教育语境,从而召唤学生的情感,陶冶儿童的心灵,净化儿童的人格,从儿童内在的动机和需要方面拓展人的非智力素质。这是情感对儿童个体的陶冶作用。情感还有一个更重要的功能,即融通性,情感的融通性一方面可以沟通学科限制,消除学习的机械性、概念化倾向,培养儿童成为整体把握人生和社会的通才,使教育走向“通才教育”;另一方面,还可以在人的社会性广度和深度上,培养儿童的人文合作精神,从而以博大无私的人文情怀,建立人与社会、自然的协调共存的精神秩序。

再次,基于诗性逻辑的形象性,培养儿童的审美主体性,创造个性多元的儿童文化土壤。

诗性逻辑下的儿童文化是审美和艺术的文化。作为诗意者,儿童是直观、形象、感性、激情、冲动的,其意识的画面始终充满了图画、线条、色彩等表象,其对世界的再造与反映往往指向艺术与审美。因此必须大力褒扬儿童的审美独创性,创造出丰富多元的儿童文化发展空间与土壤,引导儿童多姿多彩地成长。

如前所述,儿童作为审美主体,其主体经验有的是依托后天感性刺激而来,但大多是通过人类文化的理性而来,换言之,即依靠人的生物本能承传而来。

对儿童的天性引导必须出于自然,顺应天性,水到渠成。

仅以当下儿童写作教学为例论之。应当指出,当下国人的小学语文教学尤其是作文教学基本上是不成功的。大多数小学作文教学教出的学生不仅空话、大话、套话、假话连篇,而且机械、呆板、模式化盛行。原因何在?其中一个重要因素就是小学语文教师以标准化的语法、句法、修辞法束缚与评价所致。且任我们扯远一点,将一则网络上偶遇案例展开一下论题吧!

日记的主人是二年级学生,名叫田智行。下面是其例文。

　　2007 年?(日期看不清,照片拍的部位遮住了,括号内文字为作者所评,下同)月 10 日。爸爸。我老喜欢王小蒙一着急就喜欢哭(不通,可能是漏了字),如果哭能够解决问题,那我爸每天都是倾盆大雨。田智行,二年级三班,海大附小。

　　2007 年 4 月 15 日,星期三,天气多云。爱。今天我老对王小蒙(有一字,看不清)说她爱我。可她连卡通橡皮都不借给我,我拒绝了她的爱,因为爱是要付出的。田智行,二年级三班,海大附小。

　　2007 年 6 月 12 日,星期五。天晴。摇滚音乐。我爸非常喜欢摇滚音乐,我也喜欢。今天上音乐课,我在老师面前使劲摇,老师生汽(错字)了说,"你摇吧,我滚"。田智行,二年级三班,海大附小。

从写作的天赋来说,这个叫田智行的二年级学生有着很好的未受制肘的感觉,且能以"我手写我口"的自然姿态随心所欲表达出来,不仅个性鲜明,意趣益然,而且对转折词的运用也极其准确,意象运用极富诗意,并且非常传神。作为一个二年级学生,其清水出芙蓉,天然去雕饰的天性溢于言表,充满了写作天才的表现。如果我们的语文和写作教师以语法、逻辑、规范等范式去"教导"田智行小朋友,其后果是难以想象的。

写作如此,其他审美艺术活动也是如此。儿童最初的思维是形象思维,是具体情境中儿童的知觉、感觉、表象的由外而内的能动反馈活动。这个动态过程中,儿童心理结构中语言化、意念化了的内容,大都具有直观、具体等特征,一般都呈现为形象的模糊而非逻辑的精确,言语的隐喻而非科学的描述,人文的人可言说而非认知的概念给定。

思维的这种形象性,对人的感觉、知觉、联想、想象等感性心理的发展、提高和完善,有着不可替代的培养意义。在发展儿童抽象思维的同时,它更有利于孕育形象思维和灵感思维,拓展儿童直觉、灵感、想象等非线性的逻辑思维能力,从而使人的主体性趋于更丰富、更完整、更全面、更具体的境界,使人不仅成为技术主体和科学主体,而且成为精神主体、审美主体。体验的形象性由此导向"美育"义域。

最后,基于诗性逻辑的行为性,培养儿童的实践主体,构造明德趋善的儿童文化基础。

诗性逻辑下的儿童文化是活动的文化。儿童是天生活动主体,是天生的游戏高手,蒙台梭利曾经指出:"儿童对活动的需要几乎比对事物的需要更为强烈,如果我们给他这个场地,我们将会看到,这些从来不能满足使人苦恼的小孩现在转变成为愉快的工作者;即使是出了名的破坏者也变成他们周围器物最热心的保护者①。"在活动中,儿童所体验到的是知、情、意活动的体认过程。这是一个主体由外而内凝聚与结晶过程,必然由主体再度外化体现出行为性。同时,儿童活动过程所体验的本身可以借助具体的实践载体展开,让内心的知情意与表层行为共时生发,二者互为表里,双向推动,加深体验性教育作用。

儿童活动所体验的此种行为性是培养实践主体最佳途径之一,即使是纯客观的知识接受,比如物理学实验操作,不仅加深着儿童的理解与内化,而且还滋养着儿童的科学实证精神,从而内在地培养儿童主体的应然素质。

从儿童活动所体验的过程指向实践性视角看,我国传统德育资源是一个有待进一步开发的历史富矿,有着深广的人文教育内涵。因此,强调体验的行为实践性,可以弥合现代科技教育与传统人文教育的割裂,扬弃当下德育空泛说教与形式主义的弊端,使德育有效性于最佳状态。

总之,充满诗性逻辑的中国儿童文化必须是超功利的、人本性、非逻辑的文化,洋溢着主体的浪漫精神与人文色彩,是关于人的原初的价值取向的写照,引导着人们朝向人自身回归。既植根大地,又朝向天空,将一个大写的"人"字写在天地之间,成为永恒的光源所在。

---

① 刘晓东:《童年的探索与成人后的发现》,第 58 页,《学前教育研究》,2000(1)。

参考文献

[1] [奥]维特根斯坦,郭英译.逻辑哲学论.北京:商务印书馆,1985

[2] [巴]保罗·弗莱雷,顾建新等译.被压迫者教育学.上海:华东师范大学出版社,2001

[3] [德]阿明·克伦茨,王怀成译.儿童提问的背后.北京:华文出版社,2003

[4] [德]恩斯特·卡西尔.语言与神话.北京:三联书店,1988

[5] [德]恩斯特·卡西尔,甘阳译.人论.上海:上海译文出版社,1985

[6] [德]格奥尔格·枷达默尔,洪汉鼎译.真理与方法——哲学诠释学的基本特征(上卷).上海:上海译文出版社,1999

[7] [德]哈贝马斯.交往与社会进化.重庆:重庆出版社,1989

[8] [德]荷尔德林.荷尔德林文集.北京:商务印书馆,1999

[9] [德]席勒,冯至等译.审美教育书简.上海:上海人民出版社,2003

[10] [法]加斯东巴什拉,刘自强译.梦想的诗学.北京:三联书店,1996

[11] [法]列维·布留尔,丁由译.原始思维.北京:商务印书馆,1981

[12] [法]雅克.马利坦,刘有元,罗选民等译.艺术与诗中的创造性直觉.北京:三联书店,1991

[13] [荷]胡伊青加,成穷译.人:游戏者——对文化中游戏因素的研究.贵阳:贵州人民出版社,1998

[14] [荷]约翰·郝伊津哈,多人译.游戏的人.杭州:中国美术学院出版社,1996

[15] [美]约翰·杜威,赵祥麟等译.学校与社会·明日之学校.北京:人民教育出版社,2005

[16] [美]加雷斯·皮·马修斯,陈国荣译.哲学与幼童.北京:三联书店,1989

[17] [美]尼尔·波兹曼,吴燕筵译.童年的消逝.桂林:广西师范大学出版社,2004

［18］［美］孙隆基.中国文化的深层结构.桂林：广西师范大学出版社,2004

［19］［美］约翰·杜威.我们怎样思维·经验与教育.北京：人民教育出版社,1991

［20］［美］约翰逊等编著,华爱华郭力平译校.游戏与儿童早期发展.上海：华东师范大学出版社,2006

［21］［挪威］让一罗尔·布约克沃尔德,王毅等译.本能的缪斯.上海：上海人民出版社,1997

［22］［日］尾关周二著.共生的理想——现代交往与共生、共同的思想.北京：中央编译出版社,1996

［23］［瑞士］皮亚杰,傅统先译.儿童的语言与思维.北京：文化教育出版社,1980

［24］［苏］奥布霍娃史民德译.皮亚杰的概念：赞成与反对.北京：商务印书馆,1988

［25］［匈牙利］卢卡契.马克思主义文艺理论研究(第2卷).北京：文化艺术出版社,1985

［26］［意］G.维柯,朱光潜译.新科学.北京：商务印书馆,1989

［27］［意］玛利亚·蒙台梭利.发现孩子了解和爱孩子的新方法.北京：中国发展出版社,2005

［28］［意］蒙台梭利,江雪译.童年的秘密.天津：天津人民出版社,2003

［29］［意］皮耶罗·费鲁奇,陆妮译.孩子是个哲学家.海口：海南出版社,2002

［30］［英］赫伯特·里德,吕廷和译.通过艺术的教育.长沙：湖南美术出版社,1993

［31］［法］加斯东·巴什拉,刘自强译.梦想的诗学.北京：三联书店,1996

［32］［美］波拉·波尔克·里拉德.现代幼儿教育法.济南：明天出版社,1986

［33］Bronfenbrcnner, Urie. (1979). The Ecology of Human Development. Cambridge：Harvard University Press.

［34］Gisela Eckert(2004)："If I Tell Them Then I Can"-ways of relating to adult rules,Childhood,c,Vol(1)

［35］Goodman, Mary,E. (1970). The Culture of Childhood：Child's-eyeviews of Society and Culture. New York：Teachers College Press.

［36］Gotz, Maya, Lemish, Dafna, Aidman, Amy & Moon, Hyesung. (2003). Media and the Make-believe Worlds of Children.

［37］Montgomery,Kathryn C. (2007). Generation Digital. Cambridge：The

MIT Press

[38] Roberts，DonaldF.，& Foehr，UllaG.（2004）. Kids and Mediain America. Cambridge：Cambridge University Press.

[39] Steams，PeterN.（2005）. Growing Up：The history of Childhood in a Global Context. Texas：Baylor University Press.

[40] ［美］爱默生. 自然沉思录. 上海：上海社会科学院出版社，1993

[41] 班马. 中国儿童文学理论批评与构想. 武汉：湖北少年儿童出版社，1990

[42] ［法］保罗·亚哲尔，傅林统译. 书儿童成人. 台湾富春文化事业股份有限公司，1997

[43] ［德］贝蒂娜·施蒂克尔. 诺贝尔奖获得者与儿童对话. 北京：生活·读书·新知三联书店，2004

[44] 边霞. 儿童的艺术与艺术教育. 南京：江苏教育出版社，2006

[45] 边霞. 儿童文化——儿童成长的摇篮. 学前教育，2001（9）

[46] 卜玉华. 我国社会转型期的价值取向与儿童教育观. 江西教育科，1995（4）

[47] 曹文轩. 目光清纯看世界. 我的世界——随父母旅居加拿大记. 北京：新华出版社，1998

[48] 常若松. 人类心灵的神话——荣格的分析心理学. 武汉：湖北教育出版社，1999

[49] 陈华. 谈大众文化对儿童世界的影响与渗透——以"灰色童谣"为研究对象. 和田师范专科学校学报，2007（46）

[50] 陈华文. 文化学概论. 上海：上海文艺出版社，2001

[51] 陈克守. 幽默与逻辑. 北京：中国人民大学出版社，1993

[52] 陈晓秋. 定位与错位的选择——儿童文学读者新论. 西南师范大学学报，1998

[53] ［法］狄德罗. 对自然的解释.《狄德罗哲学选集》. 北京：商务印书馆，1997

[54] ［美］杜威. 民主主义与教育. 现代西方资产阶级教育思想流派论著选. 北京：人民教育出版社，1995

[55] 方卫平. 艺术探索与读者接受——80 年代以来少年小说创作略论. 浙江师范大学学报（社会科学版），1998

[56] 丰子恺. 丰子恺文集. 艺术卷（二）. 杭州：浙江文艺出版社，浙江教育出版社，1990

[57] 傅铿. 文化. 人类的镜子——西方文化理论导引. 上海：上海人民出版

社,1990

[58] 高力克.求索现代性.杭州:浙江大学出版社,1999

[59] [德]海德格尔.荷尔德林诗的阐释.北京:商务印书馆,2000

[60] [德]海克尔.宇宙之谜.上海:上海人民出版社,1974

[61] 何克抗.建构主义的教学模式、教学方法与教学设计.北京师范大学学报(社科版),1997(5)

[62] [德]荷尔德林.荷尔德林诗选.北京:北京大学出版社,1994

[63] [德]黑格尔.精神现象学.北京:商务印书馆,1983

[64] 黑格尔.历史哲学.北京:三联书店,1956

[65] 黑格尔.美学.第1、3卷,北京:商务印书馆,1979、1981

[66] [英]华兹华斯.英国湖畔派三诗人选集.长沙:湖南人民出版社,1986

[67] 黄健.文学与人生.杭州:浙江大学出版社,2004

[68] 黄进.游戏精神与幼儿教育.南京:江苏教育出版社,2006

[69] 慧洁编.生命中的第一个宁馨儿孩子.广州:花城出版社,1998

[70] [法]霍尔巴赫.自然的体系.北京大学哲学系编译.十八世纪法国哲学.北京:商务印书馆,1965

[71] 蒋孔阳,朱立元.西方美学通史.上海:上海文艺出版社,1999

[72] 蒋庆.读经:启蒙还是蒙昧.上海:华东师范大学出版社,2006

[73] [法]卡勒西.哲学启蒙.济南:山东人民出版社,1988

[74] [德]卡林·瓦尔特,陆世澄译.我与他.北京:三联书店,1994

[75] [德]康德.实践理性批判.北京:商务印书馆,1960

[76] 雷永生等.皮亚杰发生认识论述评.北京:人民出版社,1987

[77] 李德荣.荣格性格哲学.北京:九州出版社,2003

[78] 李亦园.人类的视野.上海:上海文艺出版社,1996

[79] [英]里德.通过艺术的教育.长沙:湖南美术出版社,1995

[80] 刘慧,朱小蔓.多元社会中学校道德教育:关注学生个体的生命世界.南京:南京师范大学出版社,2002

[81] 刘金花.儿童发展心理学.上海:华东师范大学出版社,2000

[82] 刘晓东.儿童文化和儿童教育.北京:教育科学出版社,2006

[83] 刘晓东.论儿童文化——兼论儿童文化与成人文化的互补互哺关系.华东师范大学学报,2005(2)

[84] 刘仲林.中国创造学概论.天津:天津人民出版社,2001

［85］龙协涛.文学阅读学.北京:北京大学出版社,2004

［86］[法]卢俊.爱弥儿·上册.北京:商务印书馆,1996

［87］[法]卢梭.论科学与艺术.北京:商务印书馆,1963

［88］鲁枢元.生态文艺学.太原:山西人民教育出版社,2000

［89］陆杰荣.哲学境界.长春:吉林教育出版社,1998

［90］[美]罗尔斯.正义论.上海:中国社会科学出版社,1980

［91］[英]罗素.教育与美好生活.石家庄:河北人民出版社,1999

［92］[美]马修斯,陈国容译.哲学与幼童.北京:三联书店,1985

［93］梅子涵等.中国儿童文学五人谈.天津:新蕾出版社,2001

［94］潘立勇.中国传统精神文化的美育精神.学术论坛,1992(5)

［95］裴显生.写作学新稿.南京:江苏教育出版社,1987

［96］[瑞士]皮亚杰,傅统先译.儿童的心理发展.济南:山东教育出版社,1982

［97］[挪威]乔斯坦·贾德,萧宝森译.苏菲的世界.北京:作家出版社,1996

［98］[瑞士]荣格著,刘光彩译.怎样完善你的个性.北京:中国国际广播出版
社,1989

［99］宋耀良.艺术家生命自力.上海:上海社会科学院出版社,1998

［100］[苏联]苏霍姆林斯基,唐其慈等译.把整个心灵献给孩子.天津:天津人民
出版社,1981

［101］孙绵涛.教育政策学.武汉:武汉工业大学出版社,1997

［102］孙云晓.捍卫童年.南京:江苏教育出版社,2007

［103］泰勒.原始文化.上海:上海文艺出版社,1992

［104］[英]腾守尧著.艺术化生存.成都:四川人民出版社,1997

［105］托马斯哈定.文化与进化.杭州:浙江人民出版社,1987

［106］[美]万颖波.对儿童文化生态环境的思考.现代教育科学,2008(2)

［107］王富仁.把儿童世界还给儿童.读书,2001(6)

［108］王瑾.运动与节奏:儿童文学审美响应中介说.云梦学刊,1999(6)

［109］王齐洲.《西游记》的风格与礼乐文化的转型.湖北大学学报,1997(2)

［110］王泉根.高扬儿童文学幽默精神的美学旗帜.文艺评论,2000(3)

［111］王泉根.论原始思维与儿童文学创作.转引胡健玲主编《中国新时期儿童
文学研究资料》.济南:山东文艺出版社,2006

［112］王泉根.儿童观的转变与20世纪中国儿童文学的三次转型.娄底师专学
报,2003(1)

［113］王玉辉.创造良好的少年儿童文化环境.辽宁大学学报,1997(2)

［114］[法]维克多·埃尔.文化概念.上海:上海人民出版社,1988

［115］吴虹飞,郑渊洁:一个著作等身的文盲.南方人物周刊,2004(4)

［116］[英]席勒.美育书简.北京:中国文联出版公司,1984

［117］[英]夏落特·梅森.儿童生来是人.北京:中国发展出版社,2003

［118］徐士强.教育:跨越过度功利复归人性关怀.现代大学教育,2002(4)

［119］许苏琴.网络媒体与儿童发展.新闻实践,2007

［120］[德]雅斯贝尔斯.智慧之路.北京:中国国际广播出版社,1981

［121］[希腊]亚里士多德著,吴寿彭译.形而上学.北京:商务印书馆,1983

［122］杨红樱.杨红樱童话系列.贵州:贵州人民出版社,2005

［123］杨宁.幼态持续发展的原发性和早期教育.西北师范大学学报(社会科学版),2002(4)

［124］杨适.哲学的童年.北京:中国社会科学出版社,1998

［125］杨智军.我国家庭教育存在的问题及其对策探析.法制与社会,2009(2)

［126］关永春.儿童教育与儿童的生活质量.东北师大学报(哲社版),2004(2)

［127］姚伟.儿童是自然的存在.学前教育研究,2005

［128］衣新发.世界儿童电视的最新发展与走向.中国电视,2005

［129］[英]伊丽莎白·劳伦斯,纪晓林译.现代教育的起源和发展.北京:北京语言学院出版社,1992

［130］余英时.文史传统与文化重建.北京:生活·读书·新知三联书店,2004

［131］张焕庭主编.西方资产阶级教育论著选.北京:人民教育出版社,1964

［132］张世英.进入澄明之境——哲学的新方向.北京:商务印书馆,1999

［133］赵汀阳.论可能生活.北京:生活·读书·新知三联出版社,1994

［134］赵祥麟,王承绪编译.杜威教育论著选.上海:华东师范大学出版社,1981

［135］赵郁秀.当代儿童文学的精神指向.沈阳:辽宁少年儿童出版社,2002

［136］周作人.儿童文学小论·儿童的文学.石家庄:河北教育出版社,2002

［137］周作人.苦口甘口.沈阳:辽宁教育出版社,2002

［138］朱家雄.从生态学视野看学前教育.教育导刊,2006(4)

［139］朱家雄,华爱华.幼儿园环境与幼儿行为和发展的研究.上海:世界图书出版公司,1996

［140］朱智贤,林崇德.思维发展心理学.北京:北京师范大学出版社,1986

［141］朱自强.儿童文学论.青岛:中国海洋大学出版社,2005

［142］朱自强.论中国当代儿童文学的儿童观.东北师大学报(社科版),1988(4)

［143］朱自强.中国儿童文学与现代化进程.杭州:浙江少年儿童出版社,2000

［144］王泉根.现代中国儿童文学主潮.重庆:重庆出版社,2002

［145］[丹麦]勃兰兑斯.十九世纪文学主流.北京:人民文学出版社,1988

［146］[美]加登纳.艺术与人的发展.北京:光明日报出版社,1998

［147］庄锡昌.多维视野中的文化理论.杭州:浙江人民出版社,1987

图书在版编目（CIP）数据

儿童诗性逻辑与中国儿童文化建设／沈琪芳，应玲素
著. —杭州：浙江大学出版社，2009.8
ISBN 978-7-308-07014-0

Ⅰ.儿…　Ⅱ.①沈…②应…　Ⅲ.儿童－文化－研究－中
国　Ⅳ.D669.5

中国版本图书馆 CIP 数据核字（2009）第 157243 号

儿童诗性逻辑与中国儿童文化建设

沈琪芳　　应玲素　著

责任编辑	王　波
封面设计	俞亚彤
出版发行	浙江大学出版社
	（杭州市天目山路 148 号　邮政编码 310028）
	（网址：http://www.zjupress.com）
排　　版	杭州中大图文设计有限公司
印　　刷	富阳市育才印刷有限公司
开　　本	710mm×1000mm　1/16
印　　张	11.75
字　　数	215 千
版 印 次	2009 年 8 月第 1 版　2009 年 8 月第 1 次印刷
书　　号	ISBN 978-7-308-07014-0
定　　价	28.00 元